2020

国家统一法律职业资格考试系列用书

命题人讲义系列

命题人讲
经济法 三国法

桑 磊◎主编

熊 晖 李万强◎编著

中国经济出版社 CHINA ECONOMIC PUBLISHING HOUSE

中国石化出版社 HTTP://WWW.SINOPEC-PRESS.COM

图书在版编目（CIP）数据

命题人讲．经济法、三国法/桑磊主编．
—北京：中国经济出版社：中国石化出版社，2019.12
2020 国家统一法律职业资格考试系列用书
ISBN 978-7-5136-5057-1

Ⅰ.①命… Ⅱ.①桑… Ⅲ.①经济法—中国—资格考试—自学参考资料
②国际法—资格考试—自学参考资料 ③国际私法—资格考试—自学参考资料
④国际经济法—资格考试—自学参考资料 Ⅳ.①D92

中国版本图书馆 CIP 数据核字（2019）第 253353 号

策划编辑　崔姜薇
责任编辑　王建昌
责任印制　马小宾
封面设计　任燕飞装帧设计工作室

出版发行　中国经济出版社
印 刷 者　北京富泰印刷有限责任公司
经 销 者　各地新华书店
开　　本　787mm×1092mm　1/16
印　　张　15.75
字　　数　375 千字
版　　次　2020 年 1 月第 1 版
印　　次　2020 年 1 月第 1 次
定　　价　69.00 元
广告经营许可证　京西工商广字第 8179 号

中国经济出版社 **网址** www.economyph.com **社址** 北京市东城区安定门外大街 58 号 **邮编** 100011
本版图书如存在印装质量问题，请与本社销售中心联系调换（联系电话：010-57512564）

丛书前言

一

著名作家柳青在《创业史》中说过一段话："人生的道路虽然漫长，但紧要处常常只有几步，特别是当人年轻的时候。"

在我的人生里，这样的紧要处有两步：一次是22岁，一次是44岁。

这两步决定了我前半生乃至一生的命运。

22岁那年，我还在鲁西南的一个小县城工作，报名参加中国政法大学的进修学习。之后，经过五年的拼搏（两年进修，三年北漂自学），最终考取法大研究生，主编了《中国名校硕士谈考研》（后分为《风雨考研路》和《考研战略战术》两本），毕业后进入司法部考试中心工作。这是命运的一次大转折。

44岁这年，在工作十三年、经历了四个岗位，从主任科员、副处长到命题处长之后，我毅然辞职，致力于法考和法律教育工作，主编《法学第一课》，开通微信公众号"桑磊在线"，直到现在主编"桑磊法考"系列图书，开展法考网络培训。这又是一个大转折。

每个人终其一生，都有自己关键的几步，有命运的转折点。

也许你是一位法律专业学生，未来的理想是做一位法官、检察官或律师，也许你和曾经的我一样，正在自学的路上苦苦跋涉，希望能有改变命运的机会。也许你正在做一份自己并不喜欢的工作，而内心其实想成为法律人。也许你正在小地方挣扎，渴盼去大城市发展。

法考就是你通向未来、实现梦想的关键一步。

尽管，这个考试号称"天下第一考"，每年有数十万人在这个战场上拼杀，只有少数人成功地走出来。

尽管，你也许和我一样，智商并不超群，容貌并不出众，家世并不显赫，只是人群中普普通通的一员。

但是，不平凡的，是你的年轻，是你的梦想，是你那颗热血沸腾的心，是你的不甘于平凡。

在我主编的《风雨考研路》中有一篇文章，题目叫作"真正的失败是不去拼搏"。作者当年从一所二本院校以高分考上了厦大研究生，两年后又提前攻博，目前已是国家海洋局第三研究所研究员、硕士生导师、学科带头人，曾五次参加南北极科学考察。他在文章中写道：这一切的一切，都是由于"真正的失败是不去拼搏"这句话带给我的神奇力量。

其实那只是一个很短的小故事，但我至今清楚地记着里面那句非常感人的话："你努力过了吗？如果是的，那你就一定不会失败，因为真正的失败是不去拼搏。"这句精彩而鼓舞人的话从此永远地留在了我的生命中，并且开始改变我的一生。

在此，我也将这句话转送给亲爱的读者们，希望能够有益于你的人生。

二

自2018年首届法考开始，司法部至今已组织两年考试，尽管法考不再公布真题，但从网络上考生的各种回忆版本，仍能粗略窥见法考试题的特点。

我们认为，客观题考试具有以下四大特点：

一是考查范围扩大，覆盖面广，基础性考点增多，考查内容较为琐碎。

二是出现跨学科融合的客观题，如2019年有多道民商事融合试题。

三是紧密联系法律热点事件，取材贴近生活。

四是"重者恒重、新法必考"，但两者均在一定程度上有所削弱。

相对而言，主观题考试是法考改革的重点，其特点更加鲜明：

一是融合性突出，两次考试均出现多学科的交叉融合试题。

二是限缩性趋势明显，即主观题数量减少。

三是理论性显著增强。主观题考试考查考生运用法律知识解决实际问题的能力，在一定程度上，可以说就是考查理论深度。

四是开放性进一步得到体现。法考时期的开放性试题增多，允许有多个答案，只要言之有理、有理有据即可得分。

根据上述特点，2018年至2019年，我们组织了以资深命题人周光权老师为代表的前命题人团队，先后编写了"桑磊法考"系列图书，包括客观题的"命题人讲义系列"丛书（全八册）、"命题人讲真题"丛书（全八册）、"命题人400题"丛书（全三册），主观题的"命题人讲主观题"丛书（全七册）和《主观题十年真题精讲》《命题人30题》，分别对应客观题考试和主观题考试复习的各个阶段。目前，我们又陆续开始对上述图书进行精心修订，以供2020年考生复习备考。

（一）客观题考试

——基础阶段。对应本套"命题人讲义系列"丛书。我们通过严谨的历年各科试题数据分析，遵循"重点多写，一般少写，不考不写"的原则，确定讲义各部分的字数，做到详略得当。攻克了这些知识点，意味着你已经接近了法考要求的知识水平，进入了法考的核心地带。我们专门邀请各科作者做直播带读，他们深入浅出的讲解，会让有你有更透彻的理解，也许有时会有醍醐灌顶之感。读者可扫取本书封面二维码登录"桑磊法考"网站和"桑磊法考"公众号，免费观看视频。

——真题阶段。对应"命题人讲真题"丛书。我们的各科作者对近些年的真题以考点归类，进行了全面解析，其体例上的独特之处有三点：一是"命题和解题思路"，还原命题人的思路，深度分析解题思路，最大限度地让考生"知其所以然"。二是"难点解析"或"易混淆点解析"，对于部分试题的难点或易混淆点作出深入分析。三是"重点干扰项"，部分试题指明了重点干扰项，并作出详细分析。通过真题的反复训练，你会对各科的所有考点、命题规律了然于胸，实现由知识水平向应试水平的转变。“命题人讲真题”丛书将于2020年2月出版。

——模拟阶段。对应“命题人400题”丛书。我们的大部分作者深谙命题规律，他们命制出的模拟题，实际上达到了真题的水平，是最接近真题的模拟题。通过模拟训练，一方面查漏补缺，一方面迅速适应应试状态。“命题人400题”丛书将于2020年6月出版。

（二）主观题考试

——基础阶段。对应“命题人讲主观题”丛书。我们的作者凭借本身的经验，通过深入研究历年主观题，在书中为大家分析了本学科的命题规律和趋势，提炼了解题思路，详细阐述了主观题考点，并对近十年的典型主观题进行了深入剖析。最后，每科为大家提供了多道高质量的模拟试题，其中有两科甚至多科的融合试题。“命题人讲主观题”丛书将于2020年4月出版。

——真题阶段。对应《主观题十年真题精讲》。该书选取近十二年来的主观题真题，由前命题人团队各科作者全新解读。其中，依据网上的考生回忆版，对2018年和2019年的主观题真题进行了精心复原。各科作者深度还原了命题人思路，或点明命题素材，或挖掘命题特点，力争为考生打造独具特色的主观题“得分宝典”。《主观题十年真题精讲》将于2020年4月出版。

——模拟阶段。对应《命题人30题》。该书选材渠道权威、命题规范严谨。在三十多道模拟题中，有刑法和刑事诉讼法的融合，有商法和民法的碰撞，还有三大实体法的交织。这些多学科交叉的题目，可以更好地培养考生的主观题思维，为拿下主观题考试做好充足准备。《命题人30题》将于2020年5月出版。

三

2018年，是我们与广大考生携手前行的第一年。我们首次开办“客观题冲刺内参班”“主观题冲刺保过班”等网络课程，准确把握了命题趋势，尤其是成功预测了“枫桥经验”（法治理论）、“房屋强拆案例”（行政法）、“非法证据排除规则”（刑诉）等考点。

2019年，我们开办了客观题和主观题的全系列课程，涵盖了特训班、冲刺班、全程班、主客一体班等，帮助考生抓住重难点，直击命题点。特别是在主观题班，形成了自己独有的特色，包括“三支团队”“四个阶段”“两大法宝”。

——“三支团队”，即前命题人团队、前阅卷人团队、高分研究生阅卷团队相配合的师资队伍。

——“四个阶段”，即系统精讲阶段、专题突破阶段、应试训练阶段、冲刺阶段，构建了2019年所有机构中唯一完整的主观题培训体系。

——“两大法宝”，即前命题人团队命制的高质量模拟题、在前阅卷人团队指导下的作业批改。我们的模拟题接近真题的标准，其中一部分为多学科融合的试题。我们开发了机考模拟系统，每科均布置习题作业，按照考试标准进行模拟。作业批改由主要来自北大、人大、法大的高分研究生团队负责，对每道题不仅给出得分，而且有详细而中肯的评语，包括问题和建议两部分，受到了学员们的一致好评。

在2019年主观题冲刺保过班上，我们的绝大多数学科均命中了考点。对命题趋势和考点的准确把握，彰显出前命题人团队的高权威性和专业能力。

在2019年考试结束后，我们开展了大规模的问卷调查，广泛征求意见和建议，得到了学员们的热情反馈。在此基础上，2020年，我们将对软硬件、客服系统、教务安排等各方面进行较大的优化，以更好地服务于学员。

新的一年，我们与你携手同行！

桑　磊

（桑磊：丛书主编，“桑磊法考”创始人）

◎特别说明◎

鉴于本书出版时间紧迫以及2020年度民法、刑事诉讼法等科目内容可能会出现部分立法及司法解释最新调整的态势，桑磊法考特开通“命题人讲义系列图书全程服务通道”，即时动态发布本书各科目勘误信息、考试政策最新调整变化解读等重要资料，考生在使用本书过程中可以扫取下方二维码进行获取。

桑磊法考，为您提供“有责任、有效率”的法考教材！

命题人讲义系列图书
全程服务通道二维码

导 言

通过国家统一法律职业资格考试（简称“法考”），已成为法律人“飞升成神”所必经的“劫”。要“历劫”成功，自身修为是关键。要提升修为，勤学苦练是根本。工欲善其事，必先利其器。根据“重者恒重”的命题规律，精心归纳学科考点的“浓缩版”辅导用书，就是备考的利器。我们据此编撰的“命题人讲义系列”图书值得信赖。

从司法考试到法考，原经济法部分蜕变为三足鼎立：经济法、劳动与社会保障法、环境资源法。虽然这三科涉及众多法条、内容庞杂，但不应成为备考时的盲点。毕竟，复习这三科的“性价比”高，花费的时间和精力总有较好的回报。因为这三科试题的整体难度不大（题干材料及选项往往就是法条的“翻版”和简单运用），得分率一直较高。

一、命题趋势预测

（一）经济法

在法考时代，经济法试题的重心分布及测试角度，与司考时代大体相同，因此原来司考真题及所涉考点仍有重要参考价值。2019 年 8 月修改、2020 年 1 月 1 日起施行的《土地管理法》，按照“逢新必考”的命题规律，或许是 2020 年法考命题的“黑马”。在经济法试题中位于第一梯队的仍将是竞争法、消费者法，其次是财税法，最后是银行业法。

作为最具经济法特色的“嫡子长孙”，竞争法、消费者法理应得到厚待。竞争法中，历年真题基本囊括了值得考查的全部考点，尤其值得重视。当然，《反正当竞争法》继 2017 年 11 月修订后，2019 年 4 月又对涉及商业秘密的四个条款进一步修改，其增减变化之处需要特别留意。消费者法中，在历年真题所涉及的考点的基础上，还需要注意《消费者权益保护法》《产品质量法》《食品安全法》规定的交叉关联之处、《食品安全法》中的特别规定。国家积极推行的“减税降费”“营改增”所涉及的内容远超考试大纲所确定的范围，对考试内容影响不大，《税收征收管理法》和 2019 年 1 月 1 日施行的《个人所得税法》仍为重点。纳入考试范围的《商业银行法》和《银行业监督管理法》失之粗略，且其中个别规定已滞后于金融创新及发展，留给命题人的空间并不宽裕，因此历年真题所涉及的考点是备考时最为重要的参照。

（二）劳动与社会保障法

纳入法考的劳动法和社会保障法，近年来并无重要变化。劳动法部分可参照历年司考真题所涉及的知识进行备考，《劳动合同法》仍将是无可置疑的重点，《劳动法》中关于劳动基准的规定、《劳动争议调解仲裁法》中不同于民商事仲裁的规定仍可能会考查。对于社会保障法，自然以《社会保险法》为中心。特别需要指出的是，官方“四大本”讲解的内容超过法考指定法律法规的范围，因此备考时辅导书中关于劳动基准、社会保障、社会保险法的部分，除了复习指定的法律法规，还需要看辅导书的有关内容。

（三）环境资源法

在环境保护法中，以环境影响评价、环境保护税为代表的环保基本制度仍是重点，环境民事责任和环境行政责任仍属高频考点。在自然资源法中，作为纳入考试内容的《森林法》《矿产资源法》可谓“冰火两重天”。《森林法》正紧锣密鼓地进行着重大修改（2019年11月经全国人大二审），倘若在2020年法考考试大纲公布之时其已修订并公布实施，必然成为2020年法考的“新宠”；但如果此前未能修订并公布，由于修改的变动很大，则会成为2020年法考的“弃子”，唯一留下的《矿产资源法》自会取而代之。从目前来看，自然资源法的重点内容是自然资源有关财产性权利的规定，包括权利的内容、与权利行使有相关的管理性规定。

二、备考方法

（一）研习历年真题

真题的用途，不只是掌握知识后去测试自己水平、仅仅将之作为最佳演武场。这完全把真题的价值简单等同于质量较好的模拟题了。研习真题，更重要的是从历年真题中把握知识重难点和命题“套路”。根据“重者恒重”的命题规律，重难点应花更多的时间。了解必要的命题“套路”和试题“挖坑”方法，方能“不畏浮云遮望眼”。因此，大家可研习“桑磊法考”系列图书中的《命题人讲真题（全八册）》。

（二）以法条为中心

由于经济法、环境资源法、劳动与社会保障法只考客观题，再加之官方“四大本”中的这三科重在讲解法条规定、理论阐释较少，因此可推断将来的试题仍会维持历年来的品性——“法条为王”。但以法条为中心，并非一味地死记硬背。学习法条，要弄清“你是谁，为了谁”，即弄清法条中的构成要件或适用前提，法条的立法目的，这样备考往往能够事半功倍。

法律职业资格考试的备考过程往往漫长而艰辛，唯有坚持不懈方能收获胜利与喜悦。有道是：有志者，事竟成，破釜沉舟，百二秦关终属楚；苦心人，天不负，卧薪尝胆，三千越甲可吞吴！

熊晖

（熊晖：本书编著者，前命题人）

导 | 言

国际公法、国际私法和国际经济法（简称“三国法”）在过去的司考中分值占比较低，在法考中也没有大的变化。尽管如此，法考这样的“大考”对于绝大多数考生而言，每一分都是弥足珍贵的。况且，从通过法考建立和巩固全面的法学知识结构角度来看，对三国法的掌握更是必不可少，尤其是我们已经处于这样一个加速全球化的时代，一个“中国日益走近世界舞台中央”的时代，一个法律人亟须具备国际视野的新时代。

一、以往命题情况

根据对以往法考、司考真题进行的统计分析，三国法的考查重点比较突出和集中。

国际公法的重点知识点主要有：国家的管辖权与主权豁免，联合国体系，海洋法制度，外国人入境、居留和出境，引渡，使馆（外交人员）、领馆（领事官员）的特权与豁免，条约的缔结程序和方式，国际法院制度等。

国际私法的重点知识点主要有：冲突规范与准据法，外国法的查明，强制性规定（直接适用的法），涉外合同的法律适用，涉外侵权的法律适用，涉外婚姻、家庭、继承关系的法律适用，涉外商事关系的法律适用，涉外知识产权的法律适用，外国人在中国的民事诉讼地位，国际司法协助，国际商事仲裁，内地与港澳台地区之间的送达以及内地与港澳台地区相互执行法院判决等。

国际经济法的重点知识点主要有：国际贸易术语解释通则，联合国国际货物销售合同公约，海牙规则，无单放货的司法解释，海上货物运输保险，信用证，中国的对外贸易法律制度（特别是反倾销措施、保障措施），世界贸易组织主要法律制度（比如与贸易有关的投资措施协议、与贸易有关的知识产权协议、WTO 争端解决制度等），知识产权的国际保护，多边投资担保机构公约，解决国家和他国国民间投资争端公约以及国际税法制度等。

二、基本命题规律

（一）立足“重点”

所谓“立足‘重点’”，就是指命题人在命题时很大程度上都会涉及对本文第一部分所统计的重点知识点的考查。据统计，国际经济法的重要知识点“稳定性”较高，而国际公法和国际私法则在一些年份有一定不同。这也是三国法特点决定的：①知识点细、多、散；②题量少；③法律制度更新变化情形较多；④命题人的关注点受时事形势影响。由此，三国法重要知识点呈现的“聚合度”就随之受到影响。从这个意义上讲，读者对本书所说的重点知识把握和对《命题人讲真题》系列图书中“解题思路”的研习同等重要。

（二）关注“中国”

所谓“关注‘中国’”，就是指命题人特别重视对我国一些现行有效的重要法律法规或者司法解释的考查。就国际公法而言，比如我国《出入境管理法》《国籍法》《引渡法》《缔结条约程序法》等。就国际私法而言，比如我国《涉外民事关系法律适用法》及其司法解释、最高人民法院《关于审理仲裁司法审查案件若干问题的规定》《关于内地与香港特别行政区法院相互认可和执行当事人协议管辖的民商事案件判决的安排》《关于认可和执行台湾地区法院民事判决的规定》《关于内地与澳门特别行政区法院就民商事案件相互委托送达司法文书和调取证据的安排》等。就国际经济法而言，比如我国《海洋货物运输保险条款》《反倾销条例》《保障措施条例》以及最高人民法院《关于审理独立保函纠纷案件若干问题的规定》《关于审理无正本提单交付货物案件适用法律若干问题的规定》《关于审理信用证纠纷案件若干问题的规定》等。这些都是三国法试题里的“常客”。

三、备考建议

（一）记忆与理解并举

三国法各科的“统一理论”或多或少都受到置疑，从国际公法到国际私法再到国际经济法，每一科的统一理论的统摄性又都在明显递减。特别是国际经济法，尽管每一部分都有自己的理论体系或逻辑框架，但就整体而言，其知识呈现出“碎片状”特征，各部分知识之间“有机联系”程度较弱。这样，无论是掌握知识还是解答试题，试图通过理论或逻辑的“推演”往往很难如愿。另外，三国法似乎离寻常百姓日常生活较远，一些三国法问题的“常识”或“公理”也不易为大众所了解。因此，对于许多考生而言，如果时间紧张，很大程度上就要依靠自己的“记忆”功法。当然，如果时间允许，对知识点的充分理解可以为记忆加上一把保险锁。

（二）关注“确定性”知识

三国法尽管内容庞杂，但也不是不可以“精简化”的。所谓“精简化”，就是摒弃“不确定”知识。三国法中，“不确定”知识大量存在。比如，官方“四大本”中例举的别的国家的法律制度、理论学说（很多是有争议的）、国际条约中未被教材提及的条文规定等。这些“不确定”知识对于命题者而言，很难打造出一道“考究”的试题，因而不易成为考查知识点。前面总结的“关注‘中国’”命题规律，很大程度上就是由此决定的。我国现行有效的一些重要法律法规或者司法解释，本就是我国法律从业者应当掌握的，再者，这些法规内容“确定”，对命题者而言比较容易命制为严谨的试题，因而自然成为重点考查点。总之，重点关注“确定性”知识，也就是本书的内容，可以大大减轻考生的负担。

考生如能重视并能掌握上述所提及的重要考点并充分把握住以上所述的科目命题规律，在法考中，守住三国法的得分“城池”应是没有问题的，这也是本书的目的和价值所在。

李万强
（李万强：本书编著者，前题库命题人）

>> CONTENTS 目录

经济法

劳动与社会保障法

国际私法

经 济 法

第一章 竞争法

第一节 垄断行为

重要法条及司法解释

《反垄断法》第 13～27 条。

命题分析

“垄断行为”是经济法中极为重要的知识点，且具有一定的理解难度，在复习时务必重点把握。从考查规律来看，该知识点是高频考点，每年必考。

从考查内容来看，垄断行为包括“垄断协议”“滥用市场支配地位”“经营者集中”和“滥用行政权力排除、限制竞争”等内容，其中“垄断协议”和“滥用市场支配地位”是考查的重点。

知识点精讲

一、垄断协议

（一）概述

1. 概念

垄断协议是指排除、限制竞争的协议、决定或者其他协同行为。垄断协议表现为企业间限制竞争的合同或者协议、企业团体的决议及企业间的协同行为等形式。

2. 特征

（1）实施主体必须是两个以上、互相独立、自主经营的经营者——主体要件；

（2）当事人间具有协议、决议或协调一致的行为——行为要件；

（3）导致或者可能导致垄断的后果（排除、限制竞争）——结果要件。

注意：垄断协议行为对市场的影响不一定要实际发生，只要能证明对市场的影响在一定程度上有发生的可能性及这种影响的严重性，就足以推断这种影响的存在。换而言之，达成上述协议的行为即足以认定构成垄断行为，协议是否实施、影响是否已经发生并不妨碍认定。

（二）垄断协议的认定

		横向垄断协议	纵向垄断协议
概念		所谓“横向垄断协议”，是指具有竞争关系经营者之间达成的固定价格、限制产量、划分市场、限制购买或开发、联合抵制其他竞争对手等排除、限制竞争的垄断协议。	所谓“纵向垄断协议”，则指同一产业或品牌中处于不同经济层次、无直接竞争关系的商家之间通过某种联合所实施的排除、限制竞争的垄断协议。
行为方式		禁止具有竞争关系的经营者达成下列垄断议： （1）固定或者变更商品价格； （2）限制商品的生产数量或者销售数量； （3）分割销售市场或者原材料采购市场； （4）限制购买新技术、新设备或者限制开发新技术、新产品； （5）联合抵制交易； （6）国务院反垄断执法机构认定的其他垄断协议。	禁止经营者与交易相对人达成下列垄断协议： （1）固定向第三人转售商品的价格； （2）限定向第三人转售商品的最低价格； （3）国务院反垄断执法机构认定的其他垄断协议。
构成要件	主体	竞争方（有竞争关系的经营者）。	非竞争方，而是交易方。
	行为	共同实施行为；多默示方式。	要求交易相对方实施特定行为；多为明示，附随于交易合同。
	主观	共同目的。	无共同目的。
危害		横向垄断协议是同业竞争者之间的联合行为，对竞争秩序的危害直接严重，一直是反垄断法规制的重点。	纵向垄断协议主体之间不具有直接的竞争关系，是上下游的不同经营阶段，联合行为对竞争的影响较为间接，处理灵活性更大。

（三）垄断协议豁免条款

可豁免的情形	满足“消极性法定条件”
（1）为改进技术、研究开发新产品的。	属于（1）~（5）情形，不适用《反垄断法》禁止垄断协议有关规定的，经营者还应当证明所达成的协议不会严重限制相关市场的竞争，并且能够使消费者分享由此产生的利益。即：①不会严重限制相关市场的竞争；②能够使消费者分享利益；③经营者承担满足豁免条件的举证责任。
（2）为提高产品质量、降低成本、增进效率，统一产品规格、标准或者实行专业化分工的。	
（3）为提高中小经营者经营效率，增强中小经营者竞争力的。	
（4）为实现节约能源、保护环境、救灾救助等社会公共利益的。	
（5）因为经济不景气，为缓解销售量严重下降或者生产明显过剩的。	
（6）为保障对外贸易和对外经济合作中的正当利益的。	
（7）法律和国务院规定的其他情形。	

例1[①] 根据《反垄断法》规定，下列哪些选项不构成垄断协议？

A. 某行业协会组织本行业的企业就防止进口原料时的恶性竞争达成保护性协议

① 本书所有例题均来源于历年真题，本例以下不再逐一标注。

B. 三家大型房地产公司的代表聚会，就商品房价格达成共识，随后一致采取涨价行动

C. 某品牌的奶粉含有毒物质的事实被公布后，数家大型零售公司联合声明拒绝销售该产品

D. 数家大型煤炭企业就采用一种新型矿山安全生产技术达成一致意见

提示：选项A、C、D不构成垄断协议，当选。根据《反垄断法》第13条第2款规定，选项B中三家房地产公司一致涨价的行为构成固定或者变更商品价格的垄断协议，所以不应选。

根据《反垄断法》第15条规定，选项A中行业协会组织本行业的企业达成的保护性协议是为防止进口原料的恶性竞争，即保障对外贸易中的正当利益，因此不构成垄断协议，所以选项A应选；选项D中数家大型煤炭企业达成的一致意见是为改进技术达成的协议，不构成垄断协议，所以选项D应选；选项C中该品牌奶粉属于不合格产品，任何一家零售公司均不应销售，数家大型零售公司联合声明拒绝销售该产品的行为属于合法行为，不具有排除、限制竞争的目的和效果，不构成垄断协议，所以选项C应选。

（四）法律责任

1. 民事责任

（1）合同无效，垄断协议的合同内容、行业协会的章程等违反反垄断法或其他法律法规强制性规定的，法院应当认定其无效；

（2）实施垄断行为的经营者，应当承担停止侵害、赔偿损失等民事责任。

2. 行政责任

垄断协议的行政责任主要有以下几种形式：

第一，责令停止违法行为。

第二，没收违法所得。

第三，罚款。对于经营者达成垄断协议但尚未实施的，可以处50万元以下的罚款；对达成并实施了垄断协议的，除没收违法所得外，处上一年度销售额1%以上10%以下的罚款。

第四，撤销登记。如果行业协会实施垄断协议行为，情节严重的，社会团体登记管理机关可依法撤销登记。

3. 刑事责任

我国反垄断法没有与刑法衔接追究垄断行为的刑事责任的条款，自然没有追究垄断协议刑事责任的规定。对反垄断执法机构依法实施的审查和调查，拒绝提供有关材料、信息，或者提供虚假材料、信息，或者隐匿、销毁、转移证据，或者有其他拒绝、阻碍调查行为的，构成犯罪的，依法追究刑事责任。

4. 减免责任（也称“经营者宽恕制度”）

经营者主动向反垄断执法机构报告达成垄断协议的有关情况并提供重要证据的，反垄断执法机构可以酌情减轻或者免除对该经营者的处罚，但并不减轻或免除民事责任的承担。

二、滥用市场支配地位

（一）概述

1. 概念

滥用市场支配地位，又被称为“滥用市场优势地位”，是企业获得一定的市场优势地位

后滥用这种地位，对市场中的其他主体进行不公平的交易或排斥竞争对手的行为。

2. 构成要件

（1）企业已取得特定市场的支配（或优势）地位。这是企业实施支配地位滥用行为的前提条件，也是支配地位滥用行为的主体要件。

（2）具有支配地位的企业必须实施了支配地位滥用的行为。这是支配地位滥用行为的客观要件。

（3）具有市场支配地位的企业实施的市场行为破坏了自由的竞争秩序，损害了其他竞争者与消费者的利益。

（二）相关市场的判定

相关市场是指经营者在一定时期内就特定商品或者服务（以下统称“商品”）进行竞争的商品范围和地域范围。

相关商品市场的判断标准是有紧密替代关系的商品而不是相同商品。

影响相关地域的认定的主要因素

区域间的交易障碍		产品特性	
交易成本（主要是运输成本）	法律障碍（政府管制）	是否适合长期保存	是否适合长途运输

（三）市场支配地位的判定

认定标准	（1）该经营者在相关市场的市场份额，以及相关市场的竞争状况； （2）该经营者控制销售市场或原材料采购市场的能力； （3）该经营者的财力和技术条件； （4）其他经营者对该经营者在交易上的依赖程度； （5）其他经营者进入相关市场的难易程度； （6）与认定该经营者市场支配地位有关的其他因素。
推定标准	有下列情形之一的，可以推定经营者具有市场： （1）一个经营者在相关市场的市场份额达到二分之一的； （2）两个经营者在相关市场的市场份额合计达到三分之二的； （3）三个经营者在相关市场的市场份额合计达到四分之三的。 有上述（1）、（2）规定的情形，其中有的经营者市场份额不足十分之一的，不应当推定该经营者具有市场支配地位。被推定具有市场支配地位的经营者，有证据证明不具有市场支配地位的，不应当认定其具有市场支配地位。

注意：（1）“市场份额”只是“认定”支配地位的因素之一，依据“市场份额”只能“推定”市场支配地位。

（2）《反垄断法》第17条规定了滥用市场支配地位的行为，需要注意各行为中“不公平”或“无正当理由”的要求。

例 2 关于市场支配地位推定制度，下列哪些选项是符合我国《反垄断法》规定的？

A. 经营者在相关市场的市场份额达到二分之一的，推定为具有市场支配地位

B. 两个经营者在相关市场的市场份额合计达到三分之二，其中有的经营者市场份额不足十分之一的，不应当推定该经营者具有市场支配地位

C. 三个经营者在相关市场的市场份额合计达到四分之三，其中有两个经营者市场份额合计不足五分之一的，不应当推定该两个经营者具有市场支配地位

D. 被推定具有市场支配地位的经营者，有证据证明不具有市场支配地位的，不应当认定其具有市场支配地位

提示： 选项 A、B、D 正确。《反垄断法》第 19 条第 1 款规定：“有下列情形之一的，可以推定经营者具有市场支配地位：（一）一个经营者在相关市场的市场份额达到二分之一的；（二）两个经营者在相关市场的市场份额合计达到三分之二的；（三）三个经营者在相关市场的市场份额合计达到四分之三的。”由此可知，选项 A 正确。该条第 2 款规定：“有前款第二项、第三项规定的情形，其中有的经营者市场份额不足十分之一的，不应当推定该经营者具有市场支配地位。”由此可知，法律并未规定在相关市场份额合计达到四分之三的三个经营者中两个经营者的市场份额也须达到一定比例，因此选项 B 正确，选项 C 错误。该条第 3 款规定：“被推定具有市场支配地位的经营者，有证据证明不具有市场支配地位的，不应当认定其具有市场支配地位。”由此可知选项 D 正确。

（四）法律责任

1. 行政责任

经营者违反本法规定，滥用市场支配地位的，由反垄断执法机构责令停止违法行为，没收违法所得，并处上一年度销售额百分之一以上百分之十以下的罚款。

2. 民事责任

实施垄断行为的经营者，给他人造成损失的，承担停止侵害、赔偿损失等民事责任。实践中，责任形式主要是损害赔偿。这里的“他人”，既可能是受害的竞争者，也可能是用户或者消费者。根据原告的请求，人民法院可以将原告因调查、制止垄断行为所支付的合理开支计入损失赔偿范围。

> **注意：** 滥用市场支配地位和垄断协议这两种垄断行为有一定的相似性，但从构成要件上则较易作出区分。前者的主体可为一个或多个，但须具有市场支配地位，并且其垄断行为表现为垄断价格、亏本销售、拒绝交易等《反垄断法》第 17 条所规定的特定行为；后者主体为多个，其垄断行为是通谋或协同一致，具体行为规定于《反垄断法》第 13、14 条。

三、经营者集中

（一）概述

经营者集中是指经营者通过合并、资产购买、股份购买、合同约定（联营、合营）、人事安排、技术控制等方式取得对其他经营者的控制权或者能够对其他经营者施加决定性影

响的行为。其中，合并是最重要和最常见的一种经营者集中形式。

（二）表现形式

<table>
<tr><td rowspan="4">主要情形</td><td colspan="2">（1）经营者合并：主要是指法人或者其他组织之间的合并。</td></tr>
<tr><td>吸收合并：经营者吸收其他经营者，被吸收的经营者主体资格消灭。</td><td>新设合并：两个以上的经营者合并后成为一个新的经营者，合并各方主体资格都不再存在。</td></tr>
<tr><td colspan="2">（2）经营者通过取得股权或者资产的方式取得对其他经营者的控制权。
经营者通过取得其他经营者的股份（资产）进而直接或者间接地控制其他经营者的行为，这是借助了股东的地位，取得对其他经营者的控制权的行为。</td></tr>
<tr><td colspan="2">（3）经营者通过合同等方式取得对其他经营者的控制权或者能够对其他经营者施加决定性影响。
经营结合是通过订立经营合同的方式实现对其他经营者的控制权，彼此之间形成了人力、业务、技术等的相互配合，通过经营权的制约形成了事实上的集中形态。</td></tr>
</table>

（三）经营者集中申报程序

1. 事先申报制度

经营者集中达到国务院规定的申报标准的，经营者应当事先向国务院反垄断机构（现指国家市场监督管理总局）申报，未申报的不得实施集中。

2. 申报豁免

经营者集中有下列情形之一，可以不向国务院反垄断执法机构申报：

（1）参与集中的一个经营者拥有其他每个经营者50%以上有表决权的股份或者资产的；

（2）参与集中的每个经营者50%以上有表决权的股份或者资产被同一个未参与集中的经营者拥有的。

理解：这两种状态对企业的市场控制状态未造成实质变化，自然无须审查。

（四）经营者集中审查程序

1. 审查标准

反垄断执法机构主要从如下几个方面对经营者集中进行审查：①参与集中的经营者在相关市场的市场份额及其对市场的控制力；②相关市场的市场集中度；③经营者集中对市场进入、技术进步的影响；④经营者集中对消费者和其他有关经营者的影响；⑤经营者集中对国民经济发展的影响；⑥反垄断局认为应当考虑的影响市场竞争的其他因素。

2. 初步审查

反垄断执法机构应当自收到经营者提交的符合规定的文件、资料之日起30日内，对申报的经营者集中进行初步审查，作出是否实施进一步审查的决定，并书面通知经营者。反垄断执法机构作出决定前，经营者不得实施集中。反垄断执法机构作出不实施进一步审查的决定或者逾期未作出决定的，经营者可以实施集中。

3. 进一步审查

进一步审查应当自执法机构作出实施进一步审查决定之日起90日内完毕，并作出是否禁止经营者集中的决定，书面通知经营者。作出禁止经营者集中的决定，应当说明理由。

审查期间，经营者不得实施集中。反垄断执法机构逾期未作出决定的，经营者可以实施集中。

4. 延长审查

有下列情形之一的，国务院反垄断执法机构经书面通知经营者，可以延长审查期限，但最长不得超过60日：①经营者同意延长审查期限的；②经营者提交的文件、资料不准确，需要进一步核实的；③经营者申报后有关情况发生重大变化的。

	初步审查	进一步审查	延长审查
期限	自收到经营者提交的符合规定的文件、资料之日起30天内	自执法机构作出实施进一步审查决定之日起90天内	最长不超过60天

注意：反垄断审查程序的最长时限为：30日（初步审查）+90日（第二阶段审查）+60日（可能出现的延长）=180日。

5. 审查决定

（1）禁止集中决定——具有或者可能具有排除、限制竞争效果。

（2）不予禁止决定——经营者能够证明该集中对竞争产生的有利影响明显大于不利影响，或者符合社会公共利益。

（3）附条件的不予禁止决定。

注意：对于禁止集中决定和附条件的不予禁止决定，国务院反垄断执法机构应当及时向社会公布。对外资并购境内企业或者以其他方式参与经营者集中，涉及国家安全的，除依照本法规定进行经营者集中审查外，还应当按照国家有关规定进行国家安全审查。

（五）法律责任

1. 行政责任

经营者违反本法规定实施集中的，由国务院反垄断执法机构责令停止实施集中、限期处分股份或者资产、限期转让营业以及采取其他必要措施恢复到集中前的状态，还可以处50万元以下的罚款。

2. 民事责任

经营者实施垄断行为，给他人造成损失的，依法承担民事责任。这里的受损失者，主要是同业竞争者。在“弱肉强食”的兼并案件中，因兼并方的违法行为受损害的被兼并方及其利益相关者，也可能成为经营者集中中的受害者。

四、滥用行政权力排除、限制竞争

（一）概述

1. 概念

滥用行政权力限制竞争行为，指行政机关和法律、法规授权的具有管理公共事务职能的组织滥用行政权力，违反法律规定实施的排除、限制市场竞争的行为。

2. 特征

（1）主体是行政机关和法律、法规授权的具有管理公共事务职能的组织。这两类主体的特点是均拥有一定的行政权力。

（2）行为指向的目标是市场上本来平等竞争的经营者所经营的商品。限制竞争，使本应公平交易的竞争成为不可能交易或不平等交易。

（3）滥用行政权力限制竞争行为是对经济职权的滥用。经济职权的产生基于国家授权或法律的直接规定。

（4）滥用行政权力排除、限制竞争的行为可以是直接的也可以是间接，还可以是抽象行政行为或具体行政行为。

（二）表现形式

行政强制交易	滥用行政权力，限定或者变相限定单位或者个人经营、购买、使用其指定的经营者提供的商品。 限定——直接、明示的； 变相限定——设定特定标准、设定唯一指向的条件等，剥夺选择权。
地区封锁	滥用行政权力，妨碍商品在地区之间的自由流通： （1）对外地商品设定歧视性收费项目、实行歧视性收费标准，或者规定歧视性价格； （2）对外地商品规定与本地同类商品不同的技术要求、检验标准，或者对外地商品采取重复检验、重复认证等歧视性技术措施，限制外地商品进入本地市场； （3）采取专门针对外地商品的行政许可，限制外地商品进入本地市场； （4）设置关卡或者采取其他手段，阻碍外地商品进入或者本地商品运出； （5）妨碍商品在地区之间自由流通的其他行为。
排斥、限制参加招投标	滥用行政权力，以设定歧视性资质要求、评审标准或者不依法发布信息等方式，排斥或者限制外地经营者参加本地的招标投标活动。
排斥、限制在本地投资或设立分支机构	滥用行政权力，采取与本地经营者不平等待遇等方式，排斥或者限制外地经营者在本地投资或者设立分支机构。 （1）限制外地投资者：在资质条件、注册资本、高额担保、额外税款、审批程序等方面作限制。 （2）优待本地投资者：在融资、税收、程序等方面进行优待。
行政性限制竞争	滥用行政权力，强制经营者从事本法规定的垄断行为。
抽象的限制竞争的行政行为	行政机关利用行政权力，通过制定行政法规、规章或者发布具有普遍约束力的决定、命令，将具有限制竞争性质的条款或内容包含其中，要求相对人执行以达到限制竞争之目的。

（三）法律责任

行政机关和法律、法规授权的具有管理公共事务职能的组织滥用行政权力，实施排除、限制竞争行为的，由上级机关责令改正；对直接负责的主管人员和其他直接责任人员依法给予处分。反垄断执法机构可以向有关上级机关提出依法处理的建议。

注意：（1）反垄断执法机构对滥用行政权力排除、限制竞争的行为只有建议处理权，没有执法权。

（2）行政垄断的法律后果都是承担行政责任，行政机关无须承担民事赔偿责任。

例 3 滥用行政权力排除、限制竞争的行为，是我国《反垄断法》规制的垄断行为之一。关于这种行为，下列哪些选项是正确的？

A. 实施这种行为的主体，不限于行政机关

B. 实施这种行为的主体，不包括中央政府部门

C.《反垄断法》对这种行为的规制，限定在商品流通和招投标领域

D.《反垄断法》对这种行为的规制，主要采用行政责任的方式

提示：《反垄断法》第 32 条规定："行政机关和法律、法规授权的具有管理公共事务职能的组织不得滥用行政权力，限定或者变相限定单位或者个人经营、购买、使用其指定的经营者提供的商品。"滥用行政权力排除、限制竞争行为的主体除行政机关外，还包括法律、法规授权的具有管理公共事务职能的组织，所以选项 A 正确。行政机关不仅包括地方政府及其部门，也包括中央政府部门，所以选项 B 错误。

《反垄断法》第五章规定了滥用行政权力排除、限制竞争行为的表现形式，除在商品流通和招投标领域外，还包括排斥或者限制外地经营者在本地投资或者设立分支机构行为（第 35 条）、强制经营者从事本法规定的垄断行为的行为（第 36 条）、制定含有排除、限制竞争内容的规定的行为（第 37 条），所以选项 C 错误。

《反垄断法》第 51 条第 1 款规定："行政机关和法律、法规授权的具有管理公共事务职能的组织滥用行政权力，实施排除、限制竞争行为的，由上级机关责令改正；对直接负责的主管人员和其他直接责任人员依法给予处分。反垄断执法机构可以向有关上级机关提出依法处理的建议。"由此可知，选项 D 正确。

五、适用除外

（1）国家垄断——国有经济占控制地位的关系国民经济命脉和国家安全的行业以及依法实行专营专卖的行业，国家对其经营者的合法经营活动予以保护。前款规定行业的经营者应当依法经营，诚实守信，严格自律，接受社会公众的监督，不得利用其控制地位或者专营专卖地位损害消费者利益。

（2）知识产权垄断——经营者依照有关知识产权的法律、行政法规规定行使知识产权的行为，不适用本法；但是，经营者滥用知识产权，排除、限制竞争的行为，适用本法。

（3）农业生产者及农村经济组织在农产品生产、加工、销售、运输、储存等经营活动中实施的联合或者协同行为，不适用本法。

第二节 反垄断调查机制

重要法条及司法解释

《反垄断法》第38~45条。

命题分析

“反垄断调查机制”是经济法部分相对重要的一个知识点，但基本是对法条的直接考查，理论性不强，理解难度不大。从考查规律来看，该知识点比较受命题人青睐，且一般和反垄断行为在一个题目中综合考查。

从考查内容来看，“反垄断调查机制”包括“反垄断调查机构的职权”“反垄断调查程序”等内容。在历年考试中，这些内容都有涉及，建议考生全面复习。在复习中，考生应当重点复习不同垄断行为的调查处理程序。

知识点精讲

一、反垄断委员会

国务院设立反垄断委员会，负责组织、协调、指导反垄断工作。其性质为议事协调机构，无执法权。反垄断委员会属于调研性宏观协调机构而不是直接执法机构。

二、反垄断执法机构

现在国家市场监督管理总局是反垄断执法机构。

三、反垄断调查程序

（一）调查的启动

调查的启动，涉及由何种主体以何种方式启动对涉嫌垄断、限制竞争行为的调查。我国反垄断法将此项权利赋予了反垄断执法机构和私人主体。

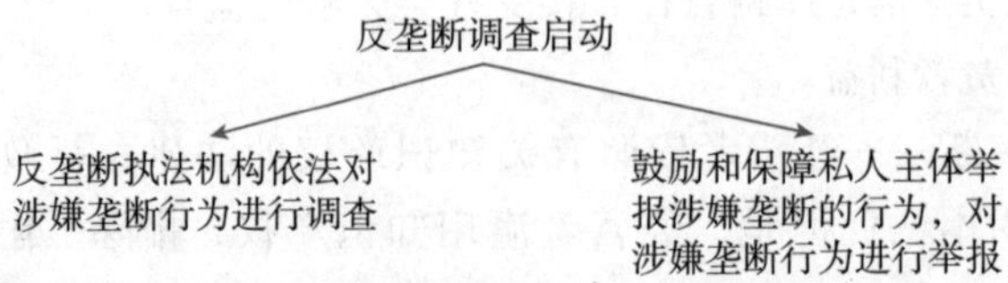

> **注意：**当举报是采用书面形式并提供相关事实和证据的，反垄断执法机构应当进行必要的调查。

（二）反垄断执法机构的调查权

反垄断执法机构调查涉嫌垄断行为，可以采取下列措施：①进入场所；②询问有关人员；③查阅、复制有关资料；④查封、扣押相关证据；⑤查询经营者的银行账户。

在采取上述调查措施时，应当依照法定程序进行。首先，采取调查措施，应当由反垄断执法机构主要负责人批准；其次，调查涉嫌垄断行为，执法人员不得少于两人，并出示执法证件；再次，执法人员在执法过程中，应当制作笔录，并由被询问人或被调查人签字；最后，执法人员在调查过程中，应奉行回避制度。

（三）调查者和被调查者的义务

1. 调查者的义务

（1）保密：反垄断执法机构及其工作人员对执法过程中知悉的商业秘密负有保密义务。

（2）保障被调查者充分行使参与调查程序的权利（知情权、陈述权、申辩权等）：被调查的经营者、利害关系人有权陈述意见。反垄断执法机构应当对被调查的经营者、利害关系人提出的事实、理由和证据进行核实。

（3）公布相关处理决定：反垄断执法机构对涉嫌垄断行为调查核实后，认为构成垄断行为的，应当依法作出处理决定，并可以向社会公布。

2. 被调查者的义务

被调查的经营者、利害关系人或者其他有关单位或者个人应当配合反垄断执法机构依法履行职责，不得拒绝、阻碍反垄断执法机构的调查。

（四）调查的中止、终止和恢复（经营者承诺制度）

（1）中止调查：对反垄断执法机构调查的涉嫌垄断行为，被调查的经营者承诺在反垄断执法机构认可的期限内采取具体措施消除该行为后果的，反垄断执法机构可以决定中止调查。

（2）终止调查：经营者履行承诺的，反垄断执法机构可以决定终止调查。

（3）恢复调查：有下列情形之一的，反垄断执法机构应当恢复调查：①经营者未履行承诺的；②作出中止调查决定所依据的事实发生重大变化的；③中止调查的决定是基于经营者提供的不完整或者不真实的信息作出的。

（五）救济

（1）对反垄断执法机构作出的涉及“经营者集中”的决定不服的，可以先依法申请行政复议；对行政复议决定不服的，可以依法提起行政诉讼。——复议前置

（2）对反垄断执法机构作出的其他决定不服的，可以依法申请行政复议或者提起行政诉讼。

第三节　不正当竞争行为

重要法条及司法解释

《反不正当竞争法》第6~12条。

命题分析

“不正当竞争行为”是经济法部分非常重要的一个知识点，且有一定的难度。从考查规律来看，该知识点是高频考点，每年必考。

从考查内容来看，“不正当竞争行为”具体又包括“混淆行为”“商业贿赂行为”“虚假宣传行为”“侵犯商业秘密行为”“互联网不正当竞争行为”“不正当有奖销售行为”“诋毁商誉行为”等内容。考查的重点是区分各种具体的不正当竞争行为。2017 年《反不正当竞争法》进行了修改，对于不正当竞争行为进行了部分修改和增加，2019 年对商业秘密等规定予以修正，新增部分属于考试的重点，应当重点学习。

知识点精讲

一、混淆行为

（一）概念

混淆行为指擅自使用有一定影响的商业标识，引人误认为或足以引人误认为是他人商品或者与他人存在特定联系，以牟取不正当利益的行为。

（二）构成要件

（1）主体——经营者（《反不正当竞争法》规制的是不正当竞争行为，必须是经营者之间。不是经营者，不构成此行为的主体，如国家机关工作人员欺骗行为，不属于混淆行为。但侵犯商业秘密行为的主体例外）。

（2）对象——有一定影响的商业标识。

（3）行为——擅自使用。

（4）结果——引人误认为或足以引人误认为是他人商品或者与他人存在特定联系。“误认”包括对商品的误认，也包括对经营者的误认；所谓“足以”，是指被误认的客观可能性；至于是否发生事实上的误认，在所不论。

> **理解：**已经引起和有误认的危险都构成引人误认；商品误认和商品来源误认都构成引人误认。

（三）表现形式

对商品类标识的混淆	擅自使用与他人有一定影响的商品名称、包装、装潢等相同或者近似的标识。
对主体类标识的混淆	擅自使用他人有一定影响的企业名称（包括简称、字号等）、社会组织名称（包括简称等）、姓名（包括笔名、艺名、译名等）。
对互联网商业标识的混淆	擅自使用他人有一定影响的域名主体部分、网站名称、网页等，引人误认为是他人商品或者与他人存在特定联系的，构成不正当竞争行为。
其他混淆	其他足以引人误认为是他人商品或者与他人存在特定联系的混淆行为。 比如：《商标法》第 58 条规定：“将他人注册商标、未注册的驰名商标作为企业名称中的字号使用，误导公众，构成不正当竞争行为的，依照《中华人民共和国反不正当竞争法》处理。”

（四）混淆行为的例外情形

（1）使用的著名标示是商品、营业或服务的通用名称或惯用标示。例如“巨峰”葡萄、“玫瑰香”葡萄、阿斯匹林等。

（2）善意地使用自己的姓名。自然人的姓名与法人的名称还存在不同，尤其中国大多数的自然人姓名字数很短，常常是2到3个汉字，因此姓名间的区别性就比较差，自然人间姓名重合就在所难免，因此《反不正当竞争法》禁止的主要是姓名使用上的恶意行为，善意的使用姓名行为即使造成一定程度的混淆一般也不被认定为市场混淆行为。

（3）他人的标示在社会公众所普遍认知前的善意使用行为。这是对在先权利的保护，《反不正当竞争法》在对市场混淆行为进行规范的过程中，还需要对其他市场主体的在先权利进行保护，但在先权利人也应依诚实信用的原则来使用自己的标示，不能搭有竞争优势的市场主体的便车。

（五）法律责任

（1）民事责任：经营者实施混淆行为，应当停止侵害，给被侵害的经营者造成损害的，应当承担损害赔偿责任。因商业混淆行为受到损害的经营者和其他权利人，可以依据侵权责任法提起民事诉讼。这里说的其他权利人，包括名称权、姓名权受到损害的非企业社会组织和个人，也包括消费者；消费者合法权益受到损害的，还可以依照消费者权益保护法请求法律保护。

注意：赔偿额计算的特殊要求：①按照其因被侵权所受到的实际损失确定；②实际损失难以计算的，按照侵权人因侵权所获得的利益确定；③赔偿数额还应当包括经营者为制止侵权行为所支付的合理开支；④法定赔偿。权利人因混淆行为被侵权所受到的实际损失、侵权人因侵权所获得的利益难以确定的，由人民法院根据侵权行为的情节判决给予权利人500万元以下的赔偿。

（2）行政责任：①责令停止违法行为；②没收违法商品；③罚款；④情节严重的，吊销营业执照。

（3）经营者登记的企业名称违反《反不正当竞争法》第6条规定的，应当及时办理名称变更登记；名称变更前，由原企业登记机关以统一社会信用代码代替其名称。

例1 某县“大队长酒楼”自创品牌后声名渐隆，妇孺皆知。同县的“牛记酒楼”经暗访发现，“大队长酒楼”经营特色是，服务员统一着20世纪60年代服装，播放该年代歌曲，店堂装修、菜名等也具有时代印记。“牛记酒楼”遂改名为“老社长酒楼”，服装、歌曲、装修、菜名等一应照搬。根据《反不正当竞争法》的规定，“牛记酒楼”的行为属于下列哪一种行为？

A. 正当的竞争行为　　B. 侵犯商业秘密行为

C. 混淆行为　　D. 虚假宣传行为

提示：选项C正确。《反不正当竞争法》第6条规定了四种混淆行为：“经营者不得实施下列混淆行为，引人误认为是他人商品或者与他人存在特定联系：（一）擅自使用与他人有一定影响的商品名称、包装、装潢等相同或者近似的标识；（二）擅自使用他人有一定影响的企业名称（包括简称、字号等）、社会组织名称（包括简称等）、姓名（包括笔名、艺名、译名等）；（三）擅自使用他人有一定影响的域名主体部分、网站名称、网页等；（四）其他足以引人误认为是他人商品或者与他人存在特定联系的混淆行为。”

本题中“大队长酒楼”声名渐隆、妇孺皆知，应当认定为有一定影响的商品。根据《最高人民法院关于审理不正当竞争民事案件应用法律若干问题的解释》第3条的规定：由经营者营业场所的装饰、营业用具的式样、营业人员的服饰等构成的具有独特风格的整体营业形象，可以认定为反不正当竞争法所规定的“装潢”。本题中酒楼的服务员服装、歌曲、店堂装修、菜名等整体营业形象构成装潢，“牛记酒楼”照搬大队长酒楼营业形象的行为属于擅自使用“大队长酒楼”的装潢，因此构成混淆行为，选项C正确。

《反不正当竞争法》第8条规定了虚假宣传行为，该行为是指经营者对其商品的性能、功能、质量、销售状况、用户评价、曾获荣誉等作虚假或者引人误解的商业宣传，欺骗、误导消费者。本题中“牛记酒楼”并未实施虚假宣传行为。《反不正当竞争法》第9条规定了侵犯商业秘密行为，该行为是指以不正当手段获取、披露、使用他人商业秘密的行为。本题中大队长酒楼的装潢等并不构成商业秘密，所以“牛记酒楼”的行为不构成侵犯商业秘密行为。

二、商业贿赂行为

（一）概念

商业贿赂是指经营者及其工作人员采用财物或者其他手段贿赂影响交易的单位或者个人，以谋取交易机会或者竞争优势的行为。

（二）构成要件

1. 主体：行贿人和受贿人。

	构成	特别注意
行贿人	（1）经营者； （2）经营者的工作人员。	经营者有证据证明该工作人员的行为与为经营者谋取交易机会或者竞争优势无关的除外。
受贿人	（1）交易相对方的工作人员； （2）受交易相对方委托办理相关事务的单位或者个人； （3）利用职权或者影响力影响交易的单位或者个人。	交易相对方不是受贿主体。

2. 行为——提供财物或者其他手段贿赂。针对单位员工商业贿赂行为的认定，《反不正当竞争法》第7条第2款规定：经营者的工作人员进行贿赂的，应当认定为经营者的行为；但是，经营者有证据证明该工作人员的行为与为经营者谋取交易机会或者竞争优势无关的除外。

3. 目的——谋取交易机会或者竞争优势，而非其他目的（如政治目的、提职、获取职称等）。

（三）商业贿赂与合法的折扣、佣金的区别

《反不正当竞争法》第7条第2款规定：“经营者在交易活动中，可以以明示方式向交

易相对方支付折扣，或者向中间人支付佣金。经营者向交易相对方支付折扣、向中间人支付佣金的，应当如实入账。接受折扣、佣金的经营者也应当如实入账。”

> **注意：**合法的折扣和佣金必须要满足明示和如实入账的条件。

（四）法律责任

1. 行政责任

经营者违反《反不正当竞争法》第7条规定贿赂他人的，由监督检查部门没收违法所得，处10万元以上300万元以下的罚款。情节严重的，吊销营业执照。

2. 民事责任

经营者实施混淆行为，应当停止侵害，给被侵害的经营者造成损害的，应当承担损害赔偿责任。因不正当竞争行为受到损害的经营者的赔偿数额，按照其因被侵权所受到的实际损失确定；实际损失难以计算的，按照侵权人因侵权所获得的利益确定。赔偿数额还应当包括经营者为制止侵权行为所支付的合理开支。

三、虚假或引人误解的商业宣传

（一）概念

虚假或引人误解的商业宣传行为，是指经营者对其商品的性能、功能、质量、销售状况、用户评价、曾获荣誉等作虚假或者引人误解的宣传，欺骗、误导消费者，以获取交易机会的行为。

（二）构成要件

1. 主体——是实施产品或服务宣传的经营者。

> **注意：**通过组织虚假交易等方式，帮助其他经营者进行虚假或者引人误解的商业宣传的也构成。

2. 对象——是经营者的商品的性能、功能、质量、销售状况、用户评价、曾获荣誉等。
3. 行为发生于商业宣传的过程中。
4. 结果——所做的宣传虚假或引人误解，达到了足以引人误解的程度。

引人误解	虚假+引人误解	虚构事实进行宣传。
	真实+引人误解	对商品做片面的宣传或者对比。
		以歧义性语言进行宣传。
	不确定事实+引人误解	将科学上未定论的观点、现象等当作定论的事实用于商品宣传的。
不构成引人误解	虚假+未引人误解	以明显的夸张方式宣传商品，不足以造成相关公众误解的，不属于引人误解的虚假宣传行为。

（三）法律责任

（1）注意：2017年《反不正当竞争法》修订，明确了“虚假广告”与“虚假和引人误解的商业宣传行为”的关系。经营者违反《反不正当竞争法》第8条规定，属于发布虚假广告的，依照《广告法》的规定处罚。

（2）行政责任：经营者违反《反不正当竞争法》第8条规定对其商品作虚假或者引人误解的商业宣传，或者通过组织虚假交易等方式帮助其他经营者进行虚假或者引人误解的商业宣传的，由监督检查部门责令停止违法行为，处20万元以上100万元以下的罚款；情节严重的，处100万元以上200万元以下的罚款，可以吊销营业执照。

（3）民事责任：经营者实施混淆行为，应当停止侵害，给被侵害的经营者造成损害的，应当承担损害赔偿责任。因不正当竞争行为受到损害的经营者的赔偿数额，按照其因被侵权所受到的实际损失确定；实际损失难以计算的，按照侵权人因侵权所获得的利益确定。赔偿数额还应当包括经营者为制止侵权行为所支付的合理开支。

例2 欣欣公司为了宣传其新开发的保健品，虚构保健品功效，并委托某广告公司设计了“谁吃谁明白”的广告，聘请大腕明星作代言人，邀请某社会团体向消费者推荐，在报刊和电视上高频率地发布引人误解的不实广告。根据《反不正当竞争法》的规定，下列哪些选项是正确的？

A. 欣欣公司不论其主观状态如何，都必须对虚假广告承担法律责任

B. 广告公司只有在明知保健品功效虚假的情况下才承担法律责任

C. 明星代言人即使对厂商造假不知情，只要蒙骗了消费者，就应承担民事责任

D. 社会团体在虚假广告中向消费者推荐商品，应承担民事连带责任

提示：选项A、D正确。《反不正当竞争法》第9条规定：“经营者不得利用广告或者其他方法，对商品的质量、制作成分、性能、用途、生产者、有效期限、产地等作引人误解的虚假宣传。广告的经营者不得在明知或者应知的情况下，代理、设计、制作、发布虚假广告。”由此可知，选项A正确，选项B错误。《广告法》第38条第3款规定：“社会团体或者其他组织，在虚假广告中向消费者推荐商品或者服务，使消费者的合法权益受到损害的，应当依法承担连带责任。”由此可知，选项D正确。

四、侵犯商业秘密

（一）概念

侵犯商业秘密行为是指以不正当手段，获取、披露、使用或允许他人使用权利人的商业秘密，给权利人造成重大损失的行为。

（二）商业秘密的构成要件

商业秘密是指不为公众所知悉、具有商业价值并经权利人采取相应保密措施的技术信息和经营信息等商业信息。商业秘密的构成要件：

（1）秘密性——有关信息不为其所属领域的相关人员普遍知悉和容易获得；

（2）价值性——现实的商业价值和潜在的商业价值；

（3）保密性——采取了与其商业价值等具体情况相适应的合理保密措施。

（三）侵犯商业秘密行为的认定要件

（1）原告拥有一项符合法定条件的商业秘密；

（2）被告使用了该商业秘密；

（3）被告采用了《反不正当竞争法》列举的不正当手段。

（四）举证责任

在侵犯商业秘密的民事审判程序中，商业秘密权利人提供初步证据，证明其已经对所主张的商业秘密采取保密措施，且合理表明商业秘密被侵犯，涉嫌侵权人应当证明权利人所主张的商业秘密不属于本法规定的商业秘密。

商业秘密权利人提供初步证据合理表明商业秘密被侵犯，且提供以下证据之一的，涉嫌侵权人应当证明其不存在侵犯商业秘密的行为：

（1）有证据表明涉嫌侵权人有渠道或者机会获取商业秘密，且其使用的信息与该商业秘密实质上相同；

（2）有证据表明商业秘密已经被涉嫌侵权人披露、使用或者有被披露、使用的风险；

（3）有其他证据表明商业秘密被涉嫌侵权人侵犯。

（五）侵犯商业秘密行为的类型

（1）以盗窃、贿赂、欺诈、胁迫或者其他不正当手段获取权利人的商业秘密。

（2）披露、使用或者允许他人使用以前项手段获取的权利人的商业秘密。

（3）违反约定或者违反权利人有关保守商业秘密的要求，披露、使用或者允许他人使用其所掌握的商业秘密。

（4）第三人明知或者应知商业秘密权利人的员工、前员工或者其他单位、个人实施前款所列违法行为，仍获取、披露、使用或者允许他人使用该商业秘密的，视为侵犯商业秘密。

（六）法律责任

1. 行政责任

经营者以及其他自然人、法人和非法人组织侵犯商业秘密的，由监督检查部门责令停止违法行为，没收违法所得，处10万元以上100万元以下的罚款；情节严重的，处50万元以上500万元以下的罚款。

2. 民事责任

经营者实施侵犯商业秘密行为，应当停止侵害，给被侵害的经营者造成损害的，应当承担损害赔偿责任。因不正当竞争行为受到损害的经营者的赔偿数额，按照其因被侵权所受到的实际损失确定；实际损失难以计算的，按照侵权人因侵权所获得的利益确定。赔偿数额还应当包括经营者为制止侵权行为所支付的合理开支。权利人因侵犯商业秘密行为被侵权所受到的实际损失、侵权人因侵权所获得的利益难以确定的，由人民法院根据侵权行为的情节判决给予权利人500万元以下的赔偿。

经营者恶意实施侵犯商业秘密行为，情节严重的，可以在按照上述方法确定数额的一倍以上五倍以下确定赔偿数额。

> **注意：**现行《反不正当竞争法》中仅对“商业混淆”及“侵犯商业秘密”两种行为规定了500万元以下的法定赔偿。

3. 刑事责任

我国《刑法》第219条规定了侵犯商业秘密罪。对有侵犯商业秘密的行为之一，给商业秘密的权利人造成重大损失的，处三年以下有期徒刑或者拘役，并处单位罚金；造成特别严重后果的，处三年以上七年以下有期徒刑，并处罚金。

五、不正当有奖销售

（一）有奖销售的概念及类型

1. 概念

有奖销售指经营者销售商品或提供服务，附带性地向购买者或其他有关当事人提供物品、金钱或者其他经济上的利益的行为。

> **注意**：经政府或者政府有关部门依法批准的有奖募捐及其他彩票发售活动，不属于有奖销售。

2. 类型：抽奖式有奖销售/附赠式有奖销售

	抽奖式有奖销售	附赠式有奖销售
中奖对象	奖励个别人	奖励符合条件的所有人
中奖方式	偶然方式决定中奖	满足条件都确定中奖

（二）不正当有奖销售的概念

不正当有奖销售指经营者在有奖销售的过程中弄虚作假或违反法律限制向客户提供巨额奖励，以谋取交易机会或竞争优势的行为。

（三）不正当有奖销售的表现形式

（1）所设奖的种类、兑奖条件、奖金金额或者奖品等有奖销售信息不明确，影响兑奖；

（2）采用谎称有奖或者故意让内定人员中奖的欺骗方式进行有奖销售；

（3）抽奖式的有奖销售，最高奖的金额超过5万元。

（四）法律责任

1. 行政责任

经营者违反《反不正当竞争法》第10条规定进行有奖销售的，由监督检查部门责令停止违法行为，处五5元以上50万元以下的罚款。

2. 民事责任

经营者实施侵犯商业秘密行为，应当停止侵害，给被侵害的经营者造成损害的，应当承担损害赔偿责任。

六、诋毁商誉行为

（一）概念

诋毁商誉行为是指经营者编造、传播虚假信息或者误导性信息，损害竞争对手的商业信誉、商品声誉的行为。

（二）构成要件

（1）前提条件：竞争对手之间。竞争对手指生产经营同品类、同品种产品或服务，与本企业角逐共同目标市场，与企业构成直接竞争关系的企业。

（2）行为主体：经营者。

> **注意：** 经营者利用组织或他人实施此种行为，这些组织或个人与经营者之间就实施商业诽谤行为有过共谋，必须与经营者一起共同对该行为承担法律责任。

（3）行为：编造、传播虚假信息或者误导性信息。

（4）主观：故意（目的是要削弱竞争对手的市场竞争能力，并谋求自己的市场竞争优势）。

（5）客体：商业信誉和商品声誉。

> **注意：** 虚假宣传行为、诋毁商誉行为容易混淆，二者均有“虚假事实”和“引人误解”的手法，而且诋毁商誉行为往往以虚假宣传的方式来实现。但是二者也有明显的区别：诋毁商誉行为中，如果存在虚假宣传则也仅仅以之作为手段，其目的是诋毁（降低竞争对手的商誉和竞争力），其对象是一个或多个特定的竞争对手（一个人或者某群人、某类人），除了涉及自己的商品或服务外，还涉及同行竞争者的商品和服务，一般以比较广告的方式进行。而虚假宣传行为，其目的在于提升自己的商誉和竞争力，一般没有明确的针对对象，宣传中只涉及自己的商品或服务。

（三）诋毁商誉与侵犯名誉权行为的界限

（1）消费者对生产者、经营者、销售者的产品质量或者服务质量进行批评、评论，不应当认定为侵害他人名誉权。但借机诽谤、诋毁，损害其名誉的，应当认定为侵害名誉权。

（2）新闻单位对生产者、经营者、销售者的产品质量或者服务质量进行批评、评论，内容基本属实，没有侮辱内容的，不应当认定为侵害其名誉权；主要内容失实，损害其名誉的，应当认定为侵害名誉权。

（3）非同业经营者实施的诋毁或经营者实施的其他商业侵权行为如果造成经营者社会评价降低，按侵犯名誉权认定。

七、互联网不正当竞争行为

（一）概念

互联网不正当竞争行为指经营者利用技术手段，通过影响用户选择或者其他方式，实施下列妨碍、破坏其他经营者合法提供的网络产品或者服务正常运行的行为。

（二）构成要件

（1）主体——经营者。

（2）行为——利用技术手段，通过影响用户选择。

（3）目的——妨碍、破坏其他经营者合法提供的网络产品或者服务正常运行。

（三）表现形式

（1）未经其他经营者同意，在其合法提供的网络产品或者服务中，插入链接、强制进行目标跳转。

（2）误导、欺骗、强迫用户修改、关闭、卸载其他经营合法提供的网络产品或者服务。

（3）恶意对其他经营者合法提供的网络产品或者服务实施不兼容。

（4）其他妨碍、破坏其他经营者合法提供的网络产品或者服务正常运行的行为。

> **注意：**并非采用了互联网技术的不正当竞争行为就是“互联网不正当竞争行为”，如果虽然采用了互联网技术，但其不正当竞争行为属于前文中提到的六类行为，则非“互联网不正当竞争行为”。

八、2017年修订的《反不正当竞争法》对法律责任的几点创新

（1）处罚减免——经营者违反本法规定从事不正当竞争，有主动消除或者减轻违法行为危害后果等法定情形的，依法从轻或者减轻行政处罚；违法行为轻微并及时纠正，没有造成危害后果的，不予行政处罚。

（2）信用惩戒——经营者违反本法规定从事不正当竞争，受到行政处罚的，由监督检查部门记入信用记录，并依照有关法律、行政法规的规定予以公示。

（3）民事责任优先——经营者违反本法规定，应当承担民事责任、行政责任和刑事责任，其财产不足以支付的，优先用于承担民事责任。

第二章 消费者法

第一节 消费者权利与经营者义务

重要法条及司法解释

《消费者权益保障法》第7~29条。

命题分析

“消费者权利与经营者义务”是经济法部分的重要知识点，但主要是对法条直接考查，掌握难度不大。从考试规律来看，该知识点出现频率较高，且一般与消费者组织、违反消费者权益保障法的法律责任等知识点结合考查。

从考查内容来看，“消费者权利与经营者义务”包括“消费者权利”如安全保障权、公平交易权、自主选择权等和“经营者义务”。其中，“消费者权利”是考试的重点，考生在复习时应准确掌握消费者的各种具体权利。从考查方式来看，主要是消费者各项权利的

判断及与消费者争议解决等知识点的综合考查。

知识点精讲

一、消费者权益保护法适用对象

1. 消费者为生活消费需要购买、使用商品或者接受服务，其权益受本法保护；本法未作规定的，受其他有关法律、法规保护。消费者，指的是为个人生活消费需要购买、使用商品或者接受服务的自然人。

（1）消费者只能是自然人；

（2）仅限于为生活消费需要（包括为生活需要而购买商品、使用商品以及接收他人服务）；

（3）包括通过任何形式的代价（或者不支付代价）而获得经营者商品或接受服务的自然人。

2. 农民购买、使用直接用于农业生产的生产资料，参照本法执行。

（1）农民购买、使用直接用于农业生产的生产资料不属于消费者；

（2）但是在该情况下，农民享受《消费者权益保护法》所规定的消费者权利。这是为了保障处于弱势地位的农民的利益。

二、消费者权利

消费者权利	内容要点
安全保障权	（1）安全保障权指消费者在购买、使用商品或者接受服务时享有的人身和财产不受侵害的权利。具体包括人身安全权（即消费者的生命安全权、健康安全权）和财产安全权。 （2）消费者在整个消费过程中都有权要求经营者提供的商品或者服务有安全保障，并有权要求经营者提供的消费场所应具备必要的安全保障。 （3）《侵权责任法》第 37 条规定：宾馆、商场、银行、车站、娱乐场所等公共场所的管理人或者群众性活动的组织者，未尽到安全保障义务，造成他人损害的，应当承担侵权责任。（过错责任）因第三人的行为造成他人损害的，由第三人承担侵权责任；管理人或者组织者未尽到安全保障义务的，承担相应的补充责任。
知情权	（1）知情权指消费者所依法享有的了解与其购买、使用的商品和接受的服务有关的真实情况的权利。 （2）消费者有了解真实情况的权利。 （3）消费者有充分了解有关情况的权利，如商品的产地、生产者、用途、性能、规格、主要成分，等等（参见《消费者权益保护法》第 8 条第 2 款）。
自主选择权	自主选择权指消费者根据自己的意愿自主地选择其购买的商品及接受服务的权利。
公平交易权	（1）公平交易权是指消费者在与经营者之间进行交易时所享有的获得公平交易条件的权利。 （2）消费者的公平交易权主要体现在以下两个方面：首先，消费者有权获得质量保障、价格合理、计量正确等公平交易条件；其次，交易必须在双方自愿的基础上进行，对经营者的强制交易行为有权拒绝。
获得赔偿权	获得赔偿权指的是消费者有权就其在购买、使用商品或接受服务过程中所遭受的人身或财产损害享有依法获得赔偿的权利。
结社权	指消费者为了维护自身的合法权益而依法组织社会团体的权利。目前，中国消费者协会和地方各级消费者协会已经成立，消费者协会对消费者权益保障具有重要意义。

续表

消费者权利	内容要点
受教育权	(1) 指消费者享有获得有关消费和消费者权益保护方面的知识的权利。 (2) 受教育权所涵盖的知识具体包括有关消费知识（例如，如何正确选购、使用商品的注意事项等）和有关消费者保护方面的知识（如消费者权利的救济方法）。
受尊重权	消费者在购买、使用商品或接受服务时享有的人格尊严、民族风俗习惯受到尊重，个人信息得到保护的权利。
监督批评权	消费者对于商品和服务以及消费者保护工作进行监督的权利。在权利受到侵害时有权提出检举和控告；有权对国家机关及其工作人员在保护消费者权益工作中的违法失职行为进行检举、控告；享有对消费者权益工作的批评、建议权。

三、经营者义务

经营者是指通过市场为消费者提供消费资料和消费服务的公民、法人或者其他组织。

注意：不要求以营利为目的为其要件。

《消费者权益保护法》第16~29条规定了经营者的义务，具体包括下表所示的12项义务：

经营者义务	内容要点
履行法律义务、恪守功德、诚信经营义务	(1) 履行法律义务既包括履行法定义务也包括履行合法的约定义务； (2) 以恪守功德、诚信经营为兜底条款； (3) 不得设定不公平、不合理的交易条件，不得强制交易。
接受消费者监督的义务	(1) 允许消费者有不同的看法或意见； (2) 经营者应该为消费者反映自己的意见提供便利的渠道； (3) 经营者应该正确对待消费者的意见、建议； (4) 经营者对于自动的违法行为应当配合调查。
安全保障义务	(1) 确保商品、服务符合安全要求（商品、服务应符合国家安全标准和行业安全标准，没有标准的，应当不存在不合理危险）； (2) 对危险商品、服务的警示和说明义务； (3) 宾馆、商场、餐馆、银行、机场、车站、港口、影剧院等经营场所的经营者，应当对消费者尽到安全保障义务； (4) 采取安全保障措施的义务； (5) 召回义务：经营者发现其提供的商品或者服务存在缺陷，有危及人身、财产安全危险的，应当立即向有关行政部门报告和告知消费者，并采取停止销售、警示、召回、无害化处理、销毁、停止生产或者服务等措施。采取召回措施的，经营者应当承担消费者因商品被召回支出的必要费用。
信息提供义务	(1) 经营者应当提供真实、充分、全面的信息； (2) 以适当的方式提供； (3) 商品、服务明码标价。
身份标明义务	(1) 经营者应当表明其真实的名称和标记； (2) 租赁他人柜台或者场地的经营者，应当标明其真实的名称和标记。
出具凭证、单据义务	(1) 经营者应当主动依法或者依照商业习惯出具凭证、单据； (2) 消费者要求购货凭证和服务单据时，经营者必须出具。

续表

<table>
<tr><th>经营者义务</th><th colspan="3">内容要点</th></tr>
<tr><td>质量担保义务</td><td colspan="3">（1）经营者应当保证在正常使用商品或者接受服务的情况下其提供的商品或者服务应当具有的质量、性能、用途和有效期限；但消费者在购买该商品或者接受该服务前已经知道其存在瑕疵，且存在该瑕疵不违反法律强制性规定的除外。
（2）经营者以广告、产品说明、实物样品或者其他方式表明商品或者服务的质量状况的，应当保证其提供的商品或者服务的实际质量与表明的质量状况相符。
（3）耐用商品6个月内举证责任倒置：经营者提供的机动车、计算机、电视机、电冰箱、空调器、洗衣机等耐用商品或者装饰装修等服务，消费者自接受商品或者服务之日起6个月内发现瑕疵，发生争议的，由经营者承担有关瑕疵的举证责任。</td></tr>
<tr><td rowspan="9">退货、更换、修理义务（经营者提供的商品或服务不符合质量要求时）</td><td rowspan="5">一般规定（有理由退货）</td><td colspan="2">有国家规定或者合同约定的，按照其规定或者约定。</td></tr>
<tr><td rowspan="3">没有国家规定或者合同约定的</td><td>消费者自收到商品之日起7日内可以退货；</td></tr>
<tr><td>7日后符合法定解除条件的，也可以退货；</td></tr>
<tr><td>7日后不符合法定解除条件的，虽不可以退货，但可以要求更换、修理。</td></tr>
<tr><td colspan="2">通过网络、电视、电话、邮购等销售商品的特别规定（无理由退货）。</td></tr>
<tr><td rowspan="4">退货、更换、修理而产生的运输等必要费用，由经营者承担。</td><td colspan="2">消费者有权自收到商品之日起7日内，无理由退货。
例外情形：①消费者定作的商品；②鲜活易腐商品；③在线下载或者已拆封的音像制品、计算机软件等数字化商品；④交付的报纸、期刊。</td></tr>
<tr><td colspan="2">退货条件：商品应当完好。</td></tr>
<tr><td colspan="2">退款期限：经营者应在收到退回商品之日起7日内返还消费者商品价款。</td></tr>
<tr><td colspan="2">运费承担：由消费者承担。有约定的除外。</td></tr>
<tr><td>遵循格式条款规则，不得不当免责</td><td colspan="3">（1）提示说明义务：经营者在经营活动中使用格式条款的，应当以显著方式提请消费者注意商品或者服务的数量和质量、价款或者费用、履行期限和方式、安全注意事项和风险警示、售后服务、民事责任等与消费者有重大利害关系的内容，并按照消费者的要求予以说明。
（2）格式条款应当公平、合理：经营者不得以格式条款、通知、声明、店堂告示等方式，作出排除或者限制消费者权利、减轻或者免除经营者责任、加重消费者责任等对消费者不公平、不合理的规定，不得利用格式条款并借助技术手段强制交易。
（3）不公平、不合理的格式条款无效。</td></tr>
<tr><td>尊重消费者人格义务</td><td colspan="3">不得对消费者进行侮辱、诽谤，不得搜查消费者的身体和随身携带的物品，不得侵犯消费者的人身自由。</td></tr>
<tr><td>特定经营者的基本信息提供义务</td><td colspan="3">（1）特定经营者范围：以网络、电视、电话、邮购等方式提供商品的经营者以及金融服务经营者。
（2）提供信息范围：与经营者身份相关的基本信息；与特定消费者之间交易的相关基本信息。</td></tr>
</table>

续表

<table>
<tr><th colspan="2">经营者义务</th><th>内容要点</th></tr>
<tr><td rowspan="3">合法收集、利用消费者个人信息的义务</td><td>一般要求</td><td>(1) 经营者应当遵循合法、正当、必要的原则；
(2) 明示收集、使用的目的、方式和范围，并经消费者同意；
(3) 公开收集、使用规则，不得违反法律、法规的规定和双方的约定收集、使用信息；
(4) 不违反法律、法规以及与消费者的约定。</td></tr>
<tr><td colspan="2">经营者对消费者信息具有保密义务：经营者及其工作人员对收集的消费者个人信息必须严格保密，不得泄露、出售或者非法向他人提供。经营者应当采取技术措施和其他必要措施，确保信息安全，防止消费者个人信息泄露、丢失。在发生或者可能发生信息泄露、丢失的情况时，应当立即采取补救措施。</td></tr>
<tr><td colspan="2">经营者未经消费者同意或者请求，或者消费者明确表示拒绝的，不得向其发送商业性信息。</td></tr>
</table>

例1 郭某与10岁的儿子到饭馆用餐，如厕时将手提包留在座位上并叮嘱儿子看管，回来后发现手提包丢失。郭某要求饭馆赔偿被拒绝，遂提起民事诉讼。根据消费者安全保障权，下列哪一说法是正确的？

A. 饭馆应保障顾客在接受服务时的财产安全，并承担顾客随身物品遗失的风险

B. 饭馆应保证其提供的饮食服务符合保障人身、财产安全的要求，但并不承担对顾客随身物品的保管义务，也不承担顾客随身物品遗失的风险

C. 饭馆应对顾客妥善保管随身物品作出明显提示，否则应当对顾客的物品丢失承担赔偿责任

D. 饭馆应确保其服务环境绝对安全，应当对顾客在饭馆内遭受的一切损失承担赔偿责任

提示：选项B正确。《消费者权益保护法》第7条规定，消费者在购买、使用商品和接受服务时享有人身、财产安全不受损害的权利。消费者有权要求经营者提供的商品和服务，符合保障人身、财产安全的要求。《最高人民法院关于审理人身损害赔偿案件适用法律若干问题的解释》第6条规定，从事住宿、餐饮、娱乐等经营活动或者其他社会活动的自然人、法人、其他组织，未尽合理限度范围内的安全保障义务致使他人遭受人身损害，赔偿权利人请求其承担相应赔偿责任的，人民法院应予以支持。根据以上规定可知，对于从事住宿、餐饮、娱乐等经营活动的经营者，对消费者不承担经营场所内的财产安全的保障义务，消费者应自己保护自己的财产安全。本题中饭馆对顾客郭某的随身物品不承担保管义务，也不承担物品遗失的风险，郭某应自己看管好自己的随身物品。所以选项B正确。

例2 某美容店向王某推荐一种“雅兰牌”护肤产品。王某对该品牌产品如此便宜表示疑惑，店家解释为店庆优惠。王某买回使用后，面部出现红肿、瘙痒，苦不堪言。质检部门认定系假冒劣质产品。王某遂向美容店索赔。对此，下列哪一选项是正确的？

A. 美容店不知道该产品为假名牌，不应承担责任

B. 美容店不是假名牌的生产者，不应承担责任

C. 王某对该产品有怀疑仍接受了服务，应承担部分责任

D. 美容店违反了保证商品和服务安全的义务，应当承担全部责任

提示： 选项D正确。《消费者权益保护法》第18条第1款规定："经营者应当保证其提供的商品或者服务符合保障人身、财产安全的要求。对可能危及人身、财产安全的商品和服务，应当向消费者作出真实的说明和明确的警示，并说明和标明正确使用商品或者接受服务的方法以及防止危害发生的方法。"本题中美容院向王某提供的护肤品系假冒劣质产品，不符合保障人身安全的要求，应当承担赔偿责任，所以选项D正确。

第二节　消费争议解决

重要法条及司法解释

《消费者权益保护法》第39~47条。

命题分析

"消费争议解决"是经济法部分较为重要的知识点，在这一部分应重点掌握消费者争议解决的各种途径、消费者争议解决的若干特殊规则及消费者组织的有关知识点。这一部分，也应注意与民事诉讼法、民事仲裁法的结合，重点关注不同部门法之间的联系。在考查方式上，常常与消费者权利或经营者义务相结合。

知识点精讲

一、消费者组织

（一）消费者组织的性质

消费者组织是公益性组织，消费者组织不得从事商品经营和营利性服务，不得以收取费用或者其他牟取利益的方式向消费者推荐商品和服务。

（二）消费者组织的公益诉讼

对侵害众多消费者合法权益的行为，中国消费者协会以及在省、自治区、直辖市设立的消费者协会（省市两级消费者协会），可以向人民法院提起诉讼。

二、消费者争议解决的特殊规则

情形	当事人的确定
一般情形	（1）消费者在购买、使用商品时，其合法权益受到损害的，可以向销售者要求赔偿。销售者赔偿后，属于生产者的责任或者属于向销售者提供商品的其他销售者的责任的，销售者有权向生产者或者其他销售者追偿。 （2）消费者或者其他受害人因商品缺陷造成人身、财产损害的，可以向销售者要求赔偿，也可以向生产者要求赔偿。属于生产者责任的，销售者赔偿后，有权向生产者追偿。属于销售者责任的，生产者赔偿后，有权向销售者追偿。

续表

<table>
<tr><th>情形</th><th colspan="2">当事人的确定</th></tr>
<tr><td>企业合并、分立</td><td colspan="2">(1) 合并：向合并后的企业主张权利；
(2) 分立：向分立后承受权利义务的企业主张权利；分立时未划分原企业权利、义务的，可以择一或者要求共同承担责任。</td></tr>
<tr><td>使用他人营业执照</td><td colspan="2">可向营业执照的使用者或持有者请求赔偿。</td></tr>
<tr><td>展销会或柜台租赁</td><td colspan="2">(1) 展销会举办期间或者柜台出租期间：可以向销售者或者服务提供者要求赔偿；
(2) 展销会结束或者柜台租期届满后：还可向展销会举办者、柜台的出租者要求赔偿。展销会的举办者、柜台出租者赔偿后，可向销售者或者服务者追偿。</td></tr>
<tr><td>网络交易平台</td><td colspan="2">(1) 网络交易平台提供者不能提供销售者或者服务者的真实名称、地址和有效联系方式的，消费者也可以向网络交易平台提供者要求赔偿。
(2) 网络交易平台提供者作出更利于消费者的承诺的，应当履行承诺。
(以上两种情况下，平台有追偿权)
(3) 网络交易平台明知或者应知销售者或者服务提供者利用平台侵害消费者利益，未采取必要措施的，应当与该销售者或者服务者承担连带责任。</td></tr>
<tr><td rowspan="3">广告经营者、发布者以及商品服务推荐者责任</td><td>广告经营者、发布者承担责任。</td><td>不能提供经营者的真实姓名、地址和有效联系方式的。</td></tr>
<tr><td>广告经营者、发布者应当与提供商品或者服务的经营者承担连带责任。</td><td>广告经营者、发布者设计、制作、发布关系消费者生命健康商品或者服务的虚假广告，造成消费者损害的，应当与提供该商品或者服务的经营者承担连带责任。</td></tr>
<tr><td>商品服务推荐者应当与提供该商品、服务的经营者承担连带责任。</td><td>关系消费者生命健康商品或者服务或者其他虚假宣传中向消费者推荐商品或服务造成消费者损害的。</td></tr>
</table>

第三节　违反消费者权益保护法的法律责任

重要法条及司法解释

《消费者权益保护法》第48~56条。

命题分析

“违反消费者权益保障法的法律责任”是经济法部分的重要知识点，掌握起来有一定难度。从考查规律来看，该知识点比较受命题人青睐，在考查方式上，一般与消费者权利和经营者义务结合考查。

从考查内容来看，“违反消费者权益保障法的法律责任”共包括民事责任、行政责任和刑事责任这三部分内容，其中民事责任尤其是惩罚性赔偿是考试的重点，考生在复习时应当重点把握。当然，这一部分与民法尤其是违约责任与侵权责任部分存在一些结合之处，考生在复习时应当注意结合复习。

知识点精讲

一、消费者权益保护法中的法律责任概述

消费者权益保护法中的法律责任指经营者违反保护消费者的法律规定或者其与当事人之间的约定而依法承担的法律责任。其特征如下：

承担主体	经营者	
担责原因	损害消费者利益甚至公共利益。	
责任类型	民事责任	侵权责任
		合同责任（存在与侵权责任的竞合）
		惩罚性赔偿责任
	行政责任	
	刑事责任	

二、消费者权益保护法中的法律责任类型

（一）《消费者权益保护法》第 48 条——经营者责任的概括性规定

（1）商品或者服务存在缺陷；

（2）不具备商品应当具备的使用性能时未作说明的。

1.商品或者服务存在缺陷；
2.不具备商品应当具备的使用性能时未作说明的；
3.不符合在商品或者其包装上注明采用的商品标准的；
4.不符合商品说明、实物样品等方式表明的质量状况的；
5.生产国家明令淘汰的商品或者销售失效、变质的商品的；
6.销售的商品数量不足的；
7.服务的内容和费用违反约定的；
8.对消费者提出的修理、重作、更换、退货、补足商品数量、退还货款和服务或者赔偿损失的要求故意拖延或者无理拒绝的；
9.法律、法规规定的其他损害消费者权益的情形。

→ **上述情形，除本法有特别规定外，应按照其他有关规定**（如《食品安全法》《产品质量法》等）**处理。**

（二）《消费者权益保护法》中经营者民事责任的特别规定

责任类型	责任要点
人身伤害责任	1. 消费者权益保护法中关于人身伤害责任的特别规定属于侵权责任，适用产品责任的规定。 2. 构成要件： （1）商品、服务存在不合理危险； （2）造成了消费者或者他人的人身损害； （3）以上两者之间存在因果关系。 PS：产品责任为严格责任，不以经营者过错为要件。 3. 赔偿范围：医疗费、护理费、交通费等为治疗和康复支出的合理费用；因误工减少的收入；造成残疾的，另加残疾人生活辅助器具费和残疾补偿金；造成死亡的，另加丧葬费和死亡赔偿金。

续表

责任类型	责任要点
侵害消费者人格尊严、人身自由和个人信息权的责任	1. 一般为侵权责任，但是侵害个人信息权有可能为合同责任。 2. 侵害对象：消费者的人格尊严、人身自由或者个人信息权。 3. 赔偿范围停止侵害、恢复名誉、消除影响、赔礼道歉并赔偿损失。
精神损害赔偿	1. 为侵权责任。 2. 构成要件： （1）经营者有侮辱诽谤、搜查身体、侵犯人身自由等侵害消费者或者其他受害人人身权益的行为； （2）造成严重精神损害。 3. 赔偿范围： （1）未造成严重后果：停止侵害、恢复名誉、消除影响、赔礼道歉。 （2）造成严重后果：精神损害抚慰金。
消费者财产损害赔偿	1. 为侵权责任或者合同责任。 2. 包括商品本身的损害、对消费者自身财产造成的损害，还包括经营者方面环境因素造成的消费者的财产损害以及售后服务中对消费者财产造成的损害。 3. 赔偿范围：承担修理、重作、更换、退货、补足商品数量、退还货款和服务费用或者赔偿损失。
预收款退回	1. 合同责任。 2. 消费者的选择权： （1）消费者有权要求经营者重新履行约定，因重新履行约定给消费者增加的必要费用应当由经营者承担。 （2）消费者有权要求退回消费者的预付款，经营者应支付相应利息，赔偿消费者因此而必须支出的合理费用。
不合格商品退货	1. 合同责任。 2. 适用前提：依法经有关行政部门认定为不合格商品。 3. 无论是否超过法定或约定的退货期，消费者都享有退货权。
欺诈、故意侵害消费者权益的惩罚性赔偿	1. 欺诈行为的惩罚性赔偿：经营者提供商品或者服务有欺诈行为的，应当按照消费者的要求增加赔偿其受到的损失，增加赔偿的金额为消费者购买商品的价款或者接受服务的费用的三倍；增加赔偿的金额不足500元的，为500元。法律另有规定的，依照其规定。 2. 故意提供有缺陷商品致消费者损害的惩罚性赔偿： （1）构成要件。①经营者明知商品或者服务存在不合理危险，仍然向消费者提供；②造成了消费者或者其他人死亡或健康严重损害。 （2）赔偿范围。①依《消费者权益保护法》第49条请求人身损害赔偿；②依《消费者权益保护法》第51条请求精神损害赔偿；③消费者或者其他受害人有权要求经营者支付所受损害的二倍惩罚性赔偿金。
行政查处后的退货责任	依法经过有关部门认定为不合格的商品，消费者要求退货的，经营者应当负责退货。
民事责任优先	经营者违反本法规定，应当承担民事赔偿责任和缴纳罚款、罚金，其财产不足以同时支付的，先承担民事赔偿责任。

第三节 产品质量法

重要法条及司法解释

《产品质量法》第 26~48 条。

命题分析

“产品质量法”是经济法部分重要的知识点之一，虽内容较少，但性价比较高。其重要考点主要包括“产品质量法的调整对象”“生产者和销售者的产品质量义务”“产品质量监督检查”“产品责任”等。从考查规律来看，“产品质量法”近几年考查较多，且体现出与民法侵权责任法结合的趋势。

从考查内容来看，“产品责任”是考查的重点和难点，“产品责任”包括“产品质量责任的归责原则”“损害赔偿责任”和“诉讼时效”等知识点，历年考试考查主要集中在前两项尤其是“损害赔偿责任”上，考生复习时应重点把握产品瑕疵和产品缺陷的区别及责任承担问题。

知识点精讲

一、产品质量法的调整对象

在中华人民共和国境内从事产品生产、销售活动的企业、其他组织和个人，都必须遵守《产品质量法》。《产品质量法》调整的法律关系包括产品质量监督管理关系、产品质量责任关系和产品质量检验、认证关系。

《产品质量法》第 2 条规定，本法所称的“产品”是指经过加工、制作，用于销售的产品。不属于本法所规定的产品范畴的有：

（1）天然的产品，非用于销售的产品。

（2）建设产品和军工产品。但是，建设工程使用的建筑材料、建筑构配件和设备，属于产品范畴，适用本法规定。

二、产品质量监督

市场监督管理部门的职权	县级以上市场监督管理部门根据已经取得的违法嫌疑证据或者举报，对涉嫌违反本法规定的行为进行查处时，可以行使下列职权： （1）对当事人涉嫌从事违反本法的生产、销售活动的场所实施现场检查； （2）向当事人的法定代表人、主要负责人和其他有关人员调查、了解与涉嫌从事违反本法的生产、销售活动有关的情况； （3）查阅、复制与当事人有关的合同、发票、账簿以及其他有关资料； （4）对有根据认为不符合保障人体健康和人身、财产安全的国家标准、行业标准的产品或者有其他严重质量问题的产品，以及直接用于生产、销售该项产品的原辅材料、包装物、生产工具，予以查封或者扣押。

续表

产品质量抽查制度	抽查重点	可能危及人体健康和人身、财产安全的产品，影响国计民生的重要工业产品以及消费者、有关组织反映有质量问题的产品。
	抽查部门	监督抽查工作由国务院市场监督管理部门规划和组织。县级以上地方市场监督管理部门在本行政区域内也可以组织监督抽查。
	抽查样品	抽查的样品应当在市场上或者企业成品仓库内的待销产品中随机抽取。
	避免重复抽查	国家监督抽查的产品，地方不得另行重复抽查；上级监督抽查的产品，下级不得另行重复抽查。
	产品检验	根据监督抽查的需要，可以对产品进行检验。检验抽取样品的数量不得超过检验的合理需要，并不得向被检查人收取检验费用。监督抽查所需检验费用按照国务院规定列支。
	复检	生产者、销售者对抽查检验的结果有异议的，可以自收到检验结果之日起15日内向实施监督抽查的市场监督管理部门或者其上级市场监督管理部门申请复检，由受理复检的市场监督管理部门作出复检结论。
禁止推销	市场监督管理部门或者其他国家机关以及产品质量检验机构不得向社会推荐生产者的产品；不得以对产品进行监制、监销等方式参与产品经营活动。	
企业质量体系认证制度	国家根据国际通用的质量管理标准，推行企业质量体系认证制度。企业根据自愿原则可以向国务院市场监督管理部门认可的或者国务院市场监督管理部门授权的部门认可的认证机构申请企业质量体系认证。经认证合格的，由认证机构颁发企业质量体系认证证书。	
产品质量认证制度	国家参照国际先进的产品标准和技术要求，推行产品质量认证制度。企业根据自愿原则可以向国务院市场监督管理部门认可的或者国务院市场监督管理部门授权的部门认可的认证机构申请产品质量认证。经认证合格的，由认证机构颁发产品质量认证证书，准许企业在产品或者其包装上使用产品质量认证标志。	
产品质量检验、认证机构	质量检验机构	产品质量检验机构分为两类：一类是县级以上人民政府市场监督管理部门根据需要依法设置的检验机构；另一类是县级以上人民政府市场监督管理部门授权的其他单位的产品质量检验机构。
	质量认证机构	我国产品质量认证由专门的认证委员会完成；认证委员会在国务院标准化行政主管部门统一管理下，以独立于生产者、销售者的第三方身份开展认证活动。
	质量检验、认证机构的基本要求	（1）从事产品质量检验、认证的社会中介机构必须依法设立，不得与行政机关和其他国家机关存在隶属关系或者其他利益关系。 （2）产品质量检验机构必须具备相应的检测条件和能力，经省级以上人民政府市场监督管理部门或者其授权的部门考核合格后，方可承担产品质量检验工作。 （3）产品质量检验机构、认证机构必须依法按照有关标准，客观、公正地出具检验结果或者认证证明。产品质量认证机构应当依照国家规定对准许使用认证标志的产品进行认证后的跟踪检查；对不符合认证标准而使用认证标志的，要求其改正；情节严重的，取消其使用认证标志的资格。

三、生产者和销售者的产品质量义务

（一）生产者的产品质量义务

担保义务	产品质量方面： （1）不存在危及人身安全的不合理危险，有保障人体健康和人身财产安全的国家标准、行业标准的，应当符合该标准。 （2）具备产品应当具备的使用性能。但是对产品存在使用性能瑕疵作出说明的除外。 （3）符合在产品或者其包装上注明采用的产品标准，符合以产品说明、实物样品等方式表明的质量状况。
	产品或包装标识方面： （1）有产品质量检疫合格证明。 （2）有中文标明的产品名称、生产厂厂名和厂址。 （3）根据产品的特点和使用要求，需要标明产品规格、等级、所含主要成分的名称和含量的，用中文相应予以标明；需要事先让消费者知晓的，应当在外包装上标明，或者预先向消费者提供有关资料。 （4）限期使用的产品，应当在显著位置清晰地标明生产日期和安全使用期或者失效日期。 （5）使用不当，容易造成产品本身损坏或者可能危及人身、财产安全的产品，应当有警示标志或者中文警示说明。 （6）裸装的食品和其他根据产品的特点难以附加标识的裸装产品，可以不附加产品标识。 （7）易碎、易燃、易爆、有毒、有腐蚀性、有放射性等危险物品以及储运中不能倒置和其他有特殊要求的产品，其包装质量必须符合相应要求，依照国家有关规定作出警示标志或者中文警示说明，标明储运注意事项。
禁止义务	（1）不得生产国家明令淘汰的产品。 （2）不得伪造产地，不得伪造或者冒用他人的厂名、厂址。 （3）不得伪造或者冒用认证标志等质量标志。 （4）生产产品，不得掺杂、掺假，不得以假充真、以次充好，不得以不合格产品冒充合格产品。

（二）销售者的产品质量义务

进货验收义务	销售者应当建立并执行进货检查验收制度，验明产品合格证明和其他标识。
产品质量保持义务	销售者应当采取措施，保持销售产品的质量
对产品标识负责义务	销售者销售的产品的标识应当符合《产品质量法》关于产品标识的要求。
不得违反禁止性规定	1. 不得销售国家明令淘汰并停止销售的产品和失效、变质的产品。 2. 不得伪造产地，不得伪造或者冒用他人的厂名、厂址。 3. 不得伪造或者冒用认证标志等质量标志。 4. 不得掺杂、掺假，不得以假充真、以次充好，不得以不合格产品冒充合格产品。

三、产品质量责任

（一）产品质量瑕疵担保责任

产品瑕疵担保责任是指因生产或销售的产品存在瑕疵，即产品质量不符合明示或默示的质量要求，生产者或销售者承担的责任。具体处理如下：

1. 售出的产品有下列情形之一的，销售者应当负责修理、更换、退货；给购买产品的消费者造成损失的，销售者应当赔偿损失：

（1）不具备产品应当具备的使用性能而事先未作说明的；

（2）不符合在产品或者其包装上注明采用的产品标准的；

（3）不符合以产品说明、实物样品等方式表明的质量状况的。

2. 销售者依照前款规定负责修理、更换、退货、赔偿损失后，属于生产者的责任或者属于向销售者提供产品的其他销售者（以下简称“供货者”）的责任的，销售者有权向生产者、供货者追偿。

3. 销售者未按照规定给予修理、更换、退货或者赔偿损失的，由市场监督管理部门责令改正。

4. 生产者之间、销售者之间、生产者与销售者之间订立的买卖合同、承揽合同有不同约定的，合同当事人按照合同约定执行。

（二）产品责任

产品责任指因产品存在缺陷而造成人身或财产损害时，依法由产品制造者和销售者承担的侵权责任。“缺陷产品”是产品责任的前提，“缺陷产品”是指产品存在危及人身、其他财产安全的不合理的危险；产品有保障人体健康和人身/财产安全的国家标准、行业标准的，是指不符合该标准。

<table>
<tr><td rowspan="2">生产者责任</td><td>责任形式</td><td>生产者承担无过错责任（严格责任），即生产者不论存在过错与否，只要因产品存在缺陷造成人身、他人财产损害的，都应当承担赔偿责任。</td></tr>
<tr><td>免责事由</td><td>生产者能够证明有下列情形之一的，不承担赔偿责任：
（1）未将产品投入流通的；
（2）产品投入流通时，引起损害的缺陷尚不存在的；
（3）将产品投入流通时的科学技术水平尚不能发现缺陷的存在的。</td></tr>
<tr><td>经营者责任</td><td>责任形式</td><td>销售者承担过错责任（过错推定责任）。由于销售者的过错使产品存在缺陷，造成人身、他人财产损害的，销售者应当承担赔偿责任，但销售者能够证明自己没有过错的除外。销售者不能指明缺陷产品的生产者也不能指明缺陷产品的供货者的，销售者应当承担赔偿责任。</td></tr>
<tr><td>受害人求偿权的行使</td><td colspan="2">（1）因产品存在缺陷造成人身、他人财产损害的，受害人可以向产品的生产者要求赔偿，也可以向产品的销售者要求赔偿。
（2）属于产品的生产者的责任，产品的销售者赔偿的，产品的销售者有权向产品的生产者追偿。属于产品的销售者的责任，产品的生产者赔偿的，产品的生产者有权向产品的销售者追偿（事后追偿）。</td></tr>
<tr><td rowspan="2">时效问题</td><td>诉讼时效</td><td>自当事人知道或应当知道权利受到侵权损害之日起的2年。</td></tr>
<tr><td>“损害赔偿请求权”的消灭时效</td><td>在缺陷产品交付最初消费者满10年丧失，即最长保护期为后10年。但是，尚未超过明示的安全使用期的除外。</td></tr>
</table>

（三）产品质量瑕疵担保责任与产品责任的区别

	产品质量瑕疵担保责任	产品责任
责任前提	产品质量瑕疵，即产品不符合法定或约定的品质标准。	产品缺陷，即产品存在危及人身、他人财产安全的不合理的危险；产品有保障人体健康和人身、财产安全的国家标准、行业标准的，是指不符合该标准。
构成要件	不以损害后果为构成要件。	造成人身、他人财产损害。
责任主体	销售者（属于生产者或供货者责任的，销售者赔偿后可向真正责任者追偿）	生产者和销售者（生产者和销售者之间再可根据实际情况追偿）。
归责原则	严格责任原则。	生产者适用严格责任原则，销售者适用过错责任原则（过错推定原则）。
责任方式	修理、更换、退货以至赔偿损失。	赔偿人身伤害和财产损失及其他重大损失。

例 根据《产品质量法》规定，下列哪一说法是正确的？

A.《产品质量法》对生产者、销售者的产品缺陷责任均实行严格责任

B.《产品质量法》对生产者产品缺陷实行严格责任，对销售者实行过错责任

C. 产品缺陷造成损害要求赔偿的诉讼时效期间为二年，从产品售出之日起计算

D. 产品缺陷造成损害要求赔偿的请求权在缺陷产品生产日期满十年后丧失

提示：选项 B 正确。《产品质量法》第 41 条规定："因产品存在缺陷造成人身、缺陷产品以外的其他财产（以下简称'他人财产'）损害的，生产者应当承担赔偿责任。生产者能够证明有下列情形之一的，不承担赔偿责任：（一）未将产品投入流通的；（二）产品投入流通时，引起损害的缺陷尚不存在的；（三）将产品投入流通时的科学技术水平尚不能发现缺陷的存在的。"由该条规定可知，生产者的产品责任是严格责任。《产品质量法》第 42 条规定："由于销售者的过错使产品存在缺陷，造成人身、他人财产损害的，销售者应当承担赔偿责任。销售者不能指明缺陷产品的生产者也不能指明缺陷产品的供货者的，销售者应当承担赔偿责任。"由该条可知，销售者的产品责任是过错责任。因此选项 A 错误，选项 B 正确。

《产品质量法》第 45 条第 1 款规定："因产品存在缺陷造成损害要求赔偿的诉讼时效期间为二年，自当事人知道或者应当知道其权益受到损害时起计算。"受害人损害赔偿请求权的 2 年诉讼时效期间从当事人知道或者应当知道其权益受到损害之日起算，而不是从产品售出之日起算，所以选项 C 错误。该条第 2 款规定："因产品存在缺陷造成损害要求赔偿的请求权，在造成损害的缺陷产品交付最初消费者满十年丧失；但是，尚未超过明示的安全使用期的除外。"受害人损害赔偿请求权的 10 年时效期间从产品交付最初消费者之日起算，而不是从生产日期起算，所以选项 D 错误。

第四节 食品安全风险监测、评估与事故处置

重要法条及司法解释

《食品安全法》第14~23条、第44~66条。

命题分析

“食品安全风险监测、评估与事故处置”是经济法部分的重要知识点，随着国家对食品安全的重视，这一部分也逐渐成为考试热点，考查频率有所增加。

从考查内容来看，“食品安全风险监测、评估与事故处置”包括“食品安全风险监测与评估”“食品生产经营中的安全控制制度”“食品召回制度”“食品检验制度”“食品进出口管理制度”“食品安全事故处置”等内容，尤其以食品召回制度为重点，考生复习时应重点把握。

知识点精讲

一、食品安全法适用范围

（一）一般规定

（1）食品生产和加工（以下称“食品生产”），食品销售和餐饮服务（以下称“食品经营”）；

（2）食品添加剂的生产经营；

（3）用于食品的包装材料、容器、洗涤剂、消毒剂和用于食品生产经营的工具、设备（以下称“食品相关产品”）的生产经营；

（4）食品生产经营者使用食品添加剂、食品相关产品；

（5）食品的储存和运输；

（6）对食品、食品添加剂、食品相关产品的安全管理。

（二）特殊规定

（1）食用农产品问题。

由《食品安全法》调整	由《农产品质量安全法》调整
（1）食用农产品的市场销售； （2）有关质量安全标准的制定； （3）有关安全信息的公布和本法对农业投入品作出规定的。	食用农产品的质量安全管理。

（2）转基因食品和食盐的食品安全管理，本法未作规定的，适用其他法律、行政法规的规定。

（3）铁路、民航运营中食品安全的管理办法由国务院食品安全监督管理部门会同国务院有关部门依照本法制定。

（4）保健食品的具体管理办法由国务院食品安全监督管理部门依照本法制定。

（5）食品相关产品生产活动的具体管理办法由国务院质量监督部门依照本法制定。

（6）国境口岸食品的监督管理由出入境检验检疫机构依照本法以及有关法律、行政法规的规定实施。

（7）军队专用食品和自供食品的食品安全管理办法由中央军事委员会依照本法制定。

二、食品安全风险监测和评估

（一）风险监测

监测对象	食源性疾病、食品污染以及食品中的有害因素。
监测计划	国务院卫生行政部门会同国务院食品药品监督管理、质量监督等部门，制定、实施国家食品安全风险监测计划。
监测方案	省、自治区、直辖市人民政府卫生行政部门会同同级食品药品监督管理、质量监督等部门，根据国家食品安全风险监测计划，结合本行政区域的具体情况，制定、调整本行政区域的食品安全风险监测方案，报国务院卫生行政部门备案并实施。
结果通报	食品安全风险监测结果表明可能存在食品安全隐患的，县级以上人民政府卫生行政部门应当及时将相关信息通报同级食品药品监督管理等部门，并报告本级人民政府和上级人民政府卫生行政部门。食品药品监督管理等部门应当组织开展进一步调查。

（二）风险评估

评估对象	食品、食品添加剂、食品相关产品中生物性、化学性和物理性危害因素。
评估机构	国务院卫生行政部门负责组织食品安全风险评估工作，成立由医学、农业、食品、营养、生物、环境等方面的专家组成的食品安全风险评估专家委员会进行食品安全风险评估。食品安全风险评估结果由国务院卫生行政部门公布。 对农药、肥料、兽药、饲料和饲料添加剂等的安全性评估，应当有食品安全风险评估专家委员会的专家参加。 食品安全风险评估不得向生产经营者收取费用，采集样品应当按照市场价格支付费用。
评估原因	有下列情形之一的，应当进行食品安全风险评估： （1）通过食品安全风险监测或者接到举报发现食品、食品添加剂、食品相关产品可能存在安全隐患的； （2）为制定或者修订食品安全国家标准提供科学依据需要进行风险评估的； （3）为确定监督管理的重点领域、重点品种需要进行风险评估的； （4）发现新的可能危害食品安全因素的； （5）需要判断某一因素是否构成食品安全隐患的； （6）国务院卫生行政部门认为需要进行风险评估的其他情形。
信息通报	省级以上人民政府卫生行政、农业行政部门应当及时相互通报食品、食用农产品安全风险监测信息。 国务院卫生行政、农业行政部门应当及时相互通报食品、食用农产品安全风险评估结果等信息。
评估作用	食品安全风险评估结果是制定、修订食品安全标准和实施食品安全监督管理的科学依据。 经食品安全风险评估，得出食品、食品添加剂、食品相关产品不安全结论的，国务院食品药品监督管理、质量监督等部门应当依据各自职责立即向社会公告，告知消费者停止食用或者使用，并采取相应措施，确保该食品、食品添加剂、食品相关产品停止生产经营；需要制定、修订相关食品安全国家标准的，国务院卫生行政部门应当会同国务院食品药品监督管理部门立即制定、修订。

三、食品安全事故处置

（一）食品安全事故应急预案制度

一级预案：国家预案	国务院组织制定国家食品安全事故应急预案。
二级预案：地方政府预案	县级以上地方人民政府应当根据有关法律、法规的规定和上级人民政府的食品安全事故应急预案以及本行政区域的实际情况，制定本行政区域的食品安全事故应急预案，并报上一级人民政府备案。
三级预案：企业预案	食品生产经营企业应当制定食品安全事故处置方案，定期检查本企业各项食品安全防范措施的落实情况，及时消除事故隐患。

（二）事故通报制度

（1）事故单位和接收病人进行治疗的单位应当及时向事故发生地县级人民政府食品安全监督管理、卫生行政部门报告。

（2）县级以上人民政府质量监督、农业行政等部门在日常监督管理中发现食品安全事故或者接到事故举报，应当立即向同级食品安全监督管理部门通报。

（3）任何单位和个人不得对食品安全事故隐瞒、谎报、缓报，不得隐匿、伪造、毁灭有关证据。

图示：

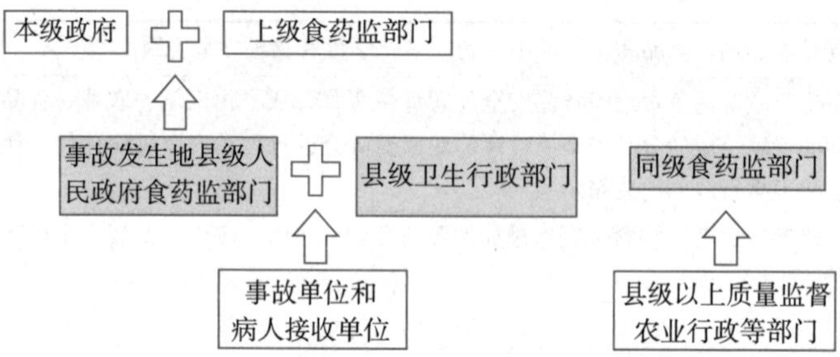

第六节 食品安全标准与安全生产控制

重要法条及司法解释

《食品安全法》第24~83条。

命题分析

“食品安全标准和安全生产控制”属于经济法部分较为重要的知识点，随着国家对食品安全问题的重视，“食品安全标准和安全生产控制”在考试中的重要性逐步提高。这一知识点主要包括“食品安全标准”和“食品安全生产控制”等内容，主要是细节性考查，应注意对陷阱性知识点的掌握。

知识点精讲

一、食品安全标准

食品安全标准是强制执行的标准。除食品安全标准外，不得制定其他食品强制性标准。

国家标准	地方标准	企业标准
(1) 食品安全国家标准由国务院卫生行政部门会同国务院食品安全监督管理部门制定、公布，国务院标准化行政部门提供国家标准编号。 (2) 食品安全国家标准应当经国务院卫生行政部门组织的食品安全国家标准审评委员会审查通过。 (3) 制定食品安全国家标准，应当依据食品安全风险评估结果并充分考虑食用农产品安全风险评估结果，参照相关的国际标准和国际食品安全风险评估结果，并将食品安全国家标准草案向社会公布，广泛听取食品生产经营者、消费者、有关部门等方面的意见。	对地方特色食品，没有食品安全国家标准的，省、自治区、直辖市人民政府卫生行政部门可以制定并公布食品安全地方标准，报国务院卫生行政部门备案。 食品安全国家标准制定后，该地方标准即行废止。	国家鼓励食品生产企业制定严于食品安全国家标准或者地方标准的企业标准，在本企业适用，并报省、自治区、直辖市人民政府卫生行政部门备案。
注意：(1) 食品中农药残留、兽药残留的限量规定及其检验方法与规程由国务院卫生行政部门、国务院农业行政部门会同国务院食品安全监督管理部门制定。 (2) 屠宰畜、禽的检验规程由国务院农业行政部门会同国务院卫生行政部门制定。		

省级以上人民政府卫生行政部门应当会同同级食品安全监督管理、质量监督、农业行政等部门，分别对食品安全国家标准和地方标准的执行情况进行跟踪评价，并根据评价结果及时修订食品安全标准。省级以上人民政府食品安全监督管理、质量监督、农业行政等部门应当对食品安全标准执行中存在的问题进行收集、汇总，并及时向同级卫生行政部门通报。

食品生产经营者、食品行业协会发现食品安全标准在执行中存在问题的，应当立即向卫生行政部门报告。

二、食品生产经营

（一）一般规定

食品生产经营许可制度	国家对食品生产经营实行许可制度。从事食品生产、食品销售、餐饮服务，应当依法取得许可。但是，销售食用农产品，不需要取得许可。
小作坊和食品摊贩	食品生产加工小作坊和食品摊贩等从事食品生产经营活动，应当符合本法规定的与其生产经营规模、条件相适应的食品安全要求，保证所生产经营的食品卫生、无毒、无害，食品安全监督管理部门应当对其加强监督管理。 县级以上地方人民政府应当对食品生产加工小作坊、食品摊贩等进行综合治理。
“三新”产品	利用新的食品原料生产食品，或者生产食品添加剂新品种、食品相关产品新品种，应当向国务院卫生行政部门提交相关产品的安全性评估材料。

（二）食品添加剂

生产许可制度	利用新的食品原料生产食品，或者生产食品添加剂新品种、食品相关产品新品种，应当向国务院卫生行政部门提交相关产品的安全性评估材料。国务院卫生行政部门应当自收到申请之日起60日内组织审查；对符合食品安全要求的，准予许可并公布；对不符合食品安全要求的，不予许可并书面说明理由。
药品禁止	生产经营的食品中不得添加药品，但是可以添加按照传统既是食品又是中药材的物质。按照传统既是食品又是中药材的物质目录由国务院卫生行政部门会同国务院食品安全监督管理部门制定、公布。
“安全+必要”原则	食品添加剂应当在技术上确有必要且经过风险评估证明安全可靠，方可列入允许使用的范围；有关食品安全国家标准应当根据技术必要性和食品安全风险评估结果及时修订。
进货检验	食品添加剂经营者采购食品添加剂，应当依法查验供货者的许可证和产品合格证明文件，如实记录食品添加剂的名称、规格、数量、生产日期或者生产批号、保质期、进货日期以及供货者名称、地址、联系方式等内容，并保存相关凭证。
出厂检验	食品添加剂生产者应当建立食品添加剂出厂检验记录制度，查验出厂产品的检验合格证和安全状况，如实记录食品添加剂的名称、规格、数量、生产日期或者生产批号、保质期、检验合格证号、销售日期以及购货者名称、地址、联系方式等相关内容，并保存相关凭证。
标签要求	食品添加剂应当有标签、说明书和包装。标签、说明书应当载明食品添加剂的使用范围、用量、使用方法，并在标签上载明“食品添加剂”字样。

（三）食品召回制度

召回种类	主动召回	生产者召回。
		经营者召回。
	强令召回	食品生产经营者未依照规定召回或者停止经营的，县级以上人民政府食品安全监督管理部门可以责令其召回或者停止经营。
召回后处理	（1）食品生产经营者应当对召回的食品采取无害化处理、销毁等措施，防止其再次流入市场。但是，对因标签、标志或者说明书不符合食品安全标准而被召回的食品，食品生产者在采取补救措施且能保证食品安全的情况下可以继续销售；销售时应当向消费者明示补救措施。 （2）食品生产经营者应当将食品召回和处理情况向所在地县级人民政府食品安全监督管理部门报告。 （3）需要对召回的食品进行无害化处理、销毁的，应当提前报告时间、地点。食品安全监督管理部门认为必要的，可以实施现场监督。	

例 关于食品添加剂管制，下列哪一说法符合《食品安全法》的规定？

A. 向食品生产者供应新型食品添加剂的，必须持有省级卫生行政部门发放的特别许可证

B. 未获得食品添加剂销售许可的企业，不得销售含有食品添加剂的食品

C. 生产含有食品添加剂的食品的，必须给产品包装加上载有“食品添加剂”字样的标签

D. 销售含有食品添加剂的食品的，必须在销售场所设置载明“食品添加剂”字样的专柜

提示：选项 C 正确。《食品安全法》第 67 条第 1 款规定：“预包装食品的包装上应当有标签。标签应当标明下列事项……（七）所使用的食品添加剂在国家标准中的通用名称……”根据该条规定可知，生产含有食品添加剂的食品，应在产品包装上的标签上标明食品添加剂名称，所以选项 C 正确。

《食品安全法》未规定销售许可制度，食品添加剂生产企业向食品生产者销售食品添加剂的，不需要办理许可证，所以选项 A 错误。

《食品安全法》对销售食品添加剂不实行销售许可制度，销售含有食品添加剂的食品当然也不需要取得食品添加剂销售许可，所以选项 B 错误。至于选项 D，《食品安全法》亦未规定，实际上法律也不可能如此规定，所以选项 D 错误。

三、食品安全控制

（一）食品生产经营中的安全控制制度

<table>
<tr><td>食品行业许可制度</td><td colspan="2">（1）食品：国家对食品生产经营实行许可制度。从事食品生产、食品销售、餐饮服务，应当依法取得许可。但是，销售食用农产品，不需要取得许可。
（2）添加剂：国家对食品添加剂生产实行许可制度。从事食品添加剂生产，应当具有与所生产食品添加剂品种相适应的场所、生产设备或者设施、专业技术人员和管理制度，并取得食品添加剂生产许可。
（3）食品相关产品：对直接接触食品的包装材料等具有较高风险的食品相关产品，按照国家有关工业产品生产许可证管理的规定实施生产许可。</td></tr>
<tr><td>食品安全全程追溯制度</td><td colspan="2">食品生产经营者应当依照本法的规定，建立食品安全追溯体系，保证食品可追溯。国家鼓励食品生产经营者采用信息化手段采集、留存生产经营信息，建立食品安全追溯体系。
国务院食品安全监督管理部门会同国务院农业行政等有关部门建立食品安全全程追溯协作机制。</td></tr>
<tr><td rowspan="3">生产经营企业食品安全管理制度</td><td>健康管理制度</td><td>食品生产经营者应当建立并执行从业人员健康管理制度。患有国务院卫生行政部门规定的有碍食品安全疾病的人员，不得从事接触直接入口食品的工作。从事接触直接入口食品工作的食品生产经营人员应当每年进行健康检查，取得健康证明后方可上岗工作。</td></tr>
<tr><td>生产流程控制制度</td><td>食品生产企业应当就下列事项制定并实施控制要求，保证所生产的食品符合食品安全标准：
（1）原料采购、原料验收、投料等原料控制；
（2）生产工序、设备、贮存、包装等生产关键环节控制；
（3）原料检验、半成品检验、成品出厂检验等检验控制；
（4）运输和交付控制。</td></tr>
<tr><td>食品安全自查制度</td><td>食品生产经营者应当建立食品安全自查制度，定期对食品安全状况进行检查评价。生产经营条件发生变化，不再符合食品安全要求的，食品生产经营者应当立即采取整改措施；有发生食品安全事故潜在风险的，应当立即停止食品生产经营活动，并向所在地县级人民政府食品安全监督管理部门报告。</td></tr>
</table>

续表

<table>
<tr><td rowspan="2">食用农产品的安全保障</td><td>休药期、间隔期</td><td>严格执行农业投入品使用安全间隔期或者休药期的规定，不得使用国家明令禁止的农业投入品。</td></tr>
<tr><td>剧毒、高毒农药</td><td>禁止将剧毒、高毒农药用于蔬菜、瓜果、茶叶和中草药材等国家规定的农作物。</td></tr>
<tr><td>外卖平台</td><td colspan="2">网络食品交易第三方平台提供者应当对入网食品经营者进行实名登记，明确其食品安全管理责任；依法应当取得许可证的，还应当审查其许可证。</td></tr>
<tr><td rowspan="4">食品标签、说明书</td><td>散装食品</td><td>食品经营者销售散装食品，应当在散装食品的容器、外包装上标明食品的名称、生产日期或者生产批号、保质期以及生产经营者名称、地址、联系方式等内容。</td></tr>
<tr><td>不能涉及疾病预防</td><td>食品和食品添加剂的标签、说明书，不得含有虚假内容，不得涉及疾病预防、治疗功能。生产经营者对其提供的标签、说明书的内容负责。</td></tr>
<tr><td>容易辨识</td><td>食品和食品添加剂的标签、说明书应当清楚、明显，生产日期、保质期等事项应当显著标注，容易辨识。食品和食品添加剂与其标签、说明书的内容不符的，不得上市销售。</td></tr>
<tr><td>保健品标签、说明书</td><td>（1）保健食品的标签、说明书不得涉及疾病预防、治疗功能。
（2）内容应当真实，与注册或者备案的内容相一致。
（3）载明适宜人群、不适宜人群、功效成分或者标志性成分及其含量。
（4）声明“本品不能代替药物”。
（5）保健食品的功能和成分应当与标签、说明书相一致。</td></tr>
<tr><td rowspan="2">食品广告</td><td>不涉及疾病治疗预防</td><td>食品广告的内容应当真实合法，不得含有虚假内容，不得涉及疾病预防、治疗功能。</td></tr>
<tr><td>保健品广告</td><td>（1）应当真实合法，不得含有虚假内容，不得涉及疾病预防、治疗功能。
（2）应当声明“本品不能代替药物”。
（3）其内容应当经生产企业所在地省、自治区、直辖市人民政府食品安全监督管理部门审查批准，取得保健食品广告批准文件。
（4）省、自治区、直辖市人民政府食品安全监督管理部门应当公布并及时更新已经批准的保健食品广告目录以及批准的广告内容。</td></tr>
</table>

（二）食品检验制度

<table>
<tr><td>食品检验机构</td><td colspan="2">食品检验机构按照国家有关认证认可的规定取得资质认定后，方可从事食品检验活动。</td></tr>
<tr><td>食品检验机构与检验人负责制</td><td colspan="2">（1）食品检验由食品检验机构指定的检验人独立进行。
（2）食品检验实行食品检验机构与检验人负责制。食品检验报告应当加盖食品检验机构公章，并有检验人的签名或者盖章。食品检验机构和检验人对出具的食品检验报告负责。</td></tr>
<tr><td rowspan="3">不同机构和组织的食品检验活动</td><td>食品安全行政监督管理部门</td><td>县级以上人民政府食品安全监督管理部门应当对食品进行定期或者不定期的抽样检验，并依据有关规定公布检验结果，不得免检。进行抽样检验，应当购买抽取的样品，委托符合本法规定的食品检验机构进行检验，并支付相关费用；不得向食品生产经营者收取检验费和其他费用。</td></tr>
<tr><td>自行检验</td><td>食品生产企业可以自行对所生产的食品进行检验，也可以委托符合本法规定的食品检验机构进行检验。</td></tr>
<tr><td>行业协会检验</td><td>食品行业协会和消费者协会等组织、消费者需要委托食品检验机构对食品进行检验的，应当委托符合本法规定的食品检验机构进行。</td></tr>
</table>

续表

检验异议制度	时间要求	对检验结论有异议的，食品生产经营者可以自收到检验结论之日起7个工作日内向实施抽样检验的食品安全监督管理部门或者其上一级食品安全监督管理部门提出复检申请，由受理复检申请的食品安全监督管理部门在公布的复检机构名录中随机确定复检机构进行复检。
	复检结论	复检机构出具的复检结论为最终检验结论。
	复检机构	复检机构与初检机构不得为同一机构。
	复检方法	采用国家规定的快速检测方法对食用农产品进行抽查检测，被抽查人对检测结果有异议的，可以自收到检测结果时起4小时内申请复检。复检不得采用快速检测方法。

（三）食品进出口管理制度

进出口管理机构	国家出入境检验检疫部门对进出口食品安全实施监督管理。
安全标准制度	进口的食品、食品添加剂、食品相关产品应当符合我国食品安全国家标准。进口尚无食品安全国家标准的食品，由境外出口商、境外生产企业或者其委托的进口商向国务院卫生行政部门提交所执行的相关国家（地区）标准或者国际标准。
进出口企业备案注册制度	向我国境内出口食品的境外出口商或者代理商、进口食品的进口商应当向国家出入境检验检疫部门备案。向我国境内出口食品的境外食品生产企业应当经国家出入境检验检疫部门注册。
食品出口管理制度	出口食品生产企业应当保证其出口食品符合进口国（地区）的标准或者合同要求。出口食品生产企业和出口食品原料种植、养殖场应当向国家出入境检验检疫部门备案。

四、特殊食品

（一）保健品

原料、功能目录	（1）目录由国家制定。保健食品原料目录和允许保健食品声称的保健功能目录，由国务院食品安全监督管理部门会同国务院卫生行政部门、国家中医药管理部门制定、调整并公布。 （2）列入保健食品原料目录的原料只能用于保健食品生产，不得用于其他食品生产。
注册与备案	（1）使用保健食品原料目录以外原料的保健食品和首次进口的保健食品应当经国务院食品安全监督管理部门注册。 （2）首次进口的保健食品中属于补充维生素、矿物质等营养物质的，应当报国务院食品安全监督管理部门备案。 （3）其他保健食品应当报省、自治区、直辖市人民政府食品安全监督管理部门备案。
标签、说明书	（1）保健食品的标签、说明书不得涉及疾病预防、治疗功能。 （2）内容应当真实，与注册或者备案的内容相一致。 （3）载明适宜人群、不适宜人群、功效成分或者标志性成分及其含量。 （4）声明“本品不能代替药物”。 （5）保健食品的功能和成分应当与标签、说明书相一致。

（二）特殊医学用途配方产品

注册	（1）应当经国务院食品安全监督管理部门注册。 （2）注册时，应当提交产品配方、生产工艺、标签、说明书以及表明产品安全性、营养充足性和特殊医学用途临床效果的材料。
广告	特殊医学用途配方食品广告适用《中华人民共和国广告法》和其他法律、行政法规关于药品广告管理的规定。

（三）婴幼儿配方食品

注册与备案	（1）婴幼儿配方食品生产企业应当将食品原料、食品添加剂、产品配方及标签等事项向省、自治区、直辖市人民政府食品安全监督管理部门备案。 （2）婴幼儿配方乳粉的产品配方应当经国务院食品安全监督管理部门注册。注册时，应当提交配方研发报告和其他表明配方科学性、安全性的材料。
生产要求	（1）不得以分装方式生产婴幼儿配方乳粉。 （2）同一企业不得用同一配方生产不同品牌的婴幼儿配方乳粉。

第七节　食品安全法律责任

重要法条及司法解释

《食品安全法》第122~149条。

命题分析

食品安全法律责任属于经济法部分相对较为重要的知识点，在近年来的考试中比重逐步增加。“食品安全法律责任”包括民事责任、刑事责任和行政责任三部分，其中民事责任属于考试的重点，在复习时应当结合民法侵权责任法的有关知识进行复习。

《食品安全法》中的民事责任：

一般规定	民事赔偿优先	违法食品生产经营者财产不足以同时承担民事赔偿责任和缴纳罚款、罚金时，先承担民事赔偿责任。
	首负责任制	（1）消费者可以选择生产者或是销售者请求赔偿，二者不得推诿，现行赔偿者可以向真正责任人追偿。 （2）生产者：无过错责任。 （3）销售者：善意可以免除行政处罚，但民事责任仍然要承担。
	赔偿金额	（1）赔偿消费者损失。 （2）惩罚性赔偿：价款10倍或者损失3倍，不足1000元的，为1000元。 注意：食品的标签、说明书存在不影响食品安全且不会对消费者造成误导的瑕疵除外。

续表

<table>
<tr><td>一般规定</td><td>从业限制</td><td colspan="2">（1）被吊销许可证的生产经营者、法定代表人、直接责任人员5年内不得申请生产经营许可或者从事食品生产经营管理工作、担任食品生产经营企业食品安全管理人员。
（2）因食品安全犯罪被判处有期徒刑以上刑罚的，终身不得从事食品生产经营管理工作、担任食品生产经营企业食品安全管理人员。</td></tr>
<tr><td rowspan="11">最高人民法院关于审理食品药品纠纷案件的规定</td><td>“知假买假”</td><td colspan="2">生产者、销售者以购买者“明知”食品、药品存在质量问题抗辩的，人民法院不予支持。</td></tr>
<tr><td>赠品问题</td><td colspan="2">生产者、经营者以购买者未支付对价为由抗辩的，人民法院不予支持。</td></tr>
<tr><td>检验不合格</td><td colspan="2">即便售前有检验合格证明、在保质期内，只要经检验却不合格，仍要赔偿。</td></tr>
<tr><td>食品合格认定标准</td><td colspan="2">国家标准优先；若无国家标准，按地方标准；若无国家、地方标准，按企业标准；企业采取的标准高于国家、地方标准的，按企业标准。</td></tr>
<tr><td>被告的确定</td><td colspan="2">（1）可分别或者同时起诉生产者和销售者；
（2）只起诉一方的，必要时人民法院可追加。</td></tr>
<tr><td>举证责任</td><td colspan="2">（1）生产者、销售者应对食品符合质量标准承担举证责任；
（2）消费者仅需证明损害+产品质量不合格与损害的因果关系。</td></tr>
<tr><td rowspan="5">连带责任</td><td>网络交易平台</td><td>（1）不能提供食品、药品生产者或销售者的真实名称、地址、有效联系方式的；
（2）明知生产者、销售者利用平台侵权且未采取必要措施，给消费者造成损害的。
注意：网络交易平台可追偿。</td></tr>
<tr><td>集中交易市场的开办者、柜台出租者、展销会举办者</td><td>未履行食品安全法规定的审查、检查、管理等义务+发生食品安全事故+致使消费者人身损害的。</td></tr>
<tr><td>挂靠问题</td><td>未取得食品生产资质与销售资质的个人、企业或者其他组织+挂靠有相应资质的生产者、销售者+造成消费者损害。</td></tr>
<tr><td>虚假广告推荐</td><td>虚假广告推荐的食品、药品造成质量损害的，可请求广告经营者、发布者承担连带赔偿责任。</td></tr>
<tr><td>检验机构、认证机构</td><td>故意出具虚假检验报告+造成消费者损害的，连带责任；
注意：过失出具虚假认证+造成消费者损害的，承担相应责任。</td></tr>
</table>

第三章 银行业法

第一节 商业银行法

重要法条及司法解释

《商业银行法》第29~53条。

命题分析

“商业银行法”是经济法部分非常重要的知识点，属于高频考点。但该法的规定存在滞后之处，能够作为考试的法条基本都被命题人光顾过，因此，历年的真题值得重视。

从考查内容来看，“商业银行法”主要包括“商业银行的业务规则”“商业银行的接管、清算和终止”“违反商业银行法的法律责任”等内容。其中，“商业银行的业务规则”是考试的重点和难点，“商业银行业务规则”主要包括“商业银行存款业务规则”“商业银行贷款业务规则”“商业银行结算等其他业务规则”等内容，其中“商业银行贷款业务规则”是考试的重点内容，考生在复习时应当重点把握。

知识点精讲

一、商业银行的设立和变更

经批准设立的商业银行，由国务院银行保险监督管理机构颁发经营许可证，并凭该许可证向市场监督部门办理登记，领取营业执照。商业银行的设立、变更（包括分立、合并）和终止都需要经过国家银行业监督管理机构的批准。具体来讲，商业银行的设立条件如下：

公司章程	符合《商业银行法》和《公司法》规定的章程，章程是规定公司对外经营和对内管理的根本准则，是设立公司的必备文件。
最低注册资本	（1）设立全国性商业银行的注册资本最低限额为10亿元人民币。 （2）设立城市商业银行的注册资本最低限额为1亿元人民币，设立农村商业银行的注册资本最低限额为5000万元人民币。 （3）注册资本应当是实缴资本。
符合要求的从业人员	（1）下列情形之一的，不得担任商业银行的董事、高级管理人员：因犯有贪污、贿赂、侵占财产、挪用财产罪或者破坏社会经济秩序罪，被判处刑罚，或者因犯罪被剥夺政治权利的；担任因经营不善破产清算的公司、企业的董事或者厂长、经理，并对该公司、企业的破产负有个人责任的；担任因违法被吊销营业执照的公司、企业的法定代表人，并负有个人责任的；个人所负数额较大的债务到期未清偿的。 （2）商业银行的法定代表人和主要负责人须与党政机关脱钩，且不得兼任企业事业单位的法定代表人和主要负责人。

商业银行根据业务需要可以在中国境内外设立分支机构。设立分支机构必须经国务院银行业监督管理机构审查批准。在中国境内的分支机构，不按行政区划设立。商业银行的分支机构不具有法人资格，在总行授权范围内依法开展业务。商业银行在中华人民共和国境内设立分支机构，应当按照规定拨付与其经营规模相适应的营运金额。拨付各分支机构营运资金的总和，不得超过总行资本金总额的60%。

商业银行及其分支机构自取得营业执照之日起无正当理由超过6个月未开业的，或者开业后自行停业连续6个月以上的，由国务院银行业监督管理机构吊销其经营许可证，并予以公告。

二、商业银行的业务规则

商业银行的业务按其资金来源和用途分为负债业务（最主要的负债业务是吸收存款）、资产业务（是银行取得收益的主要途径，最重要的资产业务是贷款业务和投资业务）和中间业务（代理客户承办和其他委托事项从中收取手续费，如结算业务）。考试中侧重考查银行的贷款业务和同业拆借业务。

（一）贷款业务规则

基本制度	以发放担保贷款为基本原则，信用贷款为例外。 商业银行贷款，应当对借款人的借款用途、偿还能力、还款方式等情况进行严格审查。 商业银行贷款，应当实行审贷分离、分级审批的制度。
书面合同	商业银行贷款，应当与借款人签订书面合同。合同应当约定贷款种类、借款用途、金额、利率、还款期限、还款方式、违约责任和双方认为需要约定的其他事项。
贷款担保	商业银行贷款，借款人应提供担保。 经商业银行审查、评估，确认借款人资信良好，确能偿还贷款的，可以不提供担保。 任何单位和个人不得强令商业银行发放贷款或者提供担保。商业银行有权拒绝任何单位和个人强令要求其发放贷款或者提供担保。
担保物处分时限	因借款人到期不归还担保贷款，商业银行依法行使抵押权、质权而取得的不动产或股权，应当自取得之日起2年内处分。
关系人贷款	商业银行不得向关系人发放信用贷款；向关系人发放担保贷款的条件不得优于其他借款人同类贷款的条件。 关系人是指： （1）商业银行的董事、监事、管理人员、信贷业务人员及其近亲属； （2）前项所列人员投资或者担任高级管理职务的公司、企业和其他经济组织。
资产负债比例	（1）资本充足率不得低于8%； （2）流动性资产余额与流动性负债余额的比例不得低于25%； （3）对同一借款人的贷款余额与商业银行资本余额的比例不得超过10%。
贷款展期	贷款展期是贷款到期不能归还，经批准办理延长归还时间的手续。 （1）短期贷款（期限在1年以内，含1年）展期期限累计不得超过原贷款期限； （2）中期贷款（1年以上，5年以下，含5年）展期期限累计不得超过原贷款期限的一半； （3）长期贷款（5年以上）展期期限累计不得超过3年。

例1 关于商业银行贷款法律制度，下列哪一选项是错误的?

A. 商业银行贷款应当实行审贷分离、分级审批的制度

B. 商业银行可以根据贷款数额以及贷款期限，自行确定贷款利率

C. 商业银行贷款，应当遵守资本充足率不得低于百分之八的规定

D. 商业银行贷款，应当对借款人的借款用途、偿还能力、还款方式等情况进行严格审查

提示:《商业银行法》第35条规定:“商业银行贷款，应当对借款人的借款用途、偿还能力、还款方式等情况进行严格审查。商业银行贷款，应当实行审贷分离、分级审批的制度。”由此可知，选项A、D正确。第39条规定:“商业银行贷款，应当遵守资产负债比例管理的规定:(一)资本充足率不得低于百分之八……”由此可知，选项C正确。第38条规定:“商业银行应当按照中国人民银行规定的贷款利率的上下限，确定贷款利率。”由此可知，商业银行不能自行确定贷款利率，所以应选选项B。

例2 李大伟是M城市商业银行的董事，其妻张霞为S公司的总经理，其子李小武为L公司的董事长。2009年9月，L公司向M银行的下属分行申请贷款1000万元。其间，李大伟对分行负责人谢二宝施加压力，令其按低于同类贷款的优惠利息发放此笔贷款。L公司提供了由保证人陈富提供的一张面额为2000万元的个人储蓄存单作为贷款质押。贷款到期后，L公司无力偿还，双方发生纠纷。根据《商业银行法》的规定，关于M银行向L公司发放贷款的行为，下列判断正确的是:

A. L公司为M银行的关系人，依照法律规定，M银行不得向L公司发放任何贷款

B. L公司为M银行的关系人，依照法律规定，M银行可以向L公司发放担保贷款，但不得提供优于其他借款人同类贷款的条件

C. 该贷款合同无效

D. 该贷款合同有效

提示: 选项B、D正确。《商业银行法》第40条规定:“商业银行不得向关系人发放信用贷款;向关系人发放担保贷款的条件不得优于其他借款人同类贷款的条件。前款所称关系人是指:(一)商业银行的董事、监事、管理人员、信贷业务人员及其近亲属;(二)前项所列人员投资或者担任高级管理职务的公司、企业和其他经济组织。”本题中李小武是李大伟的儿子，属于近亲属范围，李小武是L公司的董事长，L公司属于M银行的关系人，M银行不得向L公司发放信用贷款，发放担保贷款的条件不得优于其他借款人同类贷款的条件，所以选项A错误，选项B正确。

《合同法》第52条规定:“有下列情形之一的，合同无效:(一)一方以欺诈、胁迫的手段订立合同，损害国家利益;(二)恶意串通，损害国家、集体或者第三人利益;(三)以合法形式掩盖非法目的;(四)损害社会公共利益;(五)违反法律、行政法规的强制性规定。”《最高人民法院关于适用〈中华人民共和国合同法〉若干问题的解释(二)》第14条规定:“合同法第五十二条第(五)项规定的‘强制性规定’，是指效力性强制性规定。”《商业银行法》虽然禁止以优于其他借款人同类贷款的条件向关系人发放担保借款，但是并不否认贷款合同的效力，所以贷款合同有效，选项D正确。

（二）同业拆借业务规则

基本要求	同业拆借，应当遵守中国人民银行的规定
拆入资金	禁止利用拆入资金发放固定资产贷款或者用于投资； 拆入资金用于弥补票据结算、联行汇差头寸的不足和解决临时性周转资金的需要。
拆出资金	拆出资金限于交足存款准备金、留足备付金和归还中国人民银行到期贷款之后的闲置资金。

（三）其他业务规则

存款业务规则	个人储蓄存款	个人储蓄存款应坚持“存款自愿、取款自由、存款有息、为存款人保密”的原则。 对个人储蓄存款，商业银行有权拒绝任何单位或者个人查询、冻结、扣划，但法律另有规定的除外。
	单位存款	对单位储户应坚持为客户保密和保护客户权益的原则。 对单位存款，商业银行有权拒绝任何单位或者个人查询，但法律、行政法规另有规定的除外；有权拒绝任何单位或者个人冻结、扣划，但法律另有规定的除外。
投资管理规则	对投资商业银行的管理。 任何单位和个人购买商业银行股份总额 5%以上的，应当事先经国务院银行业监督管理机构批准。	
银行账户管理规则	企事业单位可以自主选择一家商业银行的营业场所开设一个办理日常转账结算和现金收付的基本账户，不得开立两个及以上基本账户。	

三、商业银行的接管、清算和终止

（一）商业银行的接管

接管条件	信用危机+影响存款人利益：商业银行已经或者可能发生信用危机，严重影响存款人的利益时，国务院银行业监督管理机构可以对该银行实行接管。
接管程序	接管由国务院银行业监督管理机构决定，并组织实施。接管决定由国务院银行业监督管理机构予以公告。
接管后果	（1）自接管开始之日起，由接管组织行使商业银行的经营管理权力； （2）接管的商业银行的债权债务关系不因接管而变化。
接管期限	接管期限届满，国务院银行业监督管理机构可以决定延期，但接管期限最长不得超过 2 年。
接管终止	（1）接管决定规定的期限届满或者国务院银行业监督管理机构决定的接管延期届满； （2）接管期限届满前，该商业银行已恢复正常经营能力； （3）接管期限届满前，该商业银行被合并或者被依法宣告破产。

（二）商业银行的清算及终止

合并分立解散的条件	商业银行因分立、合并或者出现公司章程规定的解散事由需要解散的，应当向国务院银行业监督管理机构提出申请，并附解散的理由和支付存款的本金和利息等债务清偿计划。经国务院银行业监督管理机构批准后解散。	
解散后的清算	商业银行解散的，应当依法成立清算组，进行清算，按照清偿计划及时偿还存款本金和利息等债务。国务院银行业监督管理机构监督清算过程。	
商业银行的被撤销	商业银行因吊销经营许可证被撤销的，国务院银行业监督管理机构应当依法及时组织成立清算组，进行清算，按照清偿计划及时偿还存款本金和利息等债务。	
商业银行的破产	破产原因	商业银行不能支付到期债务，经国务院银行业监督管理机构同意，由人民法院依法宣告其破产。
	清算组组成	商业银行被宣告破产的，由人民法院组织国务院银行业监督管理机构等有关部门和有关人员成立清算组，进行清算。
	清偿顺序	商业银行破产清算时，在支付清算费用、所欠职工工资和劳动保险费用后，应当优先支付个人储蓄存款的本金和利息。

知识关联：商业银行的破产同一般公司的破产之间，存在以下区别：

（1）破产原因单一：只有不能清偿到期债务，不要求资不抵债或者明显缺乏清偿能力；

（2）行政程序特殊：商业银行破产需要国务院银行业监督管理机构的同意；

（3）清算组组成特殊：商业银行破产清算组需要有国务院银行业监督管理机构等有关部门的有关人员；

（4）清偿顺序特殊：商业银行破产清偿时，个人储蓄存款的本金和利息具有优先权。

第二节　商业银行监督管理

重要法条及司法解释

《银行业监督管理法》第8~42条。

命题分析

“商业银行监督管理”是经济法部分相对重要的知识点，从考查规律来看，相较于《商业银行法》，其考查的频率要稍低一些，但毕竟银行业法只涉及两部法律，所以本知识点也时常被命题人眷顾，但主要是对法条的直接考查，理论性不强。

从考查内容来看，“商业银行监督管理”包括“监督管理机构”“监督管理职责”和“监督管理措施”等内容，其中，“监督管理机构”和“监督管理措施”是考试的重点。对于中国人民银行和银保监会的监管职责划分，复习时应当特别注意。

知识点精讲

一、监督管理机构和监督管理对象

（1）监督管理机构：银行保险监督管理委员会（简称“银保监会”）。

（2）监督管理对象：在中国境内设立的商业银行、城市信用合作社、农村信用合作社等吸收公众存款的金融机构以及政策性银行。对在中华人民共和国境内设立的金融资产管理公司、信托投资公司、财务公司、金融租赁公司以及经国务院银行业监督管理机构批准设立的其他金融机构的监督管理，适用本法对银行业金融机构监督管理的规定。

二、监督管理措施

（一）强制信息披露

获取财务资料	监管机构根据履行职责的需要，有权对银行业金融机构按照规定报送资产负债表、利润表和其他财务会计、统计表、经营管理资料以及注册会计师出具的审计报告。
现场检查	（1）进入银行业金融机构进行检查； （2）询问银行业金融机构的工作人员，要求其对有关检查事项作出说明； （3）查阅、复制银行业金融机构与检查事项有关的文件、资料，对可能被转移、隐匿或者毁损的文件、资料予以封存； （4）检查银行业金融机构运用电子计算机管理业务数据的系统。 进行现场检查，应当经监督管理机构负责人批准。现场检查时，检查人员不得少于二人，并应当出示合法证件和检查通知书；检查人员少于二人或者未出示合法证件和检查通知书的，银行业金融机构有权拒绝检查。
询问制度	监督管理机构根据履行职责的需要，可以与银行业金融机构董事、高级管理人员进行监督管理谈话，要求银行业金融机构董事、高级管理人员就银行业金融机构的业务活动和风险管理的重大事项作出说明。
信息披露制度	监督管理机构应当责令银行业金融机构按照规定，如实向社会公众披露财务会计报告、风险管理状况、董事和高级管理人员变更以及其他重大事项等信息。

（二）强制整改制度

银行业金融机构违反审慎经营规则——限期改正——逾期未改正，或者其行为严重危及该银行业金融机构的稳健运行、损害存款人和其他客户合法权益的，经银保监会或其省一级派出机构负责人批准，可以区别情形，采取整改措施：

（1）责令暂停部分业务、停止批准开办新业务；

（2）限制分配红利和其他收入；

（3）限制资产转让；

（4）责令控股股东转让股权或者限制有关股东的权利；

（5）责令调整董事、高级管理人员或者限制其权利；

（6）停止批准增设分支机构。

（三）接管、重组与撤销

<table>
<tr><td rowspan="2">接管、重组与撤销的原因</td><td>接管、重组原因</td><td>银行业金融机构已经或者可能发生信用危机，严重影响存款人和其他客户合法权益，银行业监督管理机构可以依法进行接管或促成机构重组。</td><td>接管规定：
（1）被接管的商业银行的债权债务关系不因接管而变化。
（2）自接管开始之日起，由接管组织行使商业银行的经营管理权力。
（3）接管期限届满，国务院银行业监督管理机构可以决定延期，但接管期限最长不得超过2年。</td></tr>
<tr><td>撤销原因</td><td colspan="2">银行业金融机构有违法经营、经营管理不善等情形，不予撤销将严重危害金融秩序、损害公众利益。</td></tr>
<tr><td>接管、重组与撤销的监管措施</td><td colspan="3">银行业金融机构被接管、重组或者被撤销的，国务院银行业监督管理机构有权要求该银行业金融机构的董事、高级管理人员和其他工作人员按照国务院银行业监管机构的要求履行职责。
在接管、机构重组或者撤销清算期间，经国务院银行业监督管理机构负责人批准，对直接负责的董事、高级管理人员和其他直接责任人员，可以采取下列措施：
（1）直接负责的董事、高级管理人员和其他直接责任人员出境将对国家利益造成重大损失的，通知出境管理机关依法阻止其出境；
（2）申请司法机关禁止其转移、转让财产或者对其财产设定其他权利。</td></tr>
</table>

（四）冻结财产

经国务院银行业监督管理机构或者其省一级派出机构负责人批准，银行业监督管理机构有权查询涉嫌金融违法的银行业金融机构及其工作人员以及关联行为人的账号；对涉嫌转移或者隐匿违法资金的，经银行业监督管理机构负责人批准，可以申请司法机关予以冻结。

三、银行业监督管理机构和中国人民银行对商业银行监督管理职权的划分

中国人民银行监管职责（宏观）	银保监会职责（微观层面）
主要职责是制定和执行货币政策的宏观调控职能，以及监管商业银行的特殊业务。商业银行接受其业务指导。	银行业监督管理机构是行政监管机构，主要负责行政事务的审批。商业银行的设立、变更和终止须经其批准。
（1）负责执行货币政策； （2）查处违反规定同业拆借的； （3）查处未按照中国人民银行规定的比例交存存款准备金的。	（1）未经批准设立分支机构；分立；合并；变更；终止的； （2）未经任职资格审查任命董事、高级管理人员的； （3）严重违反审慎经营规则的； （4）出租、出借经营许可证的； （5）将单位的资金以个人名义开立账户存储的； （6）未按照规定进行信息披露的； （7）违反规定从事未经批准或者未备案的业务活动的； （8）违反《商业银行法》第43条业务限制的；违法提供贷款的； （9）未经批准购买商业银行股份总额5%以上的； （10）未经批准在名称中使用“银行”字样的。

共同点：对商业银行或者其他金融机构提供的虚假或隐瞒重要事实的财务会计报告、报表和统计报表的，银保监会和人民银行都有权查处。

例 银行业监督管理机构依法对银行业金融机构进行检查时，经设区的市一级以上银行业监督管理机构负责人批准，可以对与涉嫌违法事项有关的单位和个人采取下列哪些措施？

A. 询问有关单位或者个人，要求其对有关情况作出说明

B. 查阅、复制有关财务会计、财产权登记等文件与资料

C. 对涉嫌转移或者隐匿违法资金的账户予以冻结

D. 对可能被转移、隐匿、毁损或者伪造的文件与资料予以先行登记保存

提示：选项A、B、D正确。《银行业监督管理法》第42条第1款规定："银行业监督管理机构依法对银行业金融机构进行检查时，经设区的市一级以上银行业监督管理机构负责人批准，可以对与涉嫌违法事项有关的单位和个人采取下列措施：（一）询问有关单位或者个人，要求其对有关情况作出说明；（二）查阅、复制有关财务会计、财产权登记等文件、资料；（三）对可能被转移、隐匿、毁损或者伪造的文件、资料，予以先行登记保存。"该条规定了银保监会进行现场检查时可以采取的具体措施，由该条规定可知选项A、B、D均正确。

《银行业监督管理法》第41条规定："经国务院银行业监督管理机构或者其省一级派出机构负责人批准，银行业监督管理机构有权查询涉嫌金融违法的银行业金融机构及其工作人员以及关联行为人的账户；对涉嫌转移或者隐匿违法资金的，经银行业监督管理机构负责人批准，可以申请司法机关予以冻结。"由该条规定可知，银保监会有权查询账户，但是无权自行冻结账户，只能申请司法机关冻结，所以选项C错误。

第四章 财税法

第一节 税法概述

重要法条及司法解释

《增值税暂行条例》第8~20条。

《消费税暂行条例》第1、3~6、13条。

命题分析

税法概述属于经济法中比较重要的知识点，对于理解税法内容具有重要的基础意义。近年试题中其地位得以提升，往往会有一些试题或其选项涉及基础知识的考查。对于税收法定、量能课税等基本原则，考生应当对这些原则做到理解。对于增值税和消费税的特殊规则，在近年来考试中具有越来越重要的地位，考生复习时也应尽量熟悉。

知识点精讲

一、税收法定原则

（一）概念

立法机关决定全部税收制度，税收机关无相应法律依据不得征税的税法基本原则。

（二）依据

《立法法》第8条规定，税种的设立、税率的确定和税收征收管理等税收基本制度只能制定法律（相对保留）。

知识关联：法律保留

下列事项只能制定法律：

（1）国家主权的事项；

（2）各级人民代表大会、人民政府、人民法院和人民检察院的产生、组织和职权；

（3）民族区域自治制度、特别行政区制度、基层群众自治制度；

（4）犯罪和刑罚；

（5）对公民政治权利的剥夺、限制人身自由的强制措施和处罚；

（6）税种的设立、税率的确定和税收征收管理等税收基本制度；

（7）对非国有财产的征收、征用；

（8）民事基本制度；

（9）基本经济制度以及财政、海关、金融和外贸的基本制度；

（10）诉讼和仲裁制度；

（11）必须由全国人民代表大会及其常务委员会制定法律的其他事项。

上述事项尚未制定法律的，全国人民代表大会及其常务委员会有权作出决定，授权国务院可以根据实际需要，对其中的部分事项先制定行政法规，但是有关犯罪和刑罚、对公民政治权利的剥夺和限制人身自由的强制措施和处罚、司法制度等事项除外。

二、税收适用原则

税收部门在税法解释和税收征缴等具体税法适用过程中，应当遵守以下基本原则：

实质课税原则	对于一项税法规范是否适用于某一特定情况，除考虑是否符合税法规定的税收要素外，还应根据实际情况，尤其要根据是否有利于经济发展来判断确定是否征税的原则。
诚信原则	征税纳税主体在履行各自义务时，要讲求诚实信用，不得违背对方的合理期待和信任，也不得以许诺错误为由反悔。
禁止类推适用原则	税法有漏洞时，不允许以类推适用方法来弥补税法漏洞。
禁止溯及课税原则	新颁布的税收实体法仅对其生效后的应税事实或者税收法律行为产生效力，不对生效之前发生的应税事实和税收法律行为产生效力。

三、税法的分类

依照课税对象，对我国税收实体体系可以分为四类，如下表所示：

商品税法	主要包括增值税法、消费税法、营业税法、关税法和烟叶税法等。
所得税法	主要包括企业所得税法和个人所得税法。
财产税法	主要包括资源税法、房产税法、土地增值税法、土地使用税法、耕地占用税法、契税法、车船税法。
行为税法	主要包括印花税法。

四、增值税法

纳税人	在中华人民共和国境内销售货物或者加工、修理修配劳务，销售服务、无形资产、不动产以及进口货物的单位和个人。
征税范围	销售货物、劳务、服务、无形资产、不动产；进口货物。
税率	注意纳税人出口货物，税率为零；境内单位和个人跨境销售国务院规定范围内的服务、无形资产，税率为零。
税额的计算	1. 下列进项税额准予从销项税额中抵扣： （1）从销售方取得的增值税专用发票上注明的增值税额。 （2）从海关取得的海关进口增值税专用缴款书上注明的增值税额。 （3）购进农产品，除取得增值税专用发票或者海关进口增值税专用缴款书外，按照农产品收购发票或者销售发票上注明的农产品买价和11%的扣除率计算的进项税额，国务院另有规定的除外。
	2. 下列项目的进项税额不得从销项税额中抵扣： （1）用于简易计税方法计税项目、免征增值税项目、集体福利或者个人消费的购进货物、劳务、服务、无形资产和不动产； （2）非正常损失的购进货物，以及相关的劳务和交通运输服务； （3）非正常损失的在产品、产成品所耗用的购进货物（不包括固定资产）、劳务和交通运输服务； （4）国务院规定的其他项目。
进口货物税额计算	纳税人进口货物，按照组成计税价格和《增值税暂行条例》第2条规定的税率计算应纳税额。组成计税价格和应纳税额计算公式：组成计税价格=关税完税价格+关税+消费税；应纳税额=组成计税价格×税率。
小规模纳税人发生应税销售行为	小规模纳税人发生应税销售行为，实行按照销售额和征收率计算应纳税额的简易办法，并不得抵扣进项税额。应纳税额计算公式：应纳税额=销售额×征收率。

续表

增值税的免征	下列项目免征增值税： （1）农业生产者销售的自产农产品； （2）避孕药品和用具； （3）古旧图书； （4）直接用于科学研究、科学试验和教学的进口仪器、设备； （5）外国政府、国际组织无偿援助的进口物资和设备； （6）由残疾人的组织直接进口供残疾人专用的物品； （7）销售的自己使用过的物品。

五、消费税法

纳税人	在中华人民共和国境内生产、委托加工和进口《增值税暂行条例》规定的消费品的单位和个人，以及国务院确定的销售《增值税暂行条例》规定的消费品的其他单位和个人。
征税对象	高耗能、高污染和高档消费品。主要包括：烟酒、化妆品、贵重首饰及珠宝玉石、鞭炮焰火、成品油和用于调和汽油的主要原材料、250毫升以上排量的摩托车、小汽车、高尔夫球及球具、高档手表、游艇、木制一次性筷子、实木地板、电池涂料。
税率	纳税人兼营不同税率的应当缴纳消费税的消费品，应当分别核算不同税率应税消费品的销售额、销售数量；未分别核算销售额、销售数量，或者将不同税率的应税消费品组成成套消费品销售的，从高适用税率。
减免	对纳税人出口应税消费品，免征消费税；国务院另有规定的除外。

六、车船税法

（一）免征车船税情形

下列车船免征车船税：

（1）捕捞、养殖渔船；

（2）军队、武装警察部队专用的车船；

（3）警用车船；

（4）悬挂应急救援专用号牌的国家综合性消防救援车辆和国家综合性消防救援专用船舶；

（5）依照法律规定应当予以免税的外国驻华使领馆、国际组织驻华代表机构及其有关人员的车船。

（二）免征减征车船税情形

对节约能源、使用新能源的车船可以减征或者免征车船税；对受严重自然灾害影响纳税困难以及有其他特殊原因确需减税、免税的，可以减征或者免征车船税。具体办法由国务院规定，并报全国人民代表大会常务委员会备案。

省、自治区、直辖市人民政府根据当地实际情况，可以对公共交通车船，农村居民拥有并主要在农村地区使用的摩托车、三轮汽车和低速载货汽车定期减征或者免征车船税。

第二节　个人所得税

重要法条及司法解释

《个人所得税法》第 1~11 条。

命题分析

“个人所得税”是经济法部分比较重要知识点之一，时常在试题中“露面”。内容比较琐碎但理论性不强，掌握难度不大。

从考查内容来看，“个人所得税”包括“个人所得税的概念”“个人所得税基本内容”等知识点，在历年考试中都有所涉及，考试复习时应当全面复习。2018 年 8 月 31 日第十三届全国人民代表大会常务委员会第五次会议通过了《个人所得税法》修改的决定，对于此次个税修改所涉及的重要问题，考生应当重点复习。

知识点精讲

一、纳税义务人和扣缴义务人

个人所得税以所得人为纳税义务人，以支付所得的单位或个人为扣缴义务人。

	类型	适用条件	纳税义务
纳税义务人	居民纳税人	在中国境内有住所，或者无住所而一个纳税年度内在中国境内居住累计满 183 天的个人。	从中国境内和境外取得的所得，依照本法规定缴纳个人所得税。
	非居民纳税人	在中国境内无住所又不居住，或者无住所而一个纳税年度内在中国境内居住累计不满 183 天的个人。	从中国境内取得的所得，依照本法规定缴纳个人所得税。

纳税年度，自公历一月一日起至十二月三十一日止。

二、征税对象、税基及税率

征税对象	税基（应税所得）	税率
（1）工资、薪金所得； （2）劳务报酬所得； （3）稿酬所得； （4）特许权使用费所得。	每年收入额-60000 元、专项扣除、专项附加扣除、依法确定的其他扣除（劳务报酬所得、稿酬所得、特许权使用费所得以收入减除 20% 的费用后的余额为收入额。稿酬所得的收入额减按 70% 计算）。	3%~45% 超额累进税率。
经营所得。	每一纳税年度收入总额-成本、费用、损失。	5%~35% 超额累进税率。

续表

<table>
<tr><th>征税对象</th><th>税基（应税所得）</th><th>税率</th></tr>
<tr><td>财产租赁所得。</td><td>每次收入不超过4000元的，减除800元；
每次收入超过4000元的，减除20%的费用。</td><td rowspan="4">20%比例税率。</td></tr>
<tr><td>财产转让所得。</td><td>转让财产收入额减除财产原值和合理费用。</td></tr>
<tr><td>利息、股息、红利所得。</td><td rowspan="2">每次所得。</td></tr>
<tr><td>偶然所得。</td></tr>
</table>

注意：居民个人取得前款第一项至第四项所得，按纳税年度合并计算个人所得税；非居民个人取得前款第一项至第四项所得，按月或者按次分项计算个人所得税（非居民个人的工资、薪金所得，以每月收入额减除费用5000元后的余额为应纳税所得额；劳务报酬所得、稿酬所得、特许权使用费所得，以每次收入额为应纳税所得额）。

个人将其所得对教育、扶贫、济困等公益慈善事业进行捐赠，捐赠额未超过纳税人申报的应纳税所得额30%的部分，可以从其应纳税所得额中扣除；国务院规定对公益慈善事业捐赠实行全额税前扣除的，从其规定。

个人所得税税率表

（综合所得适用）

级数	全年应纳税所得额	税率（%）
1	不超过36000元的	3
2	超过36000元至144000元的部分	10
3	超过144000元至300000元的部分	20
4	超过300000元至420000元的部分	25
5	超过420000元至660000元的部分	30
6	超过660000元至960000元的部分	35
7	超过960000元的部分	45

注：

（1）本表所称全年应纳税所得额是指依照《个人所得税法》第6条的规定，居民个人取得综合所得以每一纳税年度收入额减除费用六万元以及专项扣除、专项附加扣除和依法确定的其他扣除后的余额。专项扣除，包括居民个人按照国家规定的范围和标准缴纳的基本养老保险、基本医疗保险、失业保险等社会保险费和住房公积金等；专项附加扣除，包括子女教育、继续教育、大病医疗、住房贷款利息或者住房租金、赡养老人等支出。

（2）非居民个人取得工资、薪金所得，劳务报酬所得，稿酬所得和特许权使用费所得，依照本表按月换算后计算应纳税额。

三、税收减免

<table>
<tr><td>减税</td><td>有下列情形之一的，可以减征个人所得税，具体幅度和期限，由省、自治区、直辖市人民政府规定，并报同级人民代表大会常务委员会备案：
（1）残疾、孤老人员和烈属的所得；
（2）因自然灾害遭受重大损失的。
国务院可以规定其他减税情形，报全国人民代表大会常务委员会备案。</td></tr>
</table>

续表

免税	(1) 奖金必须是省、部级以上单位以及外国组织、国际组织颁发的，并且范围仅限于科学、教育、技术、文化、卫生、体育、环境保护等方面； (2) 国债和国家发行的金融债券利息； (3) 按照国家统一规定发给的补贴、津贴； (4) 福利费、抚恤金、救济金； (5) 保险赔款； (6) 军人的转业费、复员费、退役金； (7) 按照国家统一规定发给干部、职工的安家费、退职费、基本养老金或者退休费、离休费、离休生活补助费； (8) 依照我国有关法律规定应予免税的各国驻华使馆、领事馆的外交代表、领事官员和其他人员的所得； (9) 中国政府参加的国际公约、签订的协议中规定免税的所得； (10) 国务院规定的其他免税所得，由国务院报全国人民代表大会常务委员会备案。

四、征缴方式

源泉扣缴	扣缴义务人在支付时按国家规定办理全员全额扣缴申报，在代扣税额的次月内向税务机关报关信息。
自行纳税申报	纳税义务人应当自行办理纳税申报的情形： (1) 取得综合所得需要办理汇算清缴； (2) 取得应税所得没有扣缴义务人； (3) 取得应税所得，扣缴义务人未扣缴税款； (4) 取得境外所得； (5) 因移居境外注销中国户籍； (6) 非居民个人在中国境内从两处以上取得工资、薪金所得； (7) 国务院规定的其他情形。
纳税调整	有下列情形之一的，税务机关有权按照合理方法进行纳税调整： (1) 个人与其关联方之间的业务往来不符合独立交易原则而减少本人或者其关联方应纳税额，且无正当理由； (2) 居民个人控制的，或者居民个人和居民企业共同控制的设立在实际税负明显偏低的国家（地区）的企业，无合理经营需要，对应当归属于居民个人的利润不作分配或者减少分配； (3) 个人实施其他不具有合理商业目的的安排而获取不当税收利益。 税务机关依照上述规定作出纳税调整，需要补征税款的，应当补征税款，并依法加收利息。

例 纳税义务人具有下列哪些情形的，应当按规定办理个人所得税纳税申报？

A. 个人所得超过国务院规定数额的

B. 在两处以上取得工资、薪金所得的

C. 从中国境外取得所得的

D. 取得应纳税所得没有扣缴义务人的

提示： 选项 A、B、C、D 均正确。根据《个人所得税法》第 10 条规定：有下列情形之一的，纳税人应当依法办理纳税申报：①取得综合所得需要办理汇算清缴；②取得应税所得没有扣缴义务人；③取得应税所得，扣缴义务人未扣缴税款；④取得境外所得；⑤因移居境外注销中国户籍；⑥非居民个人在中国境内从两处以上取得工资、薪金所得；⑦国务院规定的其他情形。扣缴义务人应当按照国家规定办理全员全额扣缴申报，并向纳税人提供其个人所得和已扣缴税款等信息。本题选项 A、B、C、D 四个选项全部满足上述情形。

第三节　企业所得税

重要法条及司法解释

《企业所得税法》第 1~34 条。

命题分析

“企业所得税”是经济法部分比较重要的知识点，相较于个人所得税复杂得多，但从历年试题来看，难度不大，掌握相关法条最为重要。

从考查内容来看，“企业所得税”共包括“企业所得税的概念”“企业所得税的基本内容”等知识点，在历年考试中都有所涉及，考试复习时应当全面复习。其中，对于企业所得税的减免事项，考生应重点复习。对于企业所得税的课税对象，考生应结合公司和合伙等不同企业组织形式的优缺点来更好地理解。

知识点精讲

一、纳税义务人及税率

第一，在中华人民共和国境内，企业和其他取得收入的组织（以下统称“企业”）为企业所得税的纳税人，依照本法的规定缴纳企业所得税。个人独资企业、合伙企业不适用本法。

第二，纳税人分为居民企业和非居民企业。

居民企业，是指依法在中国境内成立，或者依照外国（地区）法律成立但实际管理机构在中国境内的企业。

非居民企业是指依照外国（地区）法律成立且实际管理机构不在中国境内，但在中国境内设立机构、场所的，或者在中国境内未设立机构、场所，但有来源于中国境内所得的企业。

	计税依据	税率
居民企业	就其来源于中国境内、境外的所得都缴纳企业所得税。	25%
非居民企业	在中国境内设立机构、场所的，应当就其所设机构、场所取得的来源于中国境内的所得，以及发生在中国境外但与其所设机构、场所有实际联系的所得，缴纳企业所得税。	25%
	在中国境内未设立机构、场所的，或者虽设立机构、场所但取得的所得与其所设机构、场所没有实际联系的，应当就其来源于中国境内的所得缴纳企业所得税。	20%

二、应纳税所得额

企业每一纳税年度的收入总额，减除不征税收入、免税收入、各项扣除以及允许弥补的以前年度亏损后的余额，为应纳税所得额。

公式：应纳税所得=年度收入总额-（不征税收入+免税收入+扣除项+亏损弥补额）

收入总额（企业以货币形式和非货币形式从各种来源取得的收入）	（1）销售货物收入； （2）提供劳务收入； （3）转让财产收入； （4）股息、红利等权益性投资收益； （5）利息收入； （6）租金收入； （7）特许权使用费收入； （8）接受捐赠收入； （9）其他收入。
不征税收入	（1）财政拨款； （2）依法收取并纳入财政管理的行政事业性收费、政府性基金； （3）国务院规定的其他不征税收入。
允许扣除的支出项（注意：应当按规定的条件和比例进行扣除）	（1）公益性捐赠支出； （2）合理的工资薪金支出、劳保支出； （3）“五险一金”支出； （4）补充养老保险和补充医疗保险； （5）合理的借款费用； （6）职工福利支出； （7）工会经费； （8）职工教育经费； （9）业务招待费； （10）广告宣传费。
不得扣除的支出项	（1）向投资者支付的股息、红利等权益性投资收益款项； （2）企业所得税税款； （3）税收滞纳金； （4）罚金、罚款和被没收财物的损失； （5）《企业所得税法》第9条规定以外的捐赠支出； （6）赞助支出； （7）未经核定的准备金支出； （8）与取得收入无关的其他支出。
亏损结转弥补	企业纳税年度发生的亏损，准予向以后年度结转，用以后年度的所得弥补，但结转年限最长不得超过5年。

三、税收优惠

免税收入	(1) 国债利息收入; (2) 符合条件的居民企业之间的股息、红利等权益性投资收益; (3) 在中国境内设立机构、场所的非居民企业从居民企业取得与该机构、场所有实际联系的股息、红利等权益性投资收益; (4) 符合条件的非营利组织的收入。
可以减征、免征的所得	(1) 从事农、林、牧、渔业项目的所得; (2) 从事国家重点扶持的公共基础设施项目投资经营的所得; (3) 从事符合条件的环境保护、节能节水项目的所得; (4) 符合条件的技术转让所得; (5)《企业所得税法》第3条第3款规定的所得。
优惠税率	符合条件的小型微利企业，减按20%的税率征收企业所得税。 国家需要重点扶持的高新技术企业，减按15%的税率征收企业所得税。
加计扣除	(1) 开发新技术、新产品、新工艺发生的研究开发费用; (2) 安置残疾人员及国家鼓励安置的其他就业人员所支付的工资。
创业投资抵扣	创业投资企业从事国家需要重点扶持和鼓励的创业投资，可以按投资额的一定比例抵扣应纳税所得额。
收入减计	企业综合利用资源，生产符合国家产业政策规定的产品所取得的收入，可以在计算应纳税所得额时减计收入。
专用设备投资抵免	企业购置用于环境保护、节能节水、安全生产等专用设备的投资额，可以按一定比例实行税额抵免。

例 在计算企业应纳税所得额时，下列哪一项支出可以加计扣除?

A. 新技术、新产品、新工艺的研究开发费用

B. 为安置残疾人员所购置的专门设施

C. 赞助支出

D. 职工教育经费

提示：选项B正确。《企业所得税法》第30条规定："企业的下列支出，可以在计算应纳税所得额时加计扣除：(一) 开发新技术、新产品、新工艺发生的研究开发费用；(二) 安置残疾人员及国家鼓励安置的其他就业人员所支付的工资。"由此可知，选项A正确。

第四节 税收征收管理

重要法条及司法解释

《税收征收管理法》第15~52条。

命题分析

“税收征收管理”是经济法部分极为重要的知识点，也是高频考点，但掌握起来难度不大，理论性不强。

从考查内容来看，“税收征收管理”包括“税收征收管理的宗旨和使用范围”“纳税人权利”“税务管理”“税款征收”“税务检查”“法律责任”等内容，其中“纳税人权利”“税务管理”和“税款征收”是考试命题的重点，在复习时应当重点把握。

知识点精讲

一、税务管理

税务管理包括税务登记，账簿、凭证管理和纳税申报。

（一）税务登记

税务登记主体	从事生产、经营的纳税人（具体包括企业；企业在外地设立的分支机构和从事生产、经营的场所；个体工商户；从事生产、经营的事业单位）。
开业税务登记时间	自领取营业执照之日起30日内，持有关证件，向税务机关申报办理税务登记。
税务变更登记	纳税人税登记内容发生变化的，应当自工商行政管理机关或者其他机关办理变更登记之日起30日内，持有关证件向原税务机关申报办理变更税务登记。
税务注销登记	纳税人在办理注销税务登记之前，应当向税务机关结清应纳税款、滞纳金、罚款，缴纳发票、税务登记证件和其他税务证件。然后到工商局办理注销登记。
税务登记特别规定	从事生产、经营的纳税人外出经营，在同一地累计超过180天的，应当在营业地办理税务登记手续。

（二）账簿、凭证管理

账簿、凭证的设置	从事生产、经营的纳税人应当自领取营业执照或者发生纳税义务之日起15日内，按照国家有关规定设置账簿。 生产、经营规模小又确无建账能力的纳税人，可以聘请经批准从事会计代理记账业务的专业机构或者经税务机关认可的财会人员代为建账和办理账务。
视同会计账簿	纳税人、扣缴义务人会计制度健全，能够通过计算机正确、完整计算其收入和所得或者代扣代缴、代收代缴税款情况的，其计算机输出的完整的书面会计记录，可视同会计账簿。
保存年限	账簿、记账凭证、报表、完税凭证、发票、出口凭证以及其他有关涉税资料应当保存10年；但是，法律、行政法规另有规定的除外。

（三）纳税申报

申报要求	必须依照法律、行政法规规定或者税务机关依照法律、行政法规的规定确定的申报期限、申报内容如实办理纳税申报，报送纳税申报表、财务会计报表以及税务机关根据实际需要要求纳税人报送的其他纳税资料。
申报方式	可以直接到税务机关办理纳税申报或者报送代扣代缴、代收代缴税款报告表，也可以按照规定采取邮寄、数据电文或者其他方式办理上述申报、报送事项。
延期申报	纳税人、扣缴义务人不能按期办理纳税申报或者报送代扣代缴、代收代缴税款报告表的，经税务机关核准，可以延期申报。经核准延期办理前款规定的申报、报送事项的，应当在纳税期内按照上期实际缴纳的税额或者税务机关核定的税额预缴税款，并在核准的延期内办理税款结算。

例 根据税收征收管理法规，关于税务登记，下列哪一说法是错误的？

A. 从事生产、经营的纳税人，应在领取营业执照后，在规定时间内办理税务登记，领取税务登记证件

B. 从事生产、经营的纳税人在银行开立账户，应出具税务登记证件，其账号应当向税务机关报告

C. 纳税人税务登记内容发生变化，不需到工商行政管理机关或其他机关办理变更登记的，可不向原税务登记机关申报办理变更税务登记

D. 从事生产、经营的纳税人外出经营，在同一地累计超过180天的，应在营业地办理税务登记手续

提示：选项C错误。《税收征收管理法》第15条第1款规定："企业，企业在外地设立的分支机构和从事生产、经营的场所，个体工商户和从事生产、经营的事业单位（以下统称'从事生产、经营的纳税人'）自领取营业执照之日起三十日内，持有关证件，向税务机关申报办理税务登记。税务机关应当自收到申报之日起三十日内审核并发给税务登记证件。"根据该条规定可知，选项A的说法正确。

《税收征收管理法》第17条第1款规定："从事生产、经营的纳税人应当按照国家有关规定，持税务登记证件，在银行或者其他金融机构开立基本存款账户和其他存款账户，并将其全部账号向税务机关报告。"根据该条规定可知，选项B的说法正确。

《税收征收管理法实施细则》第14条规定："纳税人税务登记内容发生变化的，应当自工商行政管理机关或者其他机关办理变更登记之日起30日内，持有关证件向原税务登记机关申报办理变更税务登记。纳税人税务登记内容发生变化，不需要到工商行政管理机关或者其他机关办理变更登记的，应当自发生变化之日起30日内，持有关证件向原税务登记机关申报办理变更税务登记。"由此可知，不论是否需要到工商行政管理机关或其他机关办理变更登记，只要税务登记内容发生变化，就应申报办理变更税务登记，所以选项C的说法错误。

《税收征收管理法实施细则》第21条第2款规定："从事生产、经营的纳税人外出经营，在同一地累计超过180天的，应当在营业地办理税务登记手续。"由此可知，选项D的说法正确。

二、税款征收

（一）税收法定

减、免法定	纳税人依照法律、行政法规的规定办理减税、免税。 地方各级人民政府、各级人民政府主管部门、单位和个人违反法律、行政法规规定，擅自作出的减税、免税决定无效，税务机关不得执行，并向上级税务机关报告。
恢复法定	减、免期满，自期满次日起恢复纳税； 减、免条件发生变化的，应当在纳税申报时向税务机关报告； 不再符合减、免条件的，应当依法履行纳税义务； 未依法纳税的，税务机关应当予以追缴。

（二）延期纳税

	条件	程序	期限
延期纳税	纳税人有特殊困难，不能按期缴纳税款。 特殊困难包括： （1）因不可抗力，导致纳税人发生较大损失，正常生产经营活动受到较大影响的； （2）当期货币资金在扣除应付职工工资、社会保险费后，不足以缴纳税款的。	经省、自治区、直辖市税务局批准。	最长不超过3个月。

（三）税款补缴追征

错在税务机关	税务机关责任（指的是税务机关适用法律、法规不当或执法行为违法）。	3年内仅补缴，不加收滞纳金。
错在纳税人	一般失误。	3年内补缴+滞纳金。
	特殊情况（累计欠缴10万元以上）。	5年内补缴+滞纳金。
	犯罪（偷税、抗税、骗税）。	不受追征期限制。

（四）税收保全与强制执行措施

项目	税收保全措施	税收强制执行
适用对象	从事生产、经营的纳税人。	从事生产、经营的纳税人、扣缴义务人、纳税担保人。
适用时间	纳税期前。	纳税期后。
适用步骤	限期缴纳—提供纳税担保—保全措施	限期缴纳—强制执行。
措施	（1）银行冻结存款； （2）查封、扣押财产。	（1）银行扣缴存款； （2）（查封、扣押）拍卖、变卖财产。
财产豁免	（1）个人及其所扶养家属维持生活必需的住房和用品不在二者范围内。 （2）单价5000元以下的生活用品不得保全或强制执行。 （3）机动车辆、金银饰品、古玩字画、豪华住宅或者一处以外的住房属于奢侈品可以采取保全或强制措施。	

二者的关系：保全措施后，限期内仍未缴纳存款，经过县级以上税务局（分局）局长再次批准，采取强制执行措施。

（五）税务机关征收税款时的保障性权利

保障性权利	适用情形
代位权	税务机关在下列情形下可以行使代位权： （1）纳税义务人欠缴税款； （2）纳税义务人怠于追究到期债权。 注意：税务局行使代位权，不可以对次债务人采取强制措施。
撤销权	税务机关在下列情形下可以行使撤销权： （1）纳税义务人欠缴税款； （2）纳税义务人：（a）放弃到期债权；（b）无偿转让财产；（c）以明显不合理的低价转让财产而受让人知道该情形。
税收优先权	（1）税款优先于无担保债权； （2）税款优先于罚款罚金； （3）税款和有担保债权（抵押权、职权、留置权）按产生的时间先后确定受偿的顺序。

（六）离境清税制度

离境清税制度是指欠缴税款的纳税人或者他的法定代表人需要出境的，应当在出境前向税务机关结清应纳税款、滞纳金或者提供担保。未结清税款、滞纳金，又不提供担保的，税务机关可以通知出境管理机关阻止其出境。

（七）应纳税额的确定制度

税务机关核定应纳税额的情形	纳税人有下列情形之一的，税务机关有权核定其应纳税额： （1）依照法律、行政法规的规定可以不设置账簿的； （2）依照法律、行政法规的规定应当设置账簿但未设置的； （3）擅自销毁账簿或者拒不提供纳税资料的； （4）虽设置账簿，但账目混乱或者成本资料、收入凭证、费用凭证残缺不全，难以查账的； （5）发生纳税义务，未按照规定的期限办理纳税申报，经税务机关责令限期申报，逾期仍不申报的； （6）纳税人申报的计税依据明显偏低，又无正当理由的。
核定应纳税额的方法	（1）参照当地同类行业或者类似行业中经营规模和收入水平相近的纳税人的税负水平核定； （2）按照营业收入或者成本加合理的费用和利润的方法核定； （3）按照耗用的原材料、燃料、动力等推算或者测算核定； （4）按照其他合理方法核定。
关联企业往来	企业或者外国企业在中国境内设立的从事生产、经营的机构、场所与其关联企业之间的业务往来，应当按照独立企业之间的业务往来收取或者支付价款、费用；不按照独立企业之间的业务往来收取或者支付价款、费用，而减少其应纳税的收入或者所得额的，税务机关有权进行合理调整。

三、税务争议的处理

争议类型	争议处理
纳税上的争议	先依照税务机关的纳税决定缴纳或者解缴税款及滞纳金或者提供相应的担保，然后，可以依法申请行政复议；对行政复议决定不服的，可以依法向人民法院起诉（复议前置）。
对税务处罚、强制执行措施或者税收保全措施不服的争议	可以依法申请行政复议，也可以依法向人民法院起诉。 当事人对税务机关的处罚决定逾期不申请行政复议也不向人民法院起诉、又不履行的，作出处罚决定的税务机关可以采取《税收征收管理法》第40条规定的强制执行措施，或者申请人民法院强制执行。

第五节　审计法

重要法条及司法解释

《审计法》第16~30条。

命题分析

“审计法”是经济法部分比较重要的知识点之一，近几年考试频率有所提高。

从考查内容来看，“审计法”包括“审计概述”“审计机关职责”“违反审计法的责任”等内容。其中，“审计机关职责”是考查的重点和难点，主要包括“审计范围”“审计机关权限”“审计机关责任”等内容，在历年考试中都有所涉及，建议考生复习时全面复习掌握。

知识点精讲

一、审计概述

（一）审计法的调整范围

国务院各部门和地方各级人民政府及其各部门的财政收支，国有的金融机关和企业事业组织财务收支，以及其他依照本法规定应当接受审计的财政收支、财务收支，依法接受审计监督。

国务院和县级以上地方人民政府应当每年向本级人民代表大会常务委员会提出审计机关对预算执行和其他财政收支的审计工作报告。

（二）审计工作领导机制

（1）首长负责制：国务院设立审计署，在国务院总理领导下，主管全国的审计工作。审计长是审计署的行政首长。

（2）双重负责制：省、自治区、直辖市，设区的市、自治州、县、自治县，不设区的市、市辖区的人民政府的审计机关，分别在省长、自治区主席、市长、州长、县长、区长和上一级审计机关的领导下，负责本行政区域内的审计工作。地方各级审计机关对本级人民政府和上一级审计机关负责并报告工作。

（3）强化上级审计机关领导：审计业务以上级审计机关领导为主。地方各级审计机关负责人的任免，应当事先征求上一级审计机关的意见。

二、审计机关的职责

审计机关的职责包括对财政收支的审计，对财务收支的审计，对资产、负债、损益的审计和任职的审计。

职责项目	具体职责内容
对财政收支的审计	（1）对本级各部门（含直属单位）和下级政府预算的执行情况和决算以及其他财政收支情况进行审计监督； （2）地方各级审计机关分别在省长、自治区主席、市长、州长、县长、区长和上一级审计机关的领导下，对本级预算执行情况和其他财政收支情况进行审计监督，向本级人民政府和上一级审计机关提出审计结果报告； （3）对政府投资和以政府投资为主的建设项目的预算执行情况和决算，进行审计监督。
对财务收支的审计	（1）审计署对中央银行的财务收支，进行审计监督； （2）对国家的事业组织和使用财政资金的其他事业组织的财务收支，进行审计监督； （3）对政府部门管理的和其他单位受政府委托管理的社会保障基金、社会捐赠资金以及其他有关基金、资金的财务收支，进行审计监督； （4）对国际组织和外国政府援助、贷款项目的财务收支，进行审计监督。
对资产、负债、损益的审计	（1）对国有金融机构的资产、负债、损益，进行审计监督； （2）对国有企业的资产、负债、损益，进行审计监督。
任职的审计	对国家机关和依法属于审计机关审计监督对象的其他单位的主要负责人，在任职期间对本地区、本部门或者本单位的财政收支、财务收支以及有关经济活动应负经济责任的履行情况，进行审计监督。
专项审计	审计机关有权对与国家财政收支有关的特定事项，向有关地方、部门、单位进行专项审计调查，并向本级人民政府和上一级审计机关报告审计调查结果。

三、审计程序

审计工作，应依照下列程序进行：

发出审计通知	审计机关根据审计项目计划确定的审计事项组成审计组，并应当在实施审计 3 日前，向被审计单位送达审计通知书。被审计单位应当配合审计机关的工作，并提供必要的工作条件。
取得证明材料	审计人员通过审查会计凭证、会计账簿、会计报表，查阅与审计事项有关的文件、资料，检查现金、实物、有价证券，向有关单位和个人调查等方式进行审计，取得证明材料。
发出审计报告	审计组对审计事项实施审计后，应当向审计机关提出审计报告。审计报告报送审计机关前，应当征求被审计单位的意见。
反馈意见	被审计单位应当自接到审计报告之日起 10 日内，将其书面意见送交审计组或者审计机关。
出具审计意见书、作出审计决定	审计机关审定审计报告，对审计事项作出评价，出具审计意见书；对违反国家规定的财政收支、财务收支行为，需要依法给予处理、处罚的，在法定职权范围内作出审计决定或者向有关主管机关提出处理、处罚意见。 注意：审计机关应当自收到审计报告之日起 30 日内，将审计意见书和审计决定送达被审计单位和有关单位。

第五章 土地法和房地产法

第一节 土地管理法

重要法条及司法解释

《土地管理法》第 9~14 条。

《房地产管理法》第 8~24 条。

命题分析

“土地管理法”是经济法部分较为重要的知识点，知识点综合性比较强，一般与城乡规划、房地产交易等内容综合考查。《土地管理法》于 2019 年 8 月 26 日修改，其中的新规定值得留意。

从考查内容来看，“土地管理法”的重点内容是“国有土地使用权”“集体土地使用权”“建设用地管理”“土地法律责任与纠纷处理”，尤其是“出让用地使用权”和“划拨用地使用权”。此外，应当特别注意的是，这一知识点有时会与物权法用益物权部分建设用地使用权综合考查，建议结合复习。

知识点精讲

一、土地所有权

（一）国家土地所有权

国有土地的客体	（1）城市市区的土地； （2）农村和城市郊区中已经依法没收、征收、征购为国有的土地； （3）国家依法征收的土地； （4）依法不属于集体所有的林地、草地、荒地、滩涂及其他土地； （5）农村集体经济组织全部成员转为城镇居民的，原属于其成员集体所有的土地； （6）因国家组织移民、自然灾害等原因，农民成建制地集体迁移后不再使用的原属于迁移农民集体所有的土地。
国家土地所有权的主体及其代表	国家土地所有权由国务院代表国家行使，国务院可以通过制定行政法规或者发布行政命令授权地方人民政府或者职能部门行使国家土地所有权。

（二）集体土地所有权

<table>
<tr><td>集体土地所有权的主体及其代表</td><td colspan="2">（1）农民集体所有的土地依法属于村农民集体所有的，由村集体经济组织或者村民委员会经营、管理；
（2）已经分别属于村内两个以上农村集体经济组织的农民集体所有的，由村内各该农村集体经济组织或者村民小组经营、管理；
（3）已经属于乡镇农民集体所有的，由乡镇农村集体经济组织经营、管理。</td></tr>
<tr><td>集体土地所有权的确认</td><td colspan="2">农民集体所有的土地，由县级人民政府登记造册，核发证书，确认所有权。</td></tr>
<tr><td rowspan="3">集体土地所有权的限制</td><td>收益权</td><td>城市规划区内的集体所有的土地，经依法征收转为国有土地后，该幅国有土地的使用权方可有偿出让，但法律另有规定的除外。</td></tr>
<tr><td>处分权</td><td>集体土地不得出让、转让、出租用于非农业建设，集体土地所有者不得擅自改变土地用途。</td></tr>
<tr><td>农民集体意志</td><td>一般来说，对集体土地的重大处分应当依法经农村集体经济组织成员表决同意。</td></tr>
</table>

二、国有土地使用权

（一）国有土地使用权概述

根据取得方式不同，可以将国有土地使用权分为出让用地使用权和划拨用地使用权，取得方式不同导致权利内容也有所不同，下文将详细说明。

有下列情形之一的，由有关人民政府自然资源主管部门报经原批准用地的人民政府或者有批准权的人民政府批准，可以收回国有土地使用权：①为实施城市规划进行旧城区改建以及其他公共利益需要，确需使用土地的；②土地出让等有偿使用合同约定的使用期限届满，土地使用者未申请续期或者申请续期未获批准的；③因单位撤销、迁移等原因，停止使用原划拨的国有土地的；④公路、铁路、机场、矿场等经核准报废的。依照前款①的规定收回国有土地使用权的，对土地使用权人应当给予适当补偿。

（二）出让土地使用权

出让土地使用权是指国家将国有土地使用权在一定年限内出让给土地使用者，由土地使用者向国家支付土地使用权出让金的行为。

<table>
<tr><td>出让土地使用权主体</td><td>境内外法人、非法人组织和自然人均可，但是外商投资开发经营成片土地，应依法设立中外合资经营企业、中外合作经营企业或外商独资企业。</td></tr>
<tr><td>出让土地使用权取得</td><td>（1）可以采用拍卖、招标、挂牌和协议。商业、旅游、娱乐和豪华住宅用地，有条件的，必须采取拍卖、招标方式；没有条件，不能采取拍卖、招标方式的，可以采取双方协议的方式。采取双方协议方式出让土地使用权的出让金不得低于按国家规定所确定的最低价。
（2）土地使用者按照出让合同约定支付土地使用权出让金的，市、县人民政府土地管理部门必须按照出让合同约定，提供出让的土地；未按照出让合同约定提供出让的土地的，土地使用者有权解除合同，由土地管理部门返还土地使用权出让金，土地使用者并可以请求违约赔偿。</td></tr>
</table>

续表

出让土地使用权的年限	(1) 居住用地：70年。 (2) 工业用地：50年。 (3) 教育、科技、文化、卫生、体育用地：50年。 (4) 商业、旅游用地：40年。 (5) 综合或者其他用地：50年。
出让土地使用权的内容	出让土地使用权人在出让使用期内依法对土地享有占有权、使用权、收益权和部分处分权，可依法将其享有的土地权利转让、出租、抵押或者用于合资、合作经营及其他经济活动。
出让土地使用权的限制	土地使用者需要改变土地使用权出让合同约定的土地用途的，必须取得出让方和市、县人民政府城市规划行政主管部门的同意，签订土地使用权出让合同变更协议或者重新签订土地使用权出让合同，相应调整土地使用权出让金。

（三）划拨土地使用权

土地使用权划拨是指县级以上人民政府依法批准，在土地使用者缴纳补偿、安置等费用后将该幅土地交付其使用，或者将土地使用权无偿交付给土地使用者使用的行为。

划拨土地使用权的范围	下列建设用地的土地使用权，确属必需的，可以由县级以上人民政府依法批准划拨： (1) 国家机关用地和军事用地； (2) 城市基础设施用地和公益事业用地； (3) 国家重点扶持的能源、交通、水利等项目用地； (4) 法律、行政法规规定的其他用地。
划拨土地使用权的取得	(1) 经过县级以上人民政府依法批准，在土地使用者缴纳补偿、安置等费用后将该幅土地交付其使用； (2) 经过县级以上人民政府依法批准，将土地使用权无偿交付给土地使用者使用。
划拨土地使用权的内容	划拨土地使用权人对划拨用地享有占有权、使用权和部分收益权。
划拨土地使用权的限制	划拨土地使用权人不得擅自改变土地用途，转让、出租和抵押其权利受到严格限制。划拨方式取得土地使用权转让的限制如下： (1) 以划拨方式取得土地使用权的，转让房地产时，应当按照国务院规定，报有批准权的人民政府审批。有批准权的人民政府准予转让的，应当由受让方办理土地使用权出让手续，并依照国家有关规定缴纳土地使用权出让金。 (2) 以划拨方式取得土地使用权的，转让房地产报批时，有批准权的人民政府按照国务院规定决定可以不办理土地使用权出让手续的，转让方应当按照国务院规定将转让房地产所获收益中的土地收益上缴国家或者作其他处理。

例 某市政府在土地管理中的下列哪些行为违反了《土地管理法》的规定？

A. 甲公司在市郊申请使用一片国有土地修建经营性墓地，市政府批准其以划拨方式取得土地使用权

B. 乙公司投标取得一块商品房开发用地的出让土地使用权，市政府同意其在房屋建成销售后缴纳土地出让金

C. 丙公司以出让方式在本市规划区取得一块工业用地，市国土局在未征得市规划局同意的情况下，将该土地的用途变更为住宅建设用地

D. 丁公司在城市规划区取得一块临时用地，使用已达6年，并在该处修建了永久性建

筑，市政府未收回土地，还为该建筑发放了房屋产权证

提示：选项A、B、C、D均应选。

《土地管理法》第54条规定："建设单位使用国有土地，应当以出让等有偿使用方式取得；但是，下列建设用地，经县级以上人民政府依法批准，可以以划拨方式取得：（一）国家机关用地和军事用地；（二）城市基础设施用地和公益事业用地；（三）国家重点扶持的能源、交通、水利等基础设施用地；（四）法律、行政法规规定的其他用地。"选项A中经营性墓地不属于划拨土地范围，所以选项A应选。

《土地管理法》第55条第1款规定："以出让等有偿使用方式取得国有土地使用权的建设单位，按照国务院规定的标准和办法，缴纳土地使用权出让金等土地有偿使用费和其他费用后，方可使用土地。"选项B中土地使用后再缴纳土地出让金的行为不符合法律规定，所以选项B应选。

《土地管理法》第56条规定："建设单位使用国有土地的，应当按照土地使用权出让等有偿使用合同的约定或者土地使用权划拨批准文件的规定使用土地；确需改变该幅土地建设用途的，应当经有关人民政府土地行政主管部门同意，报原批准用地的人民政府批准。其中，在城市规划区内改变土地用途的，在报批前，应当先经有关城市规划行政主管部门同意。"选项C中改变土地用途，须经城市规划行政主管部门同意，所以选项C应选。

《土地管理法》第57条第2、3款规定："临时使用土地的使用者应当按照临时使用土地合同约定的用途使用土地，并不得修建永久性建筑物。临时使用土地期限一般不超过二年。"选项D中临时用地已使用6年，并建了永久性建筑物，违反法律规定，所以选项D应选。

三、集体土地使用权

土地承包经营权

土地承包经营权的主体	本农村集体经济组织成员或者本农村集体经济组织以外的单位和个人。
土地承包经营权的取得	（1）农民集体所有和国家所有依法由农民集体使用的耕地、林地、草地，以及其他依法用于农业的土地，采取农村集体经济组织内部的家庭承包方式承包，不宜采取家庭承包方式的荒山、荒沟、荒丘、荒滩等，可以采取招标、拍卖、公开协商等方式承包，从事种植业、林业、畜牧业、渔业生产。 （2）家庭承包的耕地的承包期为三十年，草地的承包期为30年至50年，林地的承包期为30年至70年；耕地承包期届满后再延长30年，草地、林地承包期届满后依法相应延长。 （3）土地承包方案必须经过村民会议三分之二以上成员或者三分之二以上村民代表同意。发包方将农村土地发包给本集体经济组织以外的单位或者个人承包，应当事先经本集体经济组织成员的村民会议三分之二以上成员或者三分之二以上村民代表的同意，并报乡镇人民政府批准。 （4）承包合同自成立之日起生效。承包方自承包合同生效时取得土地承包经营权。
土地承包经营权的收回、调整	（1）国家保护进城农户的土地承包经营权。不得以退出土地承包经营权作为农户进城落户的条件。 （2）承包期内，承包农户进城落户的，引导支持其按照自愿有偿原则依法在本集体经济组织内转让土地承包经营权或者将承包地交回发包方，也可以鼓励其流转土地经营权。 （3）承包期内，发包方不得调整承包地。承包期内，因自然灾害严重毁损承包地等特殊情形对个别农户之间承包的耕地和草地需要适当调整的，必须经本集体经济组织成员的村民会议三分之二以上成员或者三分之二以上村民代表的同意，并报乡镇人民政府和县级人民政府农业农村、林业和草原等主管部门批准。承包合同中约定不得调整的，按照其约定。

四、建设用地管理

（一）国家建设用地

征地批准权限	（1）国家建设征收农民集体土地，应依法报国务院或者省、自治区、直辖市人民政府批准。 （2）征收下列土地的，由国务院批准：永久基本农田；永久基本农田以外的耕地超过 35 公顷的；其他土地超过 70 公顷的。 （3）征收前款规定以外的土地的，由省、自治区、直辖市人民政府批准，并报国务院备案。
征地的公益目的（征收土地的前提）	为了公共利益的需要，有下列情形之一，确需征收农民集体所有的土地的，可以依法实施征收：①军事和外交需要用地的；②由政府组织实施的能源、交通、水利、通信、邮政等基础设施建设需要用地的；③由政府组织实施的科技、教育、文化、卫生、体育、生态环境和资源保护、防灾减灾、文物保护、社区综合服务、社会福利、市政公用、优抚安置、英烈保护等公共事业需要用地的；④由政府组织实施的扶贫搬迁、保障性安居工程建设需要用地的；⑤在土地利用总体规划确定的城镇建设用地范围内，经省级以上人民政府批准由县级以上地方人民政府组织实施的成片开发建设需要用地的；⑥法律规定为公共利益需要可以征收农民集体所有的土地的其他情形。 前款规定的建设活动，应当符合国民经济和社会发展规划、土地利用总体规划、城乡规划和专项规划；④⑤规定的建设活动，还应当纳入国民经济和社会发展年度计划；⑤规定的成片开发并应当符合国务院自然资源主管部门规定的标准。
征地程序	①土地现状调查和社会稳定风险评估；②发布征地公告；③补偿安置方案听证会；④补偿登记；⑤签订补偿安置协议。
征地补偿	公平、合理的补偿，保障被征地农民原有生活水平不降低、长远生计有保障。 征收农用地的土地补偿费、安置补助费标准由省、自治区、直辖市通过制定公布区片综合地价确定。其他土地、地上附着物和青苗等的补偿标准，由省、自治区、直辖市制定。被征地农民的社会保障费用主要用于符合条件的被征地农民的养老保险等社会保险缴费补贴。

（二）乡村建设用地

审批权限	（1）乡村兴办企业需要使用土地的，应当持有关批准文件，向县级以上地方人民政府自然资源主管部门提出申请，按照省、自治区、直辖市规定的批准权限，由县级以上地方人民政府批准；其中，涉及占用农用地的，依法办理农用地转用审批手续。 （2）乡镇村公共设施、公益事业建设，需要使用土地的，先经乡镇人民政府审核，其他审批手续同乡村兴办企业相同。 （3）农村村民住宅用地，经乡镇人民政府审核，由县级人民政府批准；其中，涉及占用农用地的，依法办理农用地转用审批手续。	
乡村建设用地的控制原则	企业严格控制	兴办企业的建设用地，必须严格控制。省、自治区、直辖市可以按照乡镇企业的不同行业和经营规模，分别规定用地标准。
	宅基地一户一宅	农村村民一户只能拥有一处宅基地，其宅基地的面积不得超过省、自治区、直辖市规定的标准。

（三）临时建设用地

临时建设用地，由县级以上人民政府自然资源主管部门审批。其中，在城市规划区内的临时用地，在报批前，应当先经有关城市规划行政主管部门同意。土地使用者应当根据土地权属，与有关自然资源主管部门或者农村集体经济组织、村民委员会签订临时使用土地合同，并按照合同的约定支付临时使用土地补偿费。法律对临时建设用地作出了下列限制性规定：

（1）必须按照临时使用合同约定的用途使用土地；

（2）不得修建永久性建筑；

（3）临时使用土地的期限不得超过2年。

（四）永久基本农田

1. 基本农田范围

（1）经国务院农业农村主管部门或者县级以上地方人民政府批准确定的粮、棉、油、糖等重要农产品生产基地内的耕地；

（2）有良好的水利与水土保持设施的耕地，正在实施改造计划以及可以改造的中、低产田和已建成的高标准农田；

（3）蔬菜生产基地；

（4）农业科研、教学试验田；

（5）国务院规定应当划为永久基本农田的其他耕地。

各省、自治区、直辖市划定的永久基本农田一般应当占本行政区域内耕地的80%以上，具体比例由国务院根据各省、自治区、直辖市耕地实际情况规定。

2. 基本农田组织实施

永久基本农田划定以乡（镇）为单位进行，由县级人民政府自然资源主管部门会同同级农业农村主管部门组织实施。永久基本农田应当落实到地块，纳入国家永久基本农田数据库严格管理。

第二节 城乡规划法

重要法条及司法解释

《城乡规划法》第2~5条、第12~45条。

命题分析

“城乡规划”是经济法部分相对重要的知识点，这一知识点较为零散但难度不大、理论性不强。从考查规律来看，“城乡规划”属于常考知识点，且一般与土地使用权、房地产开发制度、房地产交易制度等知识点综合考查。

从考查内容来看，“城乡规划”包括“城乡规划的种类”“城乡规划的制定”“城乡规划的实施”“城乡规划的修改”“监督检查和法律责任”等内容，其中“城乡规划的制定”和“城乡规划的修改”是考试重点，应当重点复习。

知识点精讲

一、城乡规划和规划区

城乡规划，包括城镇体系规划、城市规划、镇规划、乡规划和村庄规划。城市规划、镇规划分为总体规划和详细规划。详细规划分为控制性详细规划和修建性详细规划。

规划区的具体范围由有关人民政府在组织编制的城市总体规划、镇总体规划、乡规划和村庄规划中，根据城乡经济社会发展水平和统筹城乡发展的需要划定。

国家建立国土空间规划体系。编制国土空间规划应当坚持生态优先，绿色、可持续发展，科学有序统筹安排生态、农业、城镇等功能空间，优化国土空间结构和布局，提升国土空间开发、保护的质量和效率。经依法批准的国土空间规划是各类开发、保护、建设活动的基本依据。已经编制国土空间规划的，不再编制土地利用总体规划和城乡规划。

二、城乡规划的制定

（一）体系规划和总体规划

全国城镇体系规划	国务院城乡规划主管部门编制。	国务院审批。
省域城镇体系规划	省、自治区人民政府编制。	国务院审批。
城市规划	直辖市规划：直辖市政府编制。	国务院审批。
	省、自治区政府所在地城市以及国务院确定的城市的总体规划：市政府编制，省、自治区政府审查同意。	国务院审批。
	其他城市规划：市政府编制。	省、自治区人民政府审批。
镇规划	县政府所在地的镇：县政府编制，先经本级人大常委会审议。	上一级政府审批。
	其他镇规划：镇政府编制，先经镇人民代表大会审议。	上一级政府审批。
乡规划、村庄规划	乡镇政府编制，村庄规划在报送审批前，应当经村民会议或者村民代表会议讨论同意。	上一级政府审批。
城市总体规划、镇总体规划的规划期限一般为 20 年。城市总体规划还应当对城市更长远的发展作出预测性安排。		

（二）控制性详细规划和修建性详细规划

城市的控制性详细规划	城市政府城乡规划主管部门根据城市总体规划的要求，组织编制城市的控制性详细规划，经本级政府批准后，报本级人大常委会和上一级政府备案。
镇的控制性详细规划	镇政府根据镇总体规划的要求，组织编制镇的控制性详细规划，报上一级政府审批。县政府所在地镇的控制性详细规划，由县城乡规划主管部门根据镇总体规划的要求组织编制，经县政府批准后，报本级人大常委会和上一级政府备案。
修建性详细规划	城市、县政府城乡规划主管部门和镇政府可以组织编制重要地块的修建性详细规划。修建性详细规划应当符合控制性详细规划。

三、城乡规划的实施

近期建设规划		城市、县、镇人民政府应当根据城市总体规划、镇总体规划、土地利用总体规划和年度计划以及国民经济和社会发展规划，制定近期建设规划，报总体规划审批机关备案。近期建设计划的规划期限为5年。
建设规划许可	建设用地规划许可	（1）先规划，后出让：在城市、镇规划区内以出让方式提供国有土地使用权的，在国有土地使用权出让前，城市、县城乡规划主管部门应当依据控制性详细规划，提出出让地块的位置、使用性质、开发强度等规划条件，作为国有土地使用权出让合同的组成部分。未确定规划条件的地块，不得出让国有土地使用权。 （2）签合同后领规划证：以出让方式取得国有土地使用权的建设项目，建设单位在取得建设项目的批准、核准、备案文件和签订国有土地使用权出让合同后，向城市、县人民政府城乡规划主管部门领取建设用地规划许可证。 （3）规划条件未纳入国有土地使用权出让合同的，该国有土地使用权出让合同无效；对未取得建设用地规划许可证的建设单位批准用地的，由县级以上政府撤销有关批准文件；占用土地的，应当及时退回；给当事人造成损失的，应当依法给予赔偿。
	建设工程规划许可	（1）在城市、镇规划区内进行建筑物、构筑物、道路、管线和其他工程建设的，建设单位或者个人应当向城市、县城乡规划主管部门或者省、自治区、直辖市政府确定的镇政府申请办理建设工程规划许可证。 （2）城市、县城乡规划主管部门或者省、自治区、直辖市人民政府确定的镇政府应当依法将经审定的修建性详细规划、建设工程设计方案的总平面图予以公布。
	乡村建设规划许可	（1）规划许可证：在乡、村庄规划区内进行乡镇企业、乡村公共设施和公益事业建设的，建设单位或者个人应当向乡、镇政府提出申请，由乡、镇政府报城市、县城乡规划主管部门核发乡村建设规划许可证。 （2）占用农用地需要手续：在乡、村庄规划区内进行乡镇企业、乡村公共设施和公益事业建设以及农村村民住宅建设，不得占用农用地；确需占用农用地的，应当依照《土地管理法》有关规定办理农用地转用审批手续后，由城市、县城乡规划主管部门核发乡村建设规划许可证。
建设规划的变更		（1）原则上不得变更：建设单位应当按照规划条件进行建设。 （2）确需变更的，必须向城市、县城乡规划主管部门提出申请。 （3）不合规划不能变：变更内容不符合控制性详细规划的，城乡规划主管部门不得批准。 （4）变更的需公示：城市、县城乡规划主管部门应当及时将依法变更后的规划条件通报同级土地主管部门并公示。
临时性建设规划管理		（1）在城市、镇规划区内进行临时建设的，应当经城市、县城乡规划主管部门批准。 （2）临时建设影响近期建设规划或者控制性详细规划的实施以及交通、市容、安全等的，不得批准。 （3）临时建设应当在批准的使用期限内自行拆除。

第三节 城市房地产管理法

重要法条及司法解释

《房地产交易法》第32~59条。

命题分析

“城市房地产管理法”是经济法部分非常重要的知识点，这一知识点具有一定的理论深度且较为零散，掌握起来具有一定的难度。从考查规律来看，“城市房地产管理法”本应属于高频考点，但由于前些年已考查时知识点被频频涉及，命题创新不易，近年来考查频率有所下降。

从考查内容来看，“城市房地产管理法”包括“房地产开发制度”“房地产交易制度”“物业服务管理制度”等内容；其中“房地产开发制度”“房地产交易制度”是考查的核心，包括“房地产转让”“房地产抵押”“商品房预售与按揭”“房屋租赁”等内容，备考时应当重点复习。此外，还应注意的是，复习时应当注意这一知识点与民法内容的结合，以应对综合性考查的趋势。

知识点精讲

一、房地产开发制度

开发规划要求	房地产开发必须严格执行城市规划，按照经济效益、社会效益、环境效益相统一的原则，实行全面规划、合理布局、综合开发、配套建设。对房地产开发项日产生直接法律约束力的是城市规划中的详细规划。
用途与期限要求	(1) 以出让方式取得土地使用权进行房地产开发的，必须按照土地使用权出让合同约定的土地用途、动工开发期限开发土地。 (2) 超过出让合同约定的动工开发日期满1年未动工开发的，可以征收相当于土地使用权出让金20%以下的土地闲置费。 (3) 满2年未动工开发的，可以无偿收回土地使用权。 (4) 但是，因不可抗力或者政府、政府有关部门的行为或者动工开发必需的前期工作造成动工开发迟延的除外。
开发安全性要求	(1) 房地产开发项目的设计、施工，必须符合国家的有关标准和规范。 (2) 房地产开发项目竣工，经验收合格后，方可交付使用。

二、房地产交易制度

（一）房地产转让

一般性禁止条件	下列房地产，不得转让： （1）以出让方式取得土地使用权的，不符合法定条件的； （2）司法机关和行政机关依法裁定、决定查封或者以其他形式限制房地产权利的； （3）依法收回土地使用权的； （4）共有房地产，未经其他共有人书面同意的； （5）权属有争议的； （6）未依法登记领取权属证书的。
房地产转让的一般条件	（1）房地产转让，转让人应当持有合法取得的土地使用权证书； （2）转让房地产时房屋已经建成的，还应当持有房屋所有权证书； （3）房地产转让，应当签订书面转让合同，合同中应当载明土地使用权取得的方式； （4）房地产转让时，房屋的所有权和该房屋占用范围内的土地使用权同时转让（房产权与地产权一同转让）。
出让获得土地使用权的房地产转让	以出让方式取得土地使用权的，转让房地产时，应当符合下列条件： （1）按照出让合同约定已经支付全部土地使用权出让金，并取得土地使用权证书。 （2）按照出让合同约定进行投资开发，属于房屋建设工程的，完成开发投资总额的25%以上，属于成片开发土地的，形成工业用地或者其他建设用地条件。 （3）转让房地产时房屋已经建成的，还应当持有房屋所有权证书。 （4）以出让方式取得土地使用权的，转让房地产后，受让人改变原土地使用权出让合同约定的土地用途的，必须取得原出让方和市、县人民政府城市规划行政主管部门的同意，签订土地使用权出让合同变更协议或者重新签订土地使用权出让合同，相应调整土地使用权出让金。
划拨取得土地使用权的房地产转让	（1）以划拨方式取得土地使用权的，转让房地产时，应当按照国务院规定，报有批准权的人民政府审批。有批准权的人民政府准予转让的，应当由受让方办理土地使用权出让手续，并依照国家有关规定缴纳土地使用权出让金。 （2）以划拨方式取得土地使用权的，转让房地产报批时，有批准权的人民政府按照国务院规定决定可以不办理土地使用权出让手续的，转让方应当按照国务院规定将转让房地产所获收益中的土地收益上缴国家或者作其他处理。

例 关于以划拨方式取得土地使用权的房地产转让时适用的《房地产管理法》特殊规定，下列哪些表述是正确的？

A. 应当按照国务院规定，报有批准权的人民政府审批

B. 有批准权的人民政府准予转让的，可以决定由受让方办理土地使用权出让手续，也可以允许其不办理土地使用权出让手续

C. 办理土地使用权出让手续的，受让方应缴纳土地使用权出让金

D. 不办理土地使用权出让手续的，受让方应缴纳土地使用权转让费，转让方应当按规定将转让房地产所获收益中的土地收益上缴国家

提示： 选项A、B、C正确。《城市房地产管理法》第40条规定："以划拨方式取得土地使用权的，转让房地产时，应当按照国务院规定，报有批准权的人民政府审批。有批准权的人民政府准予转让的，应当由受让方办理土地使用权出让手续，并依照国家有关规定

缴纳土地使用权出让金。以划拨方式取得土地使用权的，转让房地产报批时，有批准权的人民政府按照国务院规定决定可以不办理土地使用权出让手续的，转让方应当按照国务院规定将转让房地产所获收益中的土地收益上缴国家或者作其他处理。”由此可知，选项 A、B、C 正确。不办理土地使用权出让手续的，转让方按照国务院规定将转让房地产所获收益中的土地收益上缴国家或作其他处理即可，受让方不需缴纳土地使用权转让费，所以选项 D 不正确。需要说明的是，题干中的法律名称有误，应为《城市房地产管理法》，而非《房地产管理法》。

（二）房地产抵押

可抵押的房地产	（1）依法取得的房屋所有权连同该房屋占用范围内的土地使用权，可以设定抵押权。 （2）以出让方式取得的土地使用权，可以设定抵押权。
抵押程序	（1）签订书面抵押合同。 （2）凭土地使用权证书、房屋所有权证书办理抵押登记。
划拨土地上房地产的抵押	（1）以划拨方式取得的土地使用权不得单独抵押，但是土地上有房产的，以房产设定抵押时应同时抵押房屋占用范围内的土地使用权； （2）设定房地产抵押权的土地使用权是以划拨方式取得的，依法拍卖该房地产后，应当从拍卖所得的价款中缴纳相当于应缴纳的土地使用权出让金的款额后，抵押权人方可优先受偿。
新增地上物处置	抵押合同签订后新增的房屋不属于抵押财产，抵押权实现时应当一同拍卖，但对拍卖新增房屋所得抵押权人无权优先受偿。

（三）商品房预售

商品房预售是指房地产开发企业与购房者约定，由购房者交付定金或预付款，而在未来一定日期拥有现房的房产交易行为。对于商品房预售的知识点，总结为下表：

商品房预售的条件	商品房预售，应当符合下列条件（“三证一投入”）： （1）已交付全部土地使用权出让金，取得土地使用权证书； （2）持有建设工程规划许可证； （3）按提供预售的商品房计算，投入开发建设的资金达到工程建设总投资的 25% 以上，并已经确定施工进度和竣工交付日期； （4）向县级以上人民政府房产管理部门办理预售登记，取得商品房预售许可证明。
预售合同备案	商品房预售人应当按照国家有关规定将预售合同报县级以上人民政府房产管理部门和土地管理部门登记备案。
预收款用途	商品房预售所得款项，必须用于有关的工程建设。

第四节　不动产登记

重要法条及司法解释

《不动产登记暂行条例》。

命题分析

“不动产登记”是经济法部分相对重要的知识点，2014年11月，国务院制定《不动产暂行条例》，使得我国不动产登记进入统一化、规划化和信息化的发展轨道，在考试中对《不动产登记暂行条例》的考查力度也呈现逐步增强的趋势。考生在复习这一部分时，应当结合《物权法》的知识点进行结合复习。

知识点精讲

一、不动产登记对象和登记机构

登记对象	①集体土地所有权；②房屋等建筑物、构筑物所有权；③森林、林木所有权；④耕地、林地、草地等土地承包经营权；⑤建设用地使用权；⑥宅基地使用权；⑦海域使用权；⑧地役权；⑨抵押权；⑩法律规定需要登记的其他不动产权利。
登记机构	（1）国务院国土资源主管部门负责指导、监督全国不动产登记工作。 （2）县级以上地方人民政府应当确定一个部门为本行政区域的不动产登记机构，负责不动产登记工作，并接受上级人民政府不动产登记主管部门的指导、监督。 （3）不动产登记由不动产所在地的县级人民政府不动产登记机构办理；直辖市、设区的市人民政府可以确定本级不动产登记机构统一办理所属各区的不动产登记。 （4）跨县级行政区域的不动产登记，由所跨县级行政区域的不动产登记机构分别办理。不能分别办理的，由所跨县级行政区域的不动产登记机构协商办理；协商不成的，由共同的上一级人民政府不动产登记主管部门指定办理。 （5）国务院确定的重点国有林区的森林、林木和林地，国务院批准项目用海、用岛，中央国家机关使用的国有土地等不动产登记，由国务院国土资源主管部门会同有关部门规定。

二、不动产登记簿

不动产登记簿是物权归属和内容的根据。不动产登记簿由登记机构管理。不动产权属证书是权利人享有该不动产物权的证明。不动产权属证书记载的事项，应当与不动产登记簿一致；记载不一致的，除有证据证明不动产登记簿确有错误外，以不动产登记簿为准。

不动产登记簿应当采用电子介质，暂不具备条件的，可以采用纸质介质。不动产登记机构应当明确不动产登记簿唯一、合法的介质形式。不动产登记簿由不动产登记机构永久保存。

三、登记程序

单方申请与双方申请	因买卖、设定抵押权等申请不动产登记的，应当由当事人双方共同申请。属于下列情形之一的，可以由当事人单方申请： （1）尚未登记的不动产首次申请登记的； （2）继承、接受遗赠取得不动产权利的； （3）人民法院、仲裁委员会生效的法律文书或者人民政府生效的决定等设立、变更、转让、消灭不动产权利的； （4）权利人姓名、名称或者自然状况发生变化，申请变更登记的； （5）不动产灭失或者权利人放弃不动产权利，申请注销登记的； （6）申请更正登记或者异议登记的； （7）法律、行政法规规定可以由当事人单方申请的其他情形。

续表

实地查看	下列情形之一的，不动产登记机构可以对申请登记的不动产进行实地查看： （1）房屋等建筑物、构筑物所有权首次登记； （2）在建建筑物抵押权登记； （3）因不动产灭失导致的注销登记； （4）不动产登记机构认为需要实地查看的其他情形。
不予登记的情形	（1）违反法律、行政法规规定的； （2）存在尚未解决的权属争议的； （3）申请登记的不动产权利超过规定期限的； （4）法律、行政法规规定不予登记的其他情形。

四、登记信息共享与保护

信息平台	（1）国务院国土资源主管部门应当会同有关部门建立统一的不动产登记信息管理基础平台。 （2）各级不动产登记机构登记的信息应当纳入统一的不动产登记信息管理基础平台，确保国家、省、市、县四级登记信息的实时共享。
信息共享	（1）不动产登记有关信息与住房城乡建设、农业、林业、海洋等部门审批信息、交易信息等应当实时互通共享。 （2）国土资源、公安、民政、财政、税务、工商、金融、审计、统计等部门应当加强不动产登记有关信息互通共享。
信息查询	（1）权利人、利害关系人可以依法查询、复制不动产登记资料，不动产登记机构应当提供。 （2）有关国家机关可以依照法律、行政法规的规定查询、复制与调查处理事项有关的不动产登记资料。 （3）查询不动产登记资料的单位、个人应当向不动产登记机构说明查询目的，不得将查询获得的不动产登记资料用于其他目的；未经权利人同意，不得泄露查询获得的不动产登记资料。

劳动与社会保障法

第一章　劳动合同法

第一节　劳动合同的订立

重要法条及司法解释

《劳动合同法》第7~28条。

命题分析

“劳动合同的订立”是劳动与社会保障法部分相对重要的知识点，虽然在司法实务中有关的劳动争议较多，其中不乏疑难案件，但这涉及最高人民法院有关司法解释的适用，并且对于不少问题各地的地方性规定五花八门，所幸这些未纳入法考范围，这无疑大大降低了掌握本知识的难度。

从考查规律来看，一般与劳动合同的履行、劳动合同的效力、法律责任等知识点综合考查。从考查难易程度来看，难度不大，熟悉有关法律规定即可。对于这一知识点，考生复习时应注意对无固定期限合同的签订情形、违反劳动合同书面形式的法律责任、违约金条款、竞业限制条款、服务期条款、试用期条款等内容。

知识点精讲

一、劳动关系

（一）劳动关系的主体

1. 劳动者

劳动者的法定最低劳动年龄为16周岁，文艺、体育和特种工艺单位分别招用未满16周岁的专业文艺工作者、运动员、艺徒，但必须依照国家有关规定，保障其接受义务教育的权利。需要注意的是，《劳动法》2018年修改时取消了“履行审批手续”的要求。已经依法享受养老保险待遇或领取退休金的人员与所在单位之间是劳务关系，不是劳动关系。适用劳动法调整的劳动者包括：

劳动法适用范围	（1）企业、个体经济组织、民办非企业单位的劳动者。
	（2）会计师事务所、律师事务所等合伙组织、基金会的劳动者。
	（3）国家机关、社会团体和与之建立劳动合同关系的工勤人员。
	（4）实行企业化管理的事业单位的全体人员。
	（5）事业单位的工作人员在无特别规定时适用劳动法。
不适用劳动法的常见人员	（1）国家机关的公务员。
	（2）参照实行公务员制度的事业单位、社会团体的工作人员。
	（3）现役军人、军队文职人员。
	（4）家庭雇佣关系中的劳务提供者（如保姆）。
	（5）从事农业劳动的农村劳动者（乡镇企业职工或者进城务工的农民除外）。
	（6）义务性劳动、慈善性劳动和家务劳动的提供者。

2. 用人单位

用人单位主要有：

（1）企业（不区分组织形式、不区分所有制形式、不区分是否有法人资格）；

（2）个体经济组织（个体户）；

（3）民办非企业单位；

（4）会计师事务所、律师事务所等合伙组织；

（5）基金会；

（6）事业单位；

（7）国家机关；

（8）社会团体。

（二）劳动关系的建立

劳动关系建立的时间点是“用工之日”，而非劳动合同成立之日或生效之日。

（1）用人单位自用工之日起即与劳动者建立劳动关系。即使没有订立书面劳动合同，甚至假借其他合同的名义，劳动关系也自用工之日起建立。

（2）用人单位与劳动者在用工前订立劳动合同的，劳动关系依然是自用工之日起建立。

二、劳动合同订立的形式

（一）劳动合同应当采用书面形式

《劳动合同法》明确规定，建立劳动关系，应当订立书面劳动合同。不论是劳动者还是用人单位，均有订立书面劳动合同的义务，否则将承担不利法律后果。唯一例外情形是：非全日制用工双方当事人可以采用口头形式。

（二）未订立书面劳动合同的法律后果

（1）自用工之日起1个月内，经用人单位书面通知后，劳动者不与用人单位订立书面劳动合同的，用人单位应当书面通知劳动者终止劳动关系，无须向劳动者支付经济补偿，但是应当依法向劳动者支付其实际工作时间的劳动报酬。

（2）自用工之日起超过1个月不满1年，用人单位未与劳动者订立书面劳动合同的，应当依照《劳动合同法》第82条的规定向劳动者每月支付2倍的工资，并与劳动者补订书面劳动合同；劳动者不与用人单位订立书面劳动合同的，用人单位应当书面通知劳动者终止劳动关系，并依照《劳动合同法》第47条的规定支付经济补偿。用人单位向劳动者每月支付2倍工资的起算时间为用工之日起满1个月的次日，截止时间为补订书面劳动合同的前1日，最长时间为满1年之前，即最多11个月。

（3）自用工之日起满1年，用人单位未与劳动者订立书面劳动合同的，视为自用工之日起满1年的当日已经与劳动者订立无固定期限劳动合同，应当立即与劳动者补订书面劳动合同。

（4）用人单位与劳动者约定的劳动报酬不明确的，新招录的劳动者的劳动报酬应当按照集体合同规定的标准执行；没有集体合同的，用人单位应当对劳动者实行同工同酬。

上述不同情形，把握的关键是可归责主体、时间段不同，法律责任不同。如下表所示：

时间 归责主体	自用工之日起1个月内	自用工之日起超过 1个月不满1年	自用工之日起满1年之后
用人单位不签订书面劳动合同。	法律责任被豁免。	（1）用人单位应与劳动者补订书面劳动合同。 （2）每超过1个月未订立，用人单位应向劳动者每月支付2倍工资（最多11个月；由工资和惩罚性赔偿金两部分组成）。	（1）用人单位应立即与劳动者补订书面劳动合同。 （2）视为用人单位与劳动者已经订立无固定期限劳动合同。
劳动者不签订书面劳动合同。	用人单位应书面通知劳动者终止劳动关系，无须支付经济补偿。	用人单位应书面通知劳动者终止劳动关系，并支付经济补偿。	

三、无固定期限劳动合同

（一）协商订立

用人单位与劳动者协商一致，可以订立无固定期限劳动合同。

（二）强制订立

强制订立是指在符合法定情形时，如果劳动者要求用人单位与其签订无固定期限劳动合同，用人单位有义务与其签订无固定期限劳动合同。当然，符合法定情形时，劳动者也可以选择不与用人单位订立无固定期限劳动合同。相反，用人单位无权强制劳动者订立固定或者无固定期限劳动合同。该法定情形是指：

（1）劳动者在该用人单位连续工作满10年的。连续工作的起算点是自用工之日起算，劳动合同法实施之前的工作时间也计算在内。

（2）用人单位初次实行劳动合同制度或者国有企业改制重新订立劳动合同时，劳动者在该用人单位连续工作满10年且距法定退休年龄不足10年的。

（3）连续订立2次固定期限劳动合同，且劳动者没有本法第39条和第40条第（一）项、第（三）项规定的情形，续订劳动合同的。连续订立的次数，从《劳动合同法》生效的2018年1月1日起算。

（三）视同订立

自用工之日起满 1 年不与劳动者订立书面劳动合同的，视为用人单位与劳动者已订立无固定期限劳动合同。

（四）违反规定未订立无固定期限合同的后果

用人单位违反法律规定不与劳动者订立无固定期限劳动合同的，自应当订立无固定期限劳动合同之日起向劳动者每月支付 2 倍的工资。

考点提示：无固定期限劳动合同在不出现法律、法规规定的解除条件或者终止情形时，只要用人单位存续，无固定期限劳动合同可持续至劳动者法定退休年龄为止。但无固定期限劳动合同不等同于“铁饭碗”，在符合法律、法规规定的解除条件或者终止情形时，可以依法解除、终止。

例 1 关于当事人订立无固定期限劳动合同，下列哪些选项是符合法律规定的？

A. 赵某到某公司应聘，提议在双方协商一致的基础上订立无固定期限劳动合同

B. 王某在某公司连续工作满十年，要求与该公司签订无固定期限劳动合同

C. 李某在某国有企业连续工作满十年，距法定退休年龄还有十二年，在该企业改制重新订立劳动合同时，主张企业有义务与自己订立无固定期限劳动合同

D. 杨某在与某公司连续订立的第二次固定期限劳动合同到期，公司提出续订时，杨某要求与该公司签订无固定期限劳动合同

提示：《劳动合同法》第 14 条第 2 款规定：“用人单位与劳动者协商一致，可以订立无固定期限劳动合同。有下列情形之一，劳动者提出或者同意续订、订立劳动合同的，除劳动者提出订立固定期限劳动合同外，应当订立无固定期限劳动合同：（一）劳动者在该用人单位连续工作满十年的；（二）用人单位初次实行劳动合同制度或者国有企业改制重新订立劳动合同时，劳动者在该用人单位连续工作满十年且距法定退休年龄不足十年的；（三）连续订立二次固定期限劳动合同，且劳动者没有本法第 39 条和第 40 条第（一）项、第（二）项规定的情形，续订劳动合同的。”由此可知，选项 A、B、D 正确。

四、劳动合同的必备条款

（一）必备条款内容

劳动合同中的必备条款，是劳动合同法明确规定的，每一劳动合同都应当具备的条款。我国《劳动合同法》规定的必备条款包括以下事项：

（1）用人单位的名称、住所和法定代表人或者主要负责人；

（2）劳动者的姓名、住址和居民身份证或者其他有效身份证件号码；

（3）劳动合同期限；

（4）工作内容和工作地点；

（5）工作时间和休息休假；

（6）劳动报酬；

（7）社会保险；

（8）劳动保护、劳动条件和职业危害防护；

（9）法律、法规规定应当纳入劳动合同的其他事项。

（二）必备条款欠缺的处理

1. 必备条款的欠缺对劳动合同的影响

法定必备条款的欠缺，其后果不是劳动合同的无效或者部分无效，而是欠缺条款涉及的有关内容未成立。但是，如果双方签订的所谓“劳动合同”欠缺太多的实质性条款，普通人都看不出它是一份劳动合同，那么则应认定为双方未签订书面劳动合同，按未签订书面劳动合同的法律责任进行处理。

2. 必备条款欠缺的赔偿责任

用人单位提供的劳动合同文本未载明本法规定的劳动合同必备条款给劳动者造成损害的，应当承担赔偿责任。

3. 必备条款欠缺的填补规则

劳动合同欠缺必备条款，应按下列方式补正：

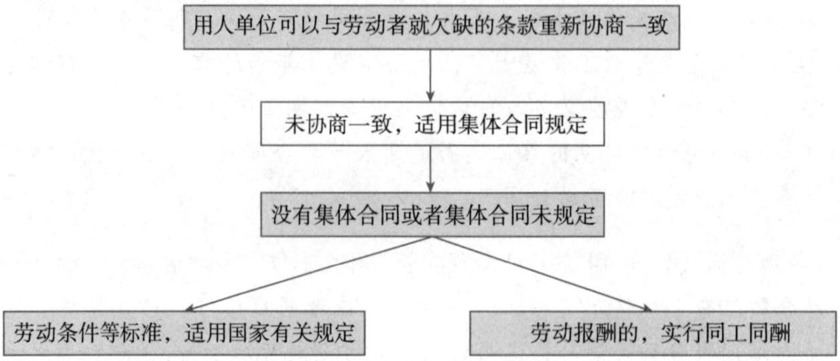

五、劳动合同的约定条款

劳动合同的约定条款，是指除法定必备条款外，劳动合同当事人可以协商约定，也可以不约定的条款。是否约定，由当事人双方自由决定。但一旦约定，国家对约定条款的内容有强制性、禁止性规定的，应当遵守。

（一）试用期条款

试用期是指用人单位与劳动者约定的相互考察、了解的实验性、短暂性期限。

1. 试用期包括在劳动合同期限内。

2. 劳动合同仅约定试用期的，试用期不成立，该期限为劳动合同期限。

3. 同一用人单位与同一劳动者，只能约定一次试用期。劳动者在同一用人单位调整或者变更工作岗位，用人单位不得再次约定试用期。

4. 不得约定试用期的劳动合同：

（1）以完成一定工作任务为期限的劳动合同，不得约定试用期。

（2）劳动合同期限不满 3 个月的，不得约定试用期。

（3）非全日制用工，不得约定试用期。

5. 试用期的最长期限：

（1）劳动合同期限3个月以上不满1年的，试用期不得超过1个月。

（2）劳动合同期限1年以上不满3年的，试用期不得超过2个月。

（3）3年以上固定期限和无固定期限的劳动合同，试用期不得超过6个月。

劳动合同期限	试用期最长期限
3个月以上不满1年	1个月
1年以上不满3年	2个月
3年以上，无固定期限	6个月

6. 试用期的工资待遇：试用期的工资不得低于本单位相同岗位最低档工资的80%或者不得低于劳动合同约定工资的80%，并不得低于用人单位所在地的最低工资标准。

7. 违法约定试用期的法律责任

（1）劳动行政部门责令改正。

（2）违法约定的试用期已经履行的，由用人单位以劳动者试用期满月工资为标准，按已经履行的超过法定试用期的期间向劳动者支付赔偿金。

8. 试用期内劳动者各项劳动权利受法律保护。试用期内用人单位为试用者提供的劳动条件不得低于劳动法律、法规规定的标准，用人单位应当为试用者缴纳社会保险费。

9. 对试用期内劳动者，用人单位不得滥用解雇权。除有证据证明劳动者不符合录用条件、劳动者有违规违纪违法行为，不能胜任工作等情形外［即除《劳动合同法》第39条和第40条第（一）、（二）项规定］，用人单位不得解除劳动合同。因此，对试用期内的员工，裁员时不得纳入裁员范围。

知识关联：《公务员法》规定，对于录用制公务员，新录用的公务员试用期为1年，试用期满合格的，予以任职；不合格的，取消录用。试用期属于强制性规定，必须有试用期，且长度统一为1年。

（二）服务期条款

1. 约定服务期的前提条件

（1）提供专项培训费用。培训费用项目包括有凭证的培训费、培训期间的差旅费以及因培训产生的其他费用。

（2）进行的是专业技术培训。入厂培训或新职工培训等不得视为专业技术培训。专业技术培训一般由第三方提供，只针对特定劳动者，提高了劳动者的劳动技能。

2. 服务期的期限

服务期的长度由用人单位与劳动者经平等协商合理确定。劳动合同期满，约定的服务期尚未到期的，劳动合同应当续延至服务期满；双方另有约定的，从其约定。

3. 服务期的违约金

（1）劳动者违反服务期约定的，应当按照约定向用人单位支付违约金。

（2）违约金的数额不得超过用人单位提供的培训费用。

（3）用人单位要求劳动者支付的违约金不得超过服务期尚未履行部分所应分摊的培训费用。

（4）因为用人单位违法、违约等原因迫使劳动者在未满服务期的情况下辞职的，不属于违反服务期的约定，用人单位不得要求劳动者支付违约金；服务期未满的劳动者因自身的过错被用人单位即时辞退的，应当向用人单位支付违约金。

4. 服务期的工资待遇

用人单位与劳动者约定服务期的，不影响按照正常的工资调整机制提高劳动者在服务期期间的劳动报酬。

（三）竞业限制条款

1. 竞业限制的义务主体

竞业限制的人员限于用人单位的高级管理人员、高级技术人员和其他负有保密义务的人员。

2. 竞业限制的范围、地域

竞业限制的具体范围、地域，可以由用人单位与劳动者约定，限制性条件为：①营业范围相同。禁止义务人员到与本单位生产或者经营同类产品、从事同类业务的其他用人单位，或者自己开业生产或者经营同类产品、从事同类业务；②有竞争关系。经营同类业务为形式要求，有竞争关系为实质要件。

3. 竞业限制的最长期限

竞业限制的期限可以由用人单位与劳动者约定，但是，从解除或者终止劳动合同时起算，最长不得超过2年。

4. 竞业限制的补偿标准

当事人约定竞业限制时，应当同时约定竞业限制的经济补偿。在劳动合同解除或终止后、竞业限制期限内，按月向劳动者支付经济补偿。

5. 竞业限制的违约责任

（1）劳动者违反竞业限制约定，应当向用人单位支付违约金。

（2）用人单位可以要求劳动者按照约定继续履行竞业限制义务。

	适用条件限制	义务主体	义务内容	期限	工资补偿待遇	劳动者违约责任
服务期	专项培训费用+专业技术培训。	受培训的劳动者。	劳动者在本用人单位工作。	服务期超过劳动合同期限的，合同期限顺延。	不影响按照正常的工资调整机制提高劳动者的劳动报酬。	支付违约金，违约金不得超过培训费用，按分摊比例支付。
竞业限制	商业秘密或者与知识产权相关的保密事项。	高级管理人员、高级技术人员和其他负有保密义务的人员。	营业范围相同+有竞争关系。	劳动合同解除或者终止后最长2年。	双方约定的竞业限制的经济补偿。	支付违约金+继续履行。

例 2 邓某系K制药公司技术主管。2008年2月，邓某私自接受Y制药公司聘请担任其技术顾问。5月，K公司得知后质问邓某。邓某表示自愿退出K公司，并承诺5年内不以任何直接或间接方式在任何一家制药公司任职或提供服务，否则将向K公司支付50万元违约金。2009年，K公司发现邓某已担任Y公司的副总经理，并持有Y公司20%股份，而且Y公司新产品已采用K公司研发的配方。K公司以Y公司和邓某为被告提起侵犯商业秘密的诉讼。关于Y公司和邓某的行为，下列说法正确的是：

A. Y公司的行为构成侵犯他人商业秘密

B. 邓某的行为构成侵犯他人商业秘密

C. Y公司的行为构成违反竞业禁止义务

D. 邓某的行为构成违反竞业禁止义务

提示：《劳动合同法》第23条规定："用人单位与劳动者可以在劳动合同中约定保守用人单位的商业秘密和与知识产权相关的保密事项。对负有保密义务的劳动者，用人单位可以在劳动合同或者保密协议中与劳动者约定竞业限制条款，并约定在解除或者终止劳动合同后，在竞业限制期限内按月给予劳动者经济补偿。劳动者违反竞业限制约定的，应当按照约定向用人单位支付违约金。"

本题中邓某与K公司约定终止劳动关系后5年内不以任何直接或间接方式在任何一家制药公司任职或提供服务属于竞业禁止条款，邓某违反该义务，构成违反竞业禁止义务，所以选项D正确，该竞业禁止义务仅由邓某一人承担，Y公司当然不对K公司承担竞业禁止义务，所以选项C错误。K公司研发的配方属于K公司的商业秘密，任何人不得侵犯，包括邓某和Y公司，邓某将K公司的配方用于Y公司，不仅邓某的行为构成侵犯商业秘密，Y公司也构成侵犯商业秘密，所以选项A、B均正确。

（四）保密条款

保密条款，是用人单位与劳动者在劳动合同中约定的，保守用人单位的商业秘密和与知识产权相关的保密事项。

（1）保密条款只适用于知悉或者应当知悉用人单位的商业秘密和与知识产权相关的事项的劳动者。

（2）劳动者遵守保密条款，并不以用人单位向劳动者支付有关费用或补偿为前提。

（五）违约金条款

《劳动合同法》第25条对违约金条款作出限制：除《劳动合同法》第22条和第23条规定的情形外，用人单位不得与劳动者约定由劳动者承担违约金。换言之，只有约定服务期条款、竞业限制条款时才可以约定劳动者承担的违约金。

六、劳动合同的效力

（一）劳动合同无效

劳动合同无效，是指劳动合同由于缺少有效要件而全部或部分不具有法律效力。劳动合同的无效事由如下表：

劳动合同无效的事由	以欺诈、胁迫的手段或者乘人之危，使对方在违背真实意思的情况下订立或者变更劳动合同的。
	用人单位免除自己的法定责任、排除劳动者权利的。
	违反法律、行政法规效力性强制性规定的。

（二）劳动合同无效的确认及法律后果

1. 劳动合同无效的确认

对劳动合同的无效或者部分无效有争议的，当事人可以请求劳动争议仲裁机构或者人民法院确认。

2. 劳动合同无效的法律后果

（1）停止履行。无效的劳动合同，从订立时起，就没有法律效力，劳动合同被确认无效后，正在履行的应停止履行，尚未履行的不再履行。

（2）劳动合同部分无效，不影响其他部分效力的，其他部分仍然有效。有效部分可以继续履行，对于部分无效的条款应予以修改，使其合法，能够依法继续履行。

（3）支付劳动报酬。劳动者已付出劳动的，用人单位应当向劳动者支付劳动报酬。劳动报酬的数额，参照本单位相同或者相近岗位劳动者的劳动报酬确定。不具有主体资格的用人单位（没有营业执照或登记证书）被依法追究法律责任的，该单位的劳动者已经付出劳动的，由该单位或者其出资人向劳动者支付劳动报酬、经济补偿、赔偿金。

（4）赔偿损失。劳动合同被确认无效，给对方造成损害的，有过错的一方应当承担赔偿责任。个人承包经营违反劳动合同法招用劳动者，给劳动者造成损害，发包的组织与个人承包经营者承担连带赔偿责任。

七、劳动合同的履行和变更

（一）劳动合同的履行

用人单位变更名称、法定代表人、主要负责人或者投资人等事项，不影响劳动合同的履行；用人单位发生合并、分立等情况，原劳动合同继续有效，由承继其权利和义务的用人单位继续履行。

劳动合同履行地与用人单位注册地不一致的，有关劳动者的最低工资标准、劳动保护、劳动条件、职业危害防护和本地区上年度职工月平均工资标准等事项，按照劳动合同履行地的有关规定执行；用人单位注册地的有关标准高于劳动合同履行地的有关标准，且用人单位与劳动者约定按照用人单位注册地的有关规定执行的，从其约定。

（二）劳动合同的变更

劳动合同的变更是指双方当事人对尚未履行或尚未完全履行的劳动合同，依照法律规定的条件和程序，进行修改或者增删的法律行为。劳动合同变更应当遵守平等自愿、协商一致的原则，不得违反法律、行政法规的强制性规定。

第二节 劳动合同的解除和终止

重要法条及司法解释

《劳动合同法》第 36~50 条。

命题分析

“劳动合同的解除和终止”是劳动合同法的重心和精髓所在，所以这是劳动与社会保障法部分非常重要的知识点，与之有关的劳动争议也是实务中数量最多的类型之一，涉及多个法条，且具有一定的理论性，掌握起来难度较大。

从命题规律来看，该知识点属于高频考点，每年考试均会在试题中“露面”，从考查形式来看，该知识点可单独命题，也可与且一般与劳动合同订立、劳动合同履行等知识点综合考查。单独命题时，往往需要注意先判断是合法解除劳动合同还是违法解除，合法解除则还需要考虑是否支付经济补偿金，违法解除则还需要考虑继续履行及赔偿金。考生应全面复习并注意知识点之间的联系，尤其是劳动合同解除的不同情形的区别及与经济补偿金的关联。

知识点精讲

一、劳动合同的解除

（一）协商解除

用人单位与劳动者协商一致，可以解除劳动合同。

（二）劳动者单方解除

1. 预告解除

劳动者须提前法定时间向用人单位预告，这是法律对劳动者行使单方解除权的唯一要求。无须征得用人单位的同意，也无须任何解除的事由。正因如此，这也被称为“劳动者的辞职权”。

（1）劳动者提前 30 日以书面形式通知用人单位，可以解除劳动合同。

（2）劳动者在试用期内提前 3 日通知用人单位，可以解除劳动合同。

2. 即时通知解除

劳动者无须提前向用单位预告，通知用人单位之时随即解除劳动合同，主要适用于用人单位有违法、违约的情形。用人单位有以下情形的，劳动者可以即时通知解除：

（1）未按照劳动合同约定提供劳动保护或者劳动条件的。

（2）未及时足额支付劳动报酬的。

（3）未依法为劳动者缴纳社会保险费的。

（4）用人单位的规章制度违反法律、法规的规定，损害劳动者权益的。

（5）因《劳动合同法》第26条第1款规定的情形致使劳动合同无效的。

（6）法律、行政法规规定劳动者可以解除劳动合同的其他情形。

3. 即时解除

劳动者无须预告，也无须通知即可解除劳动合同。用人单位有以下情形之一的，劳动者可以立即解除劳动合同：

（1）用人单位以暴力、威胁或者非法限制人身自由的手段强迫劳动者劳动的，劳动者可以立即解除劳动合同，不需事先告知用人单位；

（2）用人单位违章指挥、强令冒险作业危及劳动者人身安全的，劳动者可以立即解除劳动合同，不需事先告知用人单位。

（三）用人单位单方解除

已建立工会的用人单位单方解除劳动合同（即解雇），应当事先将理由通知工会，否则将承担违法解雇的后果。

1. 即时解雇

因劳动者存在过错，用人单位无须经过预告通知即可解除劳动合同。即时解雇的情形包括：

（1）在试用期间被证明不符合录用条件的；

（2）严重违反用人单位的规章制度的；

（3）严重失职，营私舞弊，给用人单位造成重大损害的；

（4）劳动者同时与其他用人单位建立劳动关系，对完成本单位的工作任务造成严重影响，或者经用人单位提出，拒不改正的；

（5）因劳动者以欺诈、胁迫的手段或者乘人之危，使对方在违背真实意思的情况下订立或者变更劳动合同的情形致使劳动合同无效的；

（6）被依法追究刑事责任的。

2. 预告解雇

预告解雇也被称为“非过错性解雇”，指的是劳动者本人无过错，因客观原因导致无法履行劳动合同的，用人单位经提前30日以书面形式通知劳动者本人或者额外支付劳动者1个月工资（即代通知金）后，可以解除劳动合同。用人单位选择额外支付劳动者1个月工资解除劳动合同的，其额外支付的工资应当按照劳动者上一个月的工资标准确定。用人单位预告解雇的情形包括：

（1）劳动者患病或者非因工负伤，在规定的医疗期满后不能从事原工作，也不能从事由用人单位另行安排的工作的；

（2）劳动者不能胜任工作，经过培训或者调整工作岗位，仍不能胜任工作的；

（3）劳动合同订立时所依据的客观情况发生重大变化，致使劳动合同无法履行，经用人单位与劳动者协商，未能就变更劳动合同内容达成协议的。

根据最高人民法院的指导性案例，劳动者被考核为“末位”不能等同于“不能胜任工作”，根据末位淘汰制度解除劳动合同违法。

3. 裁员（经济性裁员）

（1）裁员事由

①依照企业破产法规定进行重整的；

②生产经营发生严重困难的；

③企业转产、重大技术革新或者经营方式调整，经变更劳动合同后，仍需裁减人员的；

④其他因劳动合同订立时所依据的客观经济情况发生重大变化，致使劳动合同无法履行的。

（2）裁员人数

裁减人员20人以上，或者裁减不足20人但占企业职工总数10%以上的。

（3）裁员程序

①用人单位提前30日向工会或者全体职工说明情况；

②听取工会或者职工的意见；

③裁减人员方案经向劳动行政部门报告。

（4）优先留用（“两老一弱”）

①与本单位订立较长期限的固定期限劳动合同的劳动者；

②与本单位订立无固定期限劳动合同的劳动者；

③家庭无其他就业人员，有需要扶养的老人或者未成年人的劳动者。

（5）优先招用

用人单位依法裁员，在6个月内重新招用人员的，应当通知被裁减的人员，并在同等条件下优先招用被裁减的人员。

4. 用人单位解除劳动合同的限制

为了保护劳动者的利益，防止用人单位滥用劳动合同解除权，法律规定了禁止解除劳动合同的条件。劳动者有下列情形之一的，用人单位不得依照《劳动合同法》第40条（预告解雇）、第41条（裁员）的规定解除劳动合同：

（1）从事接触职业病危害作业的劳动者未进行离岗前职业健康检查，或者疑似职业病病人在诊断或者医学观察期间的；

（2）在本单位患职业病或者因工负伤并被确认丧失或者部分丧失劳动能力的；

（3）患病或者非因工负伤，在规定的医疗期内的；

（4）女职工在孕期、产期、哺乳期的；

（5）在本单位连续工作满15年，且距法定退休年龄不足5年的；

（6）法律、行政法规规定的其他情形。

小 结

<table>
<tr><td>协商解除</td><td colspan="3">用人单位与劳动者协商一致，可以解除劳动合同（用人单位向劳动者提出并协商一致的，单位应支付经济补偿）。</td></tr>
<tr><td>单方解除</td><td>劳动者单方解除。</td><td colspan="2">用人单位单方解除。</td></tr>
<tr><td rowspan="4">预告解除（有程序条件）</td><td rowspan="3">1. 一般情况：提前30日+书面通知。
2. 试用期：提前3日+通知。</td><td>预告解雇。</td><td>经济性裁员。</td></tr>
<tr><td>1. 解雇程序：提前30日+书面形式或者代通知金。
2. 解雇事由：
（1）患病或非因公负伤+医疗期满+不能从事工作。
（2）不能胜任工作+培训或调岗+仍不能胜任。
（3）情势变更+不能协商一致。</td><td>1. 人数条件：裁员20人以上或不足20人但占总职工数10%以上。
2. 程序条件：提前30日+向工会或全职工说明+听取意见+报告劳动部门。
3. 有以下情形：
（1）企业重整；
（2）生产经营困难；
（3）企业转产、重大技术革新或者经营方式调整，经变更劳动合同后，仍需裁减人员。
4. 应当优先留用人员：较长固定期限、无固定期限、家庭成员无业+有需要抚养的人。</td></tr>
<tr><td colspan="2">劳动者有下列情形，用人单位不得预告解雇、不得裁员：
（1）离岗前职业健康检查期或疑似职业病观察期；
（2）职业病或者因工负伤+被确认丧失或者部分丧失劳动能力；
（3）患病或者非因工负伤+医疗期内；
（4）女职工在孕期、产期、哺乳期；
（5）连续工作满15年+距退休不满5年；
（6）法律、行政法规规定的其他情形。</td></tr>
<tr><td>无经济补偿。</td><td colspan="2">有经济补偿。</td></tr>
<tr><td rowspan="2">即时通知解除</td><td>用人单位有以下情形：
（1）未提供约定劳动保护或者劳动条件；
（2）未及时足额支付劳动报酬；
（3）未依法缴纳社会保险费；
（4）规章制度违法；
（5）因用人单位致使劳动合同无效；
（6）法律、行政法规的其他情形。</td><td colspan="2">劳动者有以下情形：
（1）试用期间被证明不符合录用条件；
（2）严重违反单位规章制度；
（3）严重失职，营私舞弊，给用人单位造成重大损害；
（4）多个劳动关系+对工作任务造成严重影响或者用人单位提出后拒不改正；
（5）劳动者原因致使劳动合同无效的；
（6）被依法追究刑事责任。
用人单位单方解除，需要事先通知工会。</td></tr>
<tr><td>有经济补偿。</td><td colspan="2">无经济补偿。</td></tr>
</table>

续表

<table>
<tr><td rowspan="2">即时解除（无须通知）</td><td>（1）用人单位以暴力、威胁或者非法限制人身自由的手段强迫劳动者劳动。
（2）用人单位违章指挥、强令冒险作业危及劳动者人身安全。</td><td rowspan="2"></td></tr>
<tr><td>有经济补偿。</td></tr>
<tr><td>违法责任</td><td>违法解除造成损失的，应当赔偿。</td><td>劳动者要求继续履行的，应当继续履行；否则以经济补偿标准的 2 倍向劳动者支付赔偿金。</td></tr>
</table>

例 某公司从事出口加工，有职工 500 人。因国际金融危机影响，订单锐减陷入困境，拟裁减职工 25 人。公司决定公布后，职工提出异议。下列哪些说法缺乏法律依据？

A. 职工甲：公司裁减决定没有经过职工代表大会批准，无效

B. 职工乙：公司没有进入破产程序，不能裁员

C. 职工丙：我一家 4 口，有 70 岁老母 10 岁女儿，全家就我有工作，公司不能裁减我

D. 职工丁：我在公司销售部门曾连续 3 年评为优秀，对公司贡献大，公司不能裁减我

提示： 选项 A、B、D 的说法缺乏法律依据。根据《劳动合同法》第 41 条第 1 款规定，企业裁减人员只需提前向工会或全体职工说明情况，并听取工会或者职工的意见，并不需要全体职工代表大会批准，所以选项 A 的说法错误。公司生产经营发生严重困难，就可裁减人员，不是只有进入破产程序后才能裁员，所以选项 B 的说法错误。根据《劳动合同法》第 41 条第 2 款规定，选项 C 的说法正确，选项 D 的说法不正确。

二、劳动合同的终止

劳动合同终止的情形如下（终止条件只能法定，当事人不得约定）：

<table>
<tr><th colspan="2">终止事由</th><th>经济补偿</th></tr>
<tr><td rowspan="2">合同已履行</td><td>劳动合同期满。</td><td rowspan="2">有补偿，例外：用人单位维持或者提高劳动合同约定条件续订劳动合同，劳动者不同意续订的无补偿。</td></tr>
<tr><td>劳动合同任务完成。</td></tr>
<tr><td rowspan="2">劳动者</td><td>劳动者开始依法享受基本养老保险待遇。</td><td rowspan="2">无经济补偿。</td></tr>
<tr><td>劳动者死亡，或者被人民法院宣告死亡或者宣告失踪。</td></tr>
<tr><td rowspan="2">用人单位</td><td>被依法宣告破产。</td><td rowspan="2">有经济补偿。</td></tr>
<tr><td>被吊销营业执照、责令关闭、撤销或者用人单位决定提前解散。</td></tr>
</table>

有下列情形之一的，劳动合同即使届满也不终止，应当续延至相应的情形消失时终止：

（1）从事接触职业病危害作业的劳动者未进行离岗前职业健康检查，或者疑似职业病病人在诊断或者医学观察期间的；

（2）患病或者非因工负伤，在规定的医疗期内的；

（3）女职工在孕期、产期、哺乳期的；

（4）在本单位连续工作满15年，且距法定退休年龄不足5年的；

（5）法律、行政法规规定的其他情形。

在本单位患职业病或者因工负伤并被确认丧失或者部分丧失劳动能力的劳动合同的终止，按照国家有关工伤保险的规定执行。

三、经济补偿金

（一）支付经济补偿的法定事由

有下列情形之一的，用人单位应当向劳动者支付经济补偿：

用人单位向劳动者提出，并协商一致解除劳动合同。	单位提议的协商解除。
劳动者依《劳动合同法》第38条规定解除劳动合同。	即时解除。
用人单位依《劳动合同法》第40规定解除劳动合同的。	预告解雇。
用人单位依《劳动合同法》第41条第1款规定解除劳动合同的。	经济性裁员。
劳动合同期满，终止劳动合同的。但用人单位维持或者提高劳动合同约定条件续订劳动合同，劳动者不同意续订的情形除外。	劳动合同期满。
依《劳动合同法》第44条第（四）项、第（五）项规定终止劳动合同的（用人单位被依法宣告破产的或者用人单位被吊销营业执照、责令关闭、撤销或者用人单位决定提前解散的）。	用人单位不复存在。
以完成一定工作任务为期限的劳动合同，双方履行完毕而终止的。	完成固定任务的合同。

经济补偿的具体情形，可以结合劳动合同解除、终止的表格进行记忆。

一般来说，由于劳动者的原因或过错导致劳动合同解除或终止，用人单位无须支付经济补偿。具体而言，在下列情形下，用人单位无须支付经济补偿金：

（1）劳动者向用人单位提出解除劳动合同并与劳动者协商一致解除劳动合同的。

（2）劳动者提前30日以书面形式通知用人单位解除劳动合同的；或者试用期内劳动者提前3天通知单位解除劳动合同的。

（3）劳动者有过错，如严重违规违法，用人单位可以解除劳动合同，无经济补偿（用人单位依照《劳动合同法》第39条规定解除劳动合同的）。

（4）用人单位维持或者提高劳动合同约定条件续订劳动合同，劳动者不同意续订的。

（5）为安置就业困难人员提供的给予岗位补贴和社会保险补贴的公益性岗位，该劳动合同解除终止时，用人单位无须支付经济补偿金。

（6）劳动者非因本人原因从原用人单位被安排到新用人单位工作的，劳动者在原用人单位的工作年限合并计算为新用人单位的工作年限。原用人单位已经向劳动者支付经济补偿的，新用人单位在依法解除、终止劳动合同计算支付经济补偿的工作年限时，不再计算劳动者在原用人单位的工作年限。

（二）经济补偿标准

计算原则	按工作年限，每满 1 年支付 1 个月工资。	
	6 个月到 1 年的，计 1 年，支付 1 个月工资。	
	不满 6 个月，计半年，支付半个月工资。	
月工资额	劳动者在劳动合同解除或者终止前 12 个月的平均工资。	
高薪限制	适用条件	劳动者月工资高于本地区上年度职工月平均工资 3 倍。
	计算标准	每月按职工月平均工资 3 倍支付。
	最高年限	最高不超过 12 年（即最多支付 12 个月）。

四、违法解雇

（一）含义

违法解雇，是指用人单位违法解除或者终止劳动合同。具体包括：用人单位进行预告解雇，但不具有预告解雇事由；进行经济性裁员，但不具有裁员事由或者不符合裁员程序要求；用人单位未在法定终止情形下终止劳动合同。

（二）法律责任

继续履行或者支付赔偿金。劳动者要求继续履行劳动合同的，用人单位应当继续履行；劳动者不要求继续履行或者劳动合同已经不能继续履行的，用人单位应当依照经济补偿标准的 2 倍支付赔偿金。支付了赔偿金的，不用再支付解除劳动合同的经济补偿。

第三节　劳务派遣

重要法条及司法解释

《劳动合同法》第 57~67 条。

命题分析

“劳务派遣”是劳动与社会保障法部分相对重要的知识点，这一知识点较为零散但难度不大，考查的频率较高。

从考查内容来看，“劳务派遣”包括“劳务派遣岗位”“劳务派遣单位”“劳务派遣协议”“用工单位义务”和“被派遣劳动者的权利”等内容，知识点具有综合性且都具有一定的考查可能性，建议考生在复习时全面掌握。对于“劳务派遣”，大家也应注意《侵权责任法》关于劳务派遣员工职务侵权的责任承担问题。

知识点精讲

一、劳务派遣概述

（一）劳务派遣的概念

劳务派遣是指派遣单位按照用工单位的要求，招用劳动者并与之签订劳动合同，按照与用工单位签订的劳务派遣协议，将劳动者派遣到用工单位由用工单位指挥、管理而形成的关系。

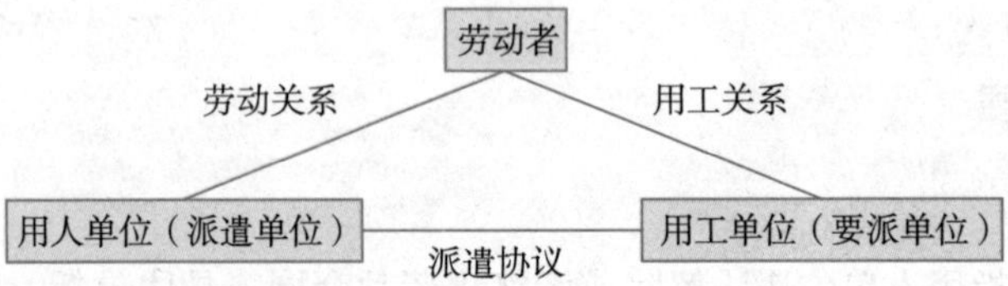

（二）劳务派遣的适用范围

劳动合同用工是我国的企业基本用工形式。劳务派遣用工是补充形式，只能在临时性、辅助性或者替代性的工作岗位（简称“三性”岗位）上实施。

（1）临时性是指存续时间不超过6个月的岗位。

（2）辅助性是指为主营业务岗位提供服务的非主营业务岗位。

（3）替代性是指用工单位的劳动者因脱产学习、休假等原因无法工作的一定期间内，可以由其他劳动者替代工作的岗位。

二、劳务派遣单位

一般用人单位的义务	劳务派遣单位是《劳动合同法》所称用人单位，应当履行用人单位对劳动者的义务。
订立劳动合同的义务	（1）应当与被派遣劳动者订立2年以上的固定期限劳动合同。 （2）劳务派遣单位与被派遣劳动者订立的劳动合同，除应当载明《劳动合同法》第17条规定的事项外，还应当载明被派遣劳动者的用工单位以及派遣期限、工作岗位等情况。
支付报酬义务	（1）劳务派遣单位应按月支付劳动报酬。 （2）被派遣劳动者在无工作期间，劳务派遣单位应当按照所在地人民政府规定的最低工资标准，向其按月支付报酬。 （3）不得克扣用工单位按照劳务派遣协议支付给被派遣劳动者的劳动报酬。
禁止收费	劳务派遣单位和用工单位不得向被派遣劳动者收取费用。
禁止自我派遣	（1）用人单位不得设立劳务派遣单位向本单位或者所属单位派遣劳动者。 （2）禁止用人单位或者其所属单位出资或者合伙设立的劳务派遣单位，向本单位或者所属单位派遣劳动者。
禁止非全日制用工	劳务派遣单位不得以非全日制用工形式招用被派遣劳动者。
跨区域派遣	劳务派遣单位跨地区派遣劳动者的，被派遣劳动者享有的劳动报酬和劳动条件，按照用工单位所在地的标准执行。

三、用工单位

用工单位是指在劳务派遣中，接受被派遣劳动者并实际指示、管理或监督被派遣劳动者的单位。用工单位与被派遣劳动者之间不存在劳动关系。

用工单位的主要义务如下表：

执行国家标准的义务	执行国家劳动标准，提供相应的劳动条件和劳动保护。
告知义务	告知被派遣劳动者的工作要求和劳动报酬。
支付福利待遇的义务	支付加班费、绩效奖金，提供与工作岗位相关的福利待遇。
就业培训的义务	对在岗被派遣劳动者进行工作岗位所必需的培训。
薪酬调整的义务	连续用工的，实行正常的工资调整机制。
禁止再派遣	用工单位不得将被派遣劳动者再派遣到其他用人单位。
禁止分割用工期限	用工单位应当根据工作岗位的实际需要与劳务派遣单位确定派遣期限，个得将连续用工期限分割订立数个短期劳务派遣协议。
禁止收费	劳务派遣单位和用工单位不得向被派遣劳动者收取费用。

四、被派遣劳动者的权利

（1）一般劳动者的权利。

（2）同工同酬。被派遣劳动者享有与用工单位的劳动者同工同酬的权利。

（3）参加或组织工会的权利。被派遣劳动者有权在劳务派遣单位或者用工单位依法参加或者组织工会。

五、劳务派遣纠纷

（1）被派遣劳动者在用工单位因工作遭受事故伤害的，劳务派遣单位应当依法申请工伤认定，用工单位应当协助工伤认定的调查核实工作。劳务派遣单位承担工伤保险责任，但可以与用工单位约定补偿办法。

（2）用工单位违反劳动合同法和有关劳务派遣规定的，给被派遣劳动者造成损害的，劳务派遣单位和用工单位承担连带赔偿责任。

（3）劳务派遣期间，被派遣的工作人员因执行工作任务造成他人损害的，由接受劳务派遣的用工单位承担侵权责任；劳务派遣单位有过错的，承担相应的补充责任。

六、劳务派遣中的合同解除

被派遣劳动者可以依照《劳动合同法》第 36 条（双方协商解除）、第 38 条（用人单位违法违约情形的规定与劳务派遣单位解除劳动合同。

被派遣劳动者有《劳动合同法》第 39 条（过错性开除）和第 40 条第（一）项、第（二）项（劳动者患病或者非因工负伤，在规定的医疗期满后不能从事原工作，也不能从事由用人单位另行安排的工作的或者劳动者不能胜任工作，经过培训或者调整工作岗位，仍不能胜任工作的）情形的，用工单位可以将劳动者退回劳务派遣单位，劳务派遣单位依照本法有关规定，可以与劳动者解除劳动合同。

第四节 非全日制用工与集体合同

重要法条及司法解释

《劳动合同法》第51~56、68~72条。

命题分析

非全日制用工与集体合同属于考试中相对重要的知识点，这两种特殊类型的劳动合同同一般的劳动合同之间存在的不同之处，属于考试的重点。这两个知识点属于细节性知识点，理论性不强，主要是对法条的直接考查，重点关注其中容易出陷阱的细节之处即可。

知识点精讲

一、集体合同

集体合同是指用人单位与本单位职工根据法律、法规、规章的规定，就劳动报酬、工作时间、休息休假、劳动安全卫生、职业培训、保险福利等事项，通过集体协商签订的书面协议。

（一）集体合同与劳动合同的关系

（1）劳动合同规定的劳动者个人劳动条件和劳动标准不得低于集体合同的规定，否则无效。集体合同中劳动报酬和劳动条件等标准不得低于当地人民政府规定的最低标准；用人单位与劳动者订立的劳动合同中劳动报酬和劳动条件等标准不得低于集体合同规定的标准。

（2）劳动合同约定不明的，适用集体合同的规定。劳动合同对劳动报酬和劳动条件等标准约定不明确，引发争议的，用人单位与劳动者可以重新协商；协商不成的，适用集体合同规定；没有集体合同或者集体合同未规定劳动报酬的，实行同工同酬；没有集体合同或者集体合同未规定劳动条件等标准的，适用国家有关规定。

（二）集体合同的订立

在我国，集体合同主要由代表劳动者的工会或职工代表与企业签订。在县级以下区域内，建筑业、采矿业等行业可以由工会与企业方面代表订立行业性集体合同或者区域性集体合同。企业职工一方与用人单位可以订立劳动安全卫生、女职工权益保护、工资调整机制等专项集体合同。

集体合同或专项集体合同签订或变更后，应当报送劳动保障行政部门审查。劳动保障行政部门自收到文本之日起15日内未提出异议的，集体合同或专项集体合同即行生效。

（三）集体合同争议处理

用人单位违反集体合同，侵犯职工劳动者权益的，工会可以依法要求用人单位承担责任；因履行集体合同发生争议，经协商解决不成的，工会可以依法申请仲裁、提起诉讼。因签订集体合同发生争议，协商不成的，只能请求人社部门协调处理，不得申请仲裁或诉讼。

二、非全日制用工

非全日制用工，俗称“小时工”，是指以小时计酬为主，劳动者在同一用人单位一般平均每日工作时间不超过 4 小时，每周工作时间累计不超过 24 小时的用工形式。法律对非全日制用工规定了下列特殊规定：

（1）口头协议：非全日制用工双方可以不订立书面合同，可以只订立口头协议。

（2）多个合同并存：法律允许从事非全日制用工的劳动者可以与一个或者一个以上用人单位订立劳动合同；但是，后订立的劳动合同不得影响先订立的劳动合同的履行。

（3）合同解除：非全日制用工双方当事人任何一方都可以随时通知对方终止用工。终止用工，用人单位不向劳动者支付经济补偿。

（4）工资支付：非全日制用工小时计酬标准不得低于用人单位所在地人民政府规定的最低小时工资标准。非全日制用工劳动报酬结算支付周期最长不得超过 15 日。

（5）试用期：非全日制用工双方当事人不得约定试用期。

（6）社会保险：用人单位应当按照国家有关规定为建立劳动关系的非全日制劳动者缴纳工伤保险费，而基本养老保险和基本医疗保险，由非全日制劳动者自己参保。

第二章　劳动基准法

重要法条及司法解释

《劳动法》第 36~51、58~65 条。

命题分析

劳动基准法属于较为重要的知识点，主要由规定劳动标准的各项法律制度构成，包括工时标准、最低工资标准、职业安全卫生法等。这一知识点不属于每年必考的知识点，但也具有一定的考查可能性。这一部分主要是对法条的直接考查，难度不大，理论性不强，但考查角度非常细小，需要考生细心全面地复习。其中，加班加点、最低工资、女工特殊劳动保护、工资支付保障的有关规定，相对更应留心一些。

知识点精讲

一、工作时间和休息休假

（一）工作时间的种类

标准工作时间	劳动者每天工作 8 小时，每周工作 40 小时，一周之内工作 5 天。对实行计件工作的劳动者，用人单位应当根据《劳动法》第 36 条规定的工时制度合理确定其劳动定额和计件报酬标准。
缩短工作时间	劳动者工作时间长度少于标准工作时间的制度，适用于：①从事矿山井下、高山、有毒有害、特别繁重或者过度紧张等作业的劳动者；②从事夜班工作的劳动者；③哺乳期内的女职工。

续表

不定时工作时间	针对因生产特点、工作性质特殊需要或职责范围的关系，需要连续上班或难以按时上下班，无法适用标准工作时间或需要机动作业的职工而采用的一种工作时间制度，如企业中的高级管理人员、外勤人员、推销人员、部分值班人员和其他因工作无法按标准工作时间衡量的职工可以实行不定时工作制。
综合计算工作日	分别以周、月、季、年等为周期，综合计算工作时间，但其平均工作时间和平均周工作时间应与法定标准工作时间基本相同。以下行业的职工可以实行综合工时制：①交通、铁路、邮电、水运、航空、渔业等行业中因工作性质特殊，需连续作业的职工；②地质及资源勘探、建筑、制盐、制糖、旅游等受季节和自然条件限制的行业的职工；③其他适合实行综合计算工时工作制的职工。

（二）休息休假制度

休息	（1）工作日内的间歇时间：给予劳动者用餐和休息的时间，一般为1~2小时，不得少于半小时 （2）工作日间的休息时间。两个工作日之间的休息时间，一般不少于16小时。 （3）公休假日。一般安排在周六和周日，应保证劳动者每周至少休息1天。
休假	（1）法定节假日：元旦；春节；国际劳动节；国庆节；端午节；中秋节；清明节；法律、法规规定的其他休假节日。 （2）探亲假：适用于在国家机关、人民团体、全民所有制企业、事业单位工作满1年的固定职工。 （3）年休假：国家实行带薪年休假制度。劳动者连续工作一年以上的，享受带薪年休假。职工累计工作已满1年不满10年的，年休假5天；已满10年不满20年的，年休假10天；已满20年的，年休假15天。国家法定节假日、休息日不计入年休假假期。

（三）加班加点制度

加班加点是职工根据用人单位安排，在法定节日公休假日进行工作叫作加班。超过标准工作日以外进行工作的时间叫作加点。

一般情形	用人单位由于生产经营需要，经与工会和劳动者协商后可以延长工作时间，一般每日不得超过1小时；因特殊原因需要延长工作时间的，在保障劳动者身体健康的条件下延长工作时间每日不得超过3小时，但是每月不得超过36小时。
特殊情形	在下列特殊情形下，劳动者延长工作时间不受上述限制： （1）发生自然灾害、事故或者因其他原因，威胁劳动者生命健康和财产安全，需要紧急处理的； （2）生产设备、交通运输线路、公共设施发生故障，影响生产和公众利益，必须及时抢修的； （3）法律、行政法规规定的其他情形。
工资标准	（1）安排劳动者延长工作时间的，支付不低于工资的150%的工资报酬； （2）休息日安排劳动者工作又不能安排补休的，支付不低于工资的200%的工资报酬； （3）法定休假日安排劳动者工作的，支付不低于工资的300%的工资报酬。

二、工资法律制度

工资分配应当遵循按劳分配原则，实行同工同酬。

（一）工资支付保障

支付形式	工资应当以法定货币支付，不得以实物及有价证券替代货币支付。
支付时间	用人单位每月至少应支付一次工资，对于实行小时工资制和周工资制的人员，工资也可以按日或周发放。
支付对象	用人单位应将工资支付给劳动者本人，劳动者本人因故不能领取工资时，可由其亲属或委托他人代领。用人单位可委托银行代发工资。

（二）最低工资保障制度

适用范围	（1）劳动者依法享受带薪年休假、探亲假、婚丧假、生育（产）假、节育手术假等国家规定的假期间，以及法定工作时间内依法参加社会活动期间，视为提供了正常劳动，用人单位支付的工资不得低于最低工资标准。 （2）劳动者与用人单位形成或者建立劳动关系后，见习、熟练期间，在法定工作时间内提供了正常劳动，其所在用人单位应当支付其不低于最低工资标准的工资。
最低工资范围	在劳动者提供正常劳动的情况下，用人单位应支付给劳动者的工资在剔除下列各项以后，不得低于当地最低工资标准： （1）延长工作时间工资； （2）中班、夜班、高温、低温、井下、有毒有害等特殊工作环境、条件下的津贴； （3）法律、法规和国家规定的劳动者福利待遇等； （4）用人单位通过贴补伙食、住房等支付给劳动者的非货币性收入。
最低工资标准的确定	最低工资的具体标准由省、自治区、直辖市人民政府规定，报国务院备案。
计件工资	实行计件工资或提成工资等工资形式的用人单位，在科学合理的劳动定额基础上，其支付劳动者的工资不得低于相应的最低工资标准。

例 关于工资保障制度，下列哪些表述符合《劳动法》的规定？

A. 按照最低工资保障制度，用人单位支付劳动者的工资不得低于当地最低工资标准

B. 乡镇企业不适用最低工资保障制度

C. 加班工资不包括在最低工资之内

D. 劳动者在婚丧假以及依法参加社会活动期间，用人单位应当依法支付工资

提示：《劳动法》第48条第2款规定：“用人单位支付劳动者的工资不得低于当地最低工资标准。”由此可知选项A正确。《劳动法》第2条第1款规定：“在中华人民共和国境内的企业、个体经济组织（以下统称‘用人单位’）和与之形成劳动关系的劳动者，适用本法。”乡镇企业属于企业的一种类型，乡镇企业和劳动者之间的关系适用《劳动法》，因此乡镇企业当然适用最低工资保障制度，所以选项B错误。劳动部《关于〈中华人民共和国劳动法〉若干条文的说明》第48条规定，最低工资包括基本工资和奖金、津贴、补贴，但不包括加班加点工资、特殊劳动条件下的津贴，国家规定的社会保险和福利待遇排除在外。《最低工资规定》第12条有更详细的类似规定，由此可知选项C正确。《劳动法》第51条规定：“劳动者在法定休假日和婚丧假期间以及依法参加社会活动期间，用人单位应当依法支付工资。”由此可知选项D正确。

三、职业安全卫生法律制度

（一）女职工的特殊保护

一般情形	禁止安排女职工从事矿山井下、国家规定的第四级体力劳动强度的劳动和其他禁忌从事的劳动。
“四期”特殊保护	（1）不得安排女职工在经期从事高处、低温、冷水作业和国家规定的第三级体力劳动强度的劳动。 （2）不得安排女职工在怀孕期间从事国家规定的第三级体力劳动强度的劳动和孕期禁忌从事的活动。对怀孕7个月以上的女职工，不得安排其延长工作时间和夜班劳动。 （3）女职工生育享受不少于98天的产假。 （4）不得安排女职工在哺乳未满1周岁的婴儿期间从事国家规定的第三级体力劳动强度的劳动和哺乳期禁忌从事的其他劳动，不得安排其延长工作时间和夜班劳动。

（二）未成年工的特殊劳动保护

未成年工是指年满16周岁未满18周岁的劳动者。对未成年工特殊劳动保护措施有以下规定：

岗前培训	未成年工上岗，用人单位应对其进行有关的职业安全卫生教育、培训。
禁止安排有害健康工作	不得安排未成年工从事矿山井下、有毒有害、国家规定的第四级体力劳动强度的劳动和其他禁忌从事的劳动。
体检	用人单位应当对未成年工定期进行健康检查。
工作条件	提供适合未成年工身体健康的生产工具等。

对比总结：对未成年工要求用人单位应当进行定期健康检查，对女职工没有强制要求。

第三章 劳动争议处理

重要法条及司法解释

《劳动争议调解仲裁法》第4~51条。

命题分析

“劳动争议处理”是劳动与社会保障法部分重要的知识点，随着国家对劳动者权益保护的加强，劳动争议处理在实务中重要性不断提高，在考试中考查频率也有提升的趋势。

从考查规律来看，这一考点属于高频考点。从考查形式看，该知识点可单独命题，也可与其他知识点相结合，作为试题的选项进行考查。从考查内容来看，“劳动争议处理”包括“劳动争议的概念和分类”“劳动争议的处理机构”（劳动争议调解机构、仲裁机构和人民法院）“劳动争议处理程序”（协商、调解、仲裁和诉讼）等内容，其中考试命题主要集中在后两项处理机构和处理程序上，建议复习时重点把握。

知识点精讲

一、劳动争议的范围

属于劳动争议	不属于劳动争议
因确认劳动关系发生的争议。	劳动者请求社会保险经办机构发放社会保险金的纠纷。
因订立、履行、变更、解除和终止劳动合同发生的争议。	劳动者与用人单位因住房制度改革产生的公有住房转让纠纷。
因除名、辞退和辞职、离职发生的争议。	劳动者对劳动能力鉴定委员会的伤残等级鉴定结论或者对职业病诊断鉴定委员会的职业病诊断鉴定结论的异议纠纷。
因工作时间、休息休假、社会保险、福利、培训以及劳动保护发生的争议。	家庭或者个人与家政服务人员之间的纠纷。
因劳动报酬、工伤医疗费、经济补偿或者赔偿金等发生的争议。	个体工匠与帮工、学徒之间的纠纷。
法律、法规规定的其他劳动争议。	农村承包经营户与受雇人之间的纠纷。

二、劳动争议的处理方式

<table>
<tr><td>协商</td><td colspan="2">劳动者可以与用人单位协商，也可以请工会或者第三方共同与用人单位协商，达成和解协议。和解协议没有强制执行力，由双方当事人自愿履行。</td></tr>
<tr><td rowspan="7">调解</td><td>申请调解的情形</td><td>（1）当事人不愿协商可直接申请。
（2）协商不成。
（3）达成和解协议后不履行的。</td></tr>
<tr><td>调解的组织</td><td>（1）企业劳动争议调解委员会。
（2）依法设立的基层人民调解组织。
（3）在乡镇、街道设立的具有劳动争议调解职能的组织。</td></tr>
<tr><td>申请方式</td><td>书面申请，也可以口头申请。</td></tr>
<tr><td>生效</td><td>调解协议书由双方当事人签名或者盖章，经调解员签名并加盖调解组织印章后生效。</td></tr>
<tr><td>支付令</td><td>因支付拖欠劳动报酬、工伤医疗费、经济补偿或者赔偿金事项达成调解协议，用人单位在协议约定期限内不履行的，劳动者可以持调解协议书依法向人民法院申请支付令。人民法院应当依法发出支付令。</td></tr>
<tr><td>程序地位</td><td>调解不是劳动争议解决的必经程序，当事人不愿调解的可以直接申请仲裁。</td></tr>
<tr><td>仲裁</td><td colspan="2">当事人不愿调解、调解不成或者达成调解协议后不履行的，或者自劳动争议调解组织收到调解申请之日起 15 日内未达成调解协议的，当事人可以向劳动争议仲裁委员会申请仲裁。仲裁是劳动争议解决的必经程序，劳动争议经仲裁后当事人方可向人民法院起诉。</td></tr>
<tr><td>诉讼</td><td colspan="2">（1）对劳动争议仲裁委员会不予受理或者逾期未作出受理决定的，申请人可以就该劳动争议事项向人民法院提起诉讼。
（2）逾期未作出仲裁裁决的，当事人可以就该劳动争议事项向法院提起诉讼。
（3）对仲裁裁决不服的，除本法另有规定的外，可以向人民法院提起诉讼。
（4）仲裁裁决被法院裁定撤销的，当事人可以自收到裁定书之日起 15 日内就该劳动争议事项向人民法院提起诉讼。</td></tr>
</table>

三、劳动争议仲裁

劳动争议仲裁委员会	(1) 省、自治区人民政府可以决定在市、县设立；直辖市人民政府可以决定在区、县设立劳动争议仲裁委员会。 (2) 直辖市、设区的市也可以设立一个或者若干个劳动争议仲裁委员会。 (3) 劳动争议仲裁委员会不按行政区划层层设立。
仲裁管辖	(1) 劳动争议由劳动合同履行地或者用人单位所在地的劳动争议仲裁委员会管辖。 (2) 双方当事人分别向劳动合同履行地和用人单位所在地的劳动争议仲裁委员会申请仲裁的，由劳动合同履行地劳动争议仲裁委员会管辖。
时效	时效期间为1年。从当事人知道或者应当知道其权利被侵害之日起计算；劳动关系存续期间因拖欠劳动报酬发生争议的，劳动者申请仲裁不受1年仲裁时效期间的限制；但是，劳动关系终止的，应当自劳动关系终止之日起1年内提出。
当事人	(1) 当事人为劳动者和用人单位。 (2) 劳务派遣单位或者用工单位与劳动者发生劳动争议的，劳务派遣单位和用工单位为共同当事人。 (3) 与劳动争议案件的处理结果有利害关系的第三人，可以申请参加仲裁活动或者由劳动争议仲裁委员会通知其参加仲裁活动。
申请	(1) 申请人申请仲裁应当提交书面仲裁申请。 (2) 写仲裁申请确有困难的，可以口头申请，由劳动争议仲裁委员会记入笔录，并告知对方当事人。
受理	(1) 收到仲裁申请之日起五日内，认为符合受理条件的，应当受理，并通知申请人；认为不符合受理条件的，应当书面通知申请人不予受理，并说明理由。 (2) 不予受理或者逾期未作出决定的，申请人可以就该劳动争议事项向人民法院提起诉讼。
仲裁庭	仲裁庭由三名仲裁员组成，设首席仲裁员。简单劳动争议案件可以由一名仲裁员独任仲裁。
仲裁公开	劳动争议仲裁公开进行，但当事人协议不公开进行或者涉及国家秘密、商业秘密和个人隐私的除外。
先予执行	1. 适用情形： (1) 追索劳动报酬； (2) 工伤医疗费； (3) 经济补偿或者赔偿金的案件。 2. 根据当事人申请，可以裁决先予执行，移送人民法院执行。 3. 适用条件： (1) 当事人之间权利义务关系明确； (2) 不先予执行将严重影响申请人的生活。 4. 劳动者申请先予执行的，可以不提供担保。
仲裁调解	(1) 仲裁庭在作出裁决前，应当先行调解。 (2) 调解达成协议的，仲裁庭应当制作调解书。 (3) 调解书由仲裁员签名，加盖劳动争议仲裁委员会印章，送达双方当事人。调解书经双方当事人签收后，发生法律效力。 (4) 调解书具有强制执行效力，当事人须自觉履行，一方当事人不履行的，另一方当事人可向人民法院申请强制执行。

续表

<table>
<tr><td>举证责任</td><td colspan="2">发生劳动争议，当事人对自己提出的主张，有责任提出证据。劳动者无法提供由用人单位掌握管理的与仲裁请求有关的证据，仲裁庭可以要求用人单位在指定期限内提供。用人单位在指定期限内不提供的，应当承担不利后果。</td></tr>
<tr><td>收费</td><td colspan="2">劳动争议仲裁不收费，劳动争议仲裁委员会的经费由国家财政予以保障。</td></tr>
<tr><td rowspan="7">仲裁裁决</td><td>裁决期限</td><td>（1）受理仲裁申请之日起45日内结束。
（2）案情复杂需要延期的，经主任批准，可以延长期限不得超过15日。
（3）逾期未作出仲裁裁决的，当事人可以就该劳动争议事项向人民法院提起诉讼。</td></tr>
<tr><td></td><td></td></tr>
<tr><td>普通裁决</td><td>可以自收到仲裁裁决书之日起15日内向人民法院提起诉讼；期满不起诉的，裁决书发生法律效力。一方当事人不履行的，另一方当事人可以向法院申请强制执行。</td></tr>
<tr><td rowspan="4">单方面的终局裁决</td><td>适用纠纷类型：
（1）追索劳动报酬、工伤医疗费、经济补偿或赔偿金，不超过当地月最低工资标准12个月金额的争议；
（2）因执行国家的劳动标准在工作时间、休息休假、社会保险等方面发生的争议。</td></tr>
<tr><td>劳动者，可以自收到仲裁裁决书之日起15日内向人民法院提起诉讼。</td></tr>
<tr><td>用人单位有证据证明仲裁裁决有下列情形之一，可以自收到仲裁裁决书之日起30日内向劳动争议仲裁委员会所在地的中级人民法院申请撤销裁决：①适用法律、法规确有错误的；②劳动争议仲裁委员会无管辖权的；③违反法定程序的；④裁决所根据的证据是伪造的；⑤对方当事人隐瞒了足以影响公正裁决的证据的；⑥仲裁员在仲裁该案时有索贿受贿、徇私舞弊、枉法裁决行为的。
人民法院经组成合议庭审查核实的，应当裁定撤销。</td></tr>
<tr><td>仲裁裁决被人民法院裁定撤销的，当事人可以自收到裁定书之日起15日内就该劳动争议事项向人民法院提起诉讼。</td></tr>
</table>

例 李某因追索工资与所在公司发生争议，遂向律师咨询。该律师提供的下列哪些意见是合法的？

A. 解决该争议既可与公司协商，也可申请调解，还可直接申请仲裁

B. 应向劳动者工资关系所在地的劳动争议仲裁委提出仲裁请求

C. 如追索工资的金额未超过当地月最低工资标准12个月金额，则仲裁裁决为终局裁决，用人单位不得再起诉

D. 即使追索工资的金额未超过当地月最低工资标准12个月金额，只要李某对仲裁裁决不服，仍可向法院起诉

提示：选项A、C、D正确。根据《劳动争议调解仲裁法》第4条和第5条规定，本题中李某与所在公司关于工资的争议属于劳动争议，解决劳动争议的方式包括协商、调解和仲裁，所以选项A正确。根据《劳动争议调解仲裁法》第21条第2款规定，对劳动

争议有管辖权的仲裁委员会是劳动合同履行地和用人单位所在地的劳动争议仲裁委员会，所以选项B错误。根据《劳动争议调解仲裁法》第47条和第48条规定，选项C、D正确。

第四章 社会保障法

第一节 社会保险法

重要法条及司法解释

《社会保险法》第10~56条。

命题分析

社会保险法为2018年考试大纲新增内容，但在之前的考试中也有所涉及。社会保险法这一知识点对于在职考生来讲，理解起来相对较为容易，但对于缺乏工作经验的广大在校考生来讲，就显得较难理解。这一部分理论性不强，主要是对法条的直接考查，考生应重点复习养老保险、医疗保险、工伤保险这三种常见的险种，对其中的容易出陷阱的地方应特别留意。可侧重把握企业职工缴纳社保费和符合条件下享受的社保待遇。

知识点精讲

一、社会保险法概述

我国建立了五种社会保险基金：基本养老保险基金、基本医疗保险基金、工伤保险基金、失业保险基金、生育保险基金。除基本医疗保险基金与生育保险基金合并建账及核算外，其他各项社会保险基金按照社会保险险种分别建账，分账核算。社会保险基金执行国家统一的会计制度

各统筹地区设立社会保险经办机构，其人员经费和基本运行费用、管理费用，由同级财政予以保障，不得侵占或挪用社会保险基金。

用人单位或个人认为社会保险费征收机构的行为侵害自己合法权益的，可依法申请行政复议或提起行政诉讼；用人单位或个人对社会保险经办机构不依法办理社会保险登记、核定社会保险费、支付社会保险待遇、办理社会保险转移接续手续或者侵害其他社会保险权益的行为，可依法申请行政复议或提起行政诉讼；个人与所在用人单位发生社会保险待遇赔偿争议的，可以依法申请调解、仲裁，提起诉讼；用人单位侵害个人社会保险权益的，个人也可以要求社会保险行政部门或社会保险费征收机构依法处理。

二、社会保险的险种

（一）基本养老保险

基本养老保险基本养老保险，是国家根据法律、法规的规定，强制建立和实施的一种社会保险制度，是保障公民在年老时从国家和社会获得物质帮助的权利。

<table>
<tr><td rowspan="5">职工基本养老保险和机关事业单位工作人员基本养老保险</td><td>覆盖范围</td><td>1. 职工基本养老保险：
（1）职工应当参加（用人单位和职工共同缴纳）；
（2）无雇工的个体工商户、未在用人单位参加基本养老保险的非全日制从业人员、其他灵活就业人员可以参加（个人缴纳）。
2. 机关事业单位工作人员基本养老保险（机关事业单位和工作人员共同缴纳）。
3. 在我国境内就业的外国人，可参加上述基本养老保险。</td></tr>
<tr><td>统账结合</td><td>用人单位缴纳的记入基本养老保险统筹基金，职工缴纳的记入个人账户。</td></tr>
<tr><td>基本养老金</td><td>1. 达到法定退休年龄时累计缴费满 15 年的，按月领取基本养老金。
2. 达到法定退休年龄时累计缴费不足 15 年的，可以缴费至满 15 年，按月领取基本养老金；也可以转入新型农村社会养老保险或者城镇居民社会养老保险，享受相应的养老保险待遇。
3. 基本养老金由统筹养老金和个人账户养老金组成。</td></tr>
<tr><td>死亡待遇</td><td>1. 丧葬补助金和抚恤金。参加基本养老保险的个人，因病或者非因工死亡的，其遗属可以领取。
2. 病残津贴。在未达到法定退休年龄时因病或者非因工致残完全丧失劳动能力的可以领取。</td></tr>
<tr><td>转移接续制度</td><td>1. 个人跨统筹地区就业的，基本养老保险关系随本人转移，缴费年限累计计算。
2. 个人达到法定退休年龄时，基本养老金分段计算、统一支付。</td></tr>
<tr><td>居民社会养老保险</td><td colspan="2">1. 覆盖范围：所有年满 16 周岁（不含在校学生），不在上述两类基本养老保险覆盖范围的我国城乡居民。
2. 省、自治区、直辖市人民政府根据实际情况，可以将城镇居民社会养老保险和新型农村社会养老保险合并实施。</td></tr>
</table>

（二）基本医疗保险

1. 职工基本医疗保险

覆盖范围及缴纳医疗保险费	（1）职工应当参加（用人单位和职工共同缴纳）。 （2）无雇工的个体工商户、未在用人单位参加职工基本医疗保险的非全日制从业人员、其他灵活就业人员可以参加（个人缴纳）。 （3）参保个人达到法定退休年龄累计缴费达到国家规定年限的，退休后不再缴纳；未达到国家规定年限的，可缴费至国家规定年限。
直接结算	医疗费用中应当由基本医疗保险基金支付的部分，由社会保险经办机构与医疗机构、药品经营单位直接结算。

续表

异地结算	社会保险行政部门和卫生行政部门应当建立异地就医医疗费用结算制度，方便参保人员享受基本医疗保险待遇。
不纳入支付范围	下列医疗费用不纳入基本医疗保险基金支付范围： （1）应当从工伤保险基金中支付的； （2）应当由第三人负担的； （3）应当由公共卫生负担的； （4）在境外就医的。
先行支付	医疗费用依法应当由第三人负担，第三人不支付或者无法确定第三人的，由基本医疗保险基金先行支付。基本医疗保险基金先行支付后，有权向第三人追偿。
转移接续	个人跨统筹地区就业的，其基本医疗保险关系随本人转移，缴费年限累计计算。

2. 居民基本医疗保险

居民基本医疗保险包括新型农村合作医疗和城镇居民基本医疗保险制度。大学、中学、小学的在校学生属于此类保险的覆盖范围。

（三）工伤保险

工伤保险是社会保险中最容易命题之处，复习时应特别留意，并结合《最高人民法院关于审理工伤保险行政案件若干问题的规定》准确把握工伤认定的有关规定。

覆盖范围	职工应当参加工伤保险，由用人单位缴纳工伤保险费，职工不缴纳工伤保险费。
工伤认定	职工有下列情形之一的，应当认定为工伤： （1）在工作时间和工作场所内，因工作原因受到事故伤害的； （2）工作时间前后在工作场所内，从事与工作有关的预备性或者收尾性工作受到事故伤害的； （3）在工作时间和工作场所内，因履行工作职责受到暴力等意外伤害的； （4）患职业病的； （5）因工外出期间，由于工作原因受到伤害或者发生事故下落不明的； （6）在上下班途中，受到非本人主要责任的交通事故或者城市轨道交通、客运轮渡、火车事故伤害的； （7）法律、行政法规规定应当认定为工伤的其他情形。
	视同工伤： （1）在工作时间和工作岗位，突发疾病死亡或者在48小时之内经抢救无效死亡的； （2）在抢险救灾等维护国家利益、公共利益活动中受到伤害的； （3）职工原在军队服役，因战、因公负伤致残，已取得革命伤残军人证，到用人单位后旧伤复发的。 职工有前款第（1）、（2）项情形的，按照本条例的有关规定享受工伤保险待遇；职工有前款第（3）项情形的，按照本条例的有关规定享受除一次性伤残补助金以外的工伤保险待遇。
	不认定为工伤或不认定为视同工伤： （1）故意犯罪的； （2）醉酒或者吸毒的； （3）自残或者自杀的。

续表

<table>
<tr><td rowspan="7">工伤保险待遇</td><td colspan="2"></td><td colspan="2">工伤保险基金支付</td><td colspan="2">用人单位支付</td></tr>
<tr><td colspan="2">工伤医疗期待遇</td><td colspan="2">（1）治疗工伤的医疗费用和康复费用；
（2）住院伙食补助费；
（3）到统筹地区以外就医的交通食宿费。</td><td colspan="2">停工留薪待遇，治疗工伤期间的工资福利。</td></tr>
<tr><td colspan="2">其他</td><td colspan="2">安装配置伤残辅助器具所需费用；生活不能自理的生活护理费；劳动能力鉴定费。</td><td colspan="2"></td></tr>
<tr><td rowspan="4">工伤致残待遇</td><td></td><td>一次性伤残补助金</td><td>一次性医疗补助金</td><td>伤残津贴</td><td>一次性就业补助金</td></tr>
<tr><td>一至四级伤残</td><td>有</td><td>无</td><td>保留劳动关系，退出工作岗位。职工按月领取的伤残津贴由工伤保险基金支付。</td><td>无</td></tr>
<tr><td>五、六级</td><td>有</td><td rowspan="2">解除或者终止劳动关系的</td><td>保留劳动关系，由用人单位安排适当工作。难以安排工作的，由用人单位按月发给伤残津贴。</td><td rowspan="2">除或者终止劳动关系的。</td></tr>
<tr><td>七至十级伤残</td><td>有</td><td>无</td></tr>
<tr><td></td><td colspan="2">因工死亡待遇</td><td colspan="2">近亲属按从工伤保险基金领取丧葬补助金、供养亲属抚恤金和一次性工亡补助金。</td><td colspan="2"></td></tr>
<tr><td>停止享受工伤保险待遇</td><td colspan="6">（1）丧失享受待遇条件的；
（2）拒不接受劳动能力鉴定的；
（3）拒绝治疗的。</td></tr>
<tr><td>衔接制度</td><td colspan="6">工伤职工符合领取基本养老金条件的，停发伤残津贴，享受基本养老保险待遇。基本养老保险待遇低于伤残津贴的，从工伤保险基金中补足差额。</td></tr>
</table>

特殊情形的工伤保险责任：

<table>
<tr><td>未依法缴纳工伤保险费</td><td>（1）职工所在用人单位未依法缴纳工伤保险费，发生工伤事故的，由用人单位支付工伤保险待遇。
（2）用人单位不支付的，从工伤保险基金中先行支付。
（3）从工伤保险基金中先行支付的工伤保险待遇应当由用人单位偿还。用人单位不偿还的，社会保险经办机构可以追偿。</td></tr>
<tr><td>第三人原因</td><td>（1）由于第三人的原因造成工伤，第三人不支付工伤医疗费用或者无法确定第三人的，由工伤保险基金先行支付。工伤保险基金先行支付后，有权向第三人追偿。
（2）职工因第三人的原因受到伤害，社会保险行政部门以职工或者其近亲属已经对第三人提起民事诉讼或者获得民事赔偿为由，作出不予受理工伤认定申请或者不予认定工伤决定的，人民法院不予支持。
（3）职工因第三人的原因受到伤害，社会保险行政部门已经作出工伤认定，职工或者其近亲属未对第三人提起民事诉讼或者尚未获得民事赔偿，起诉要求社会保险经办机构支付工伤保险待遇的，人民法院应予支持。
（4）职工因第三人的原因导致工伤，社会保险经办机构以职工或者其近亲属已经对第三人提起民事诉讼为由，拒绝支付工伤保险待遇的，人民法院不予支持，但第三人已经支付的医疗费用除外。</td></tr>
</table>

（四）失业保险

<table>
<tr><td>覆盖范围</td><td colspan="2">职工应当参加失业保险，由用人单位和职工按照国家规定共同缴纳失业保险费。</td></tr>
<tr><td>领取条件</td><td colspan="2">（1）失业前用人单位和本人已经缴纳失业保险费满1年的；
（2）非因本人意愿中断就业的；
（3）已经进行失业登记，并有求职要求的。</td></tr>
<tr><td rowspan="5">期限</td><td>缴费年限。</td><td>领取失业保险金的最长期限。</td></tr>
<tr><td>满1年不足5年的。</td><td>12个月。</td></tr>
<tr><td>累计缴费满5年不足10年的。</td><td>18个月。</td></tr>
<tr><td>累计缴费1年以上的。</td><td>24个月。</td></tr>
<tr><td>重新就业后，再次失业的，缴费时间重新计算，领取失业保险金的期限合并计算最长不超过24个月。</td><td></td></tr>
<tr><td>基本医疗保险待遇同时享受</td><td colspan="2">（1）失业人员在领取失业保险金期间，参加职工基本医疗保险，享受基本医疗保险待遇。
（2）失业人员应当缴纳的基本医疗保险费从失业保险基金中支付，个人不缴纳基本医疗保险费。</td></tr>
<tr><td>领取失业保险金期间死亡</td><td colspan="2">（1）参照当地对在职职工死亡的规定，向其遗属发给一次性丧葬补助金和抚恤金。所需资金从失业保险基金中支付。
（2）个人死亡同时符合领取基本养老保险丧葬补助金、工伤保险丧葬补助金和失业保险丧葬补助金条件的，其遗属只能选择领取其中的一项。</td></tr>
<tr><td>停止失业保险待遇</td><td colspan="2">（1）重新就业的；
（2）应征服兵役的；
（3）移居境外的；
（4）享受基本养老保险待遇的；
（5）无正当理由，拒不接受当地人民政府指定部门或者机构介绍的适当工作或者提供的培训的。</td></tr>
</table>

（五）生育保险

<table>
<tr><td>覆盖范围</td><td colspan="2">职工应当参加，由用人单位缴费。</td></tr>
<tr><td rowspan="3">生育保险待遇</td><td>适用范围</td><td>（1）参保的女职工享受所有生育保险待遇（含合法生育二胎）；
（2）职工未就业的配偶按照国家规定享受生育医疗费用待遇。</td></tr>
<tr><td>生育医疗费用</td><td>（1）生育的医疗费用；
（2）计划生育的医疗费用；
（3）法律、法规规定的其他项目费用。</td></tr>
<tr><td>生育津贴</td><td>（1）女职工生育享受产假；
（2）享受计划生育手术休假；
（3）法律、法规规定的其他情形。
生育津贴按照职工所在用人单位上年度职工月平均工资计发。</td></tr>
</table>

第二节　军人保险法

重要法条及司法解释

《军人保险法》第 7~37 条。

命题分析

《军人保险法》为 2018 年考试大纲新增内容，在考试中具有一定的考查可能性。国家对军人保障工作越来越重视，军人保险法纳入考试大纲，也体现了这一点。这一部门法难度不大，内容较少，主要是对军人伤亡保险、退役养老保险、退役医疗保险和随军未就业配偶保险这四种险种的考查，考生应当注意复习其中特殊的制度和较为琐碎的知识点。

知识点精讲

一、军人保险经办机构

军队后勤（联勤）机关财务部门负责承办军人保险登记、个人权益记录、军人保险待遇支付等工作。军队后勤（联勤）机关财务部门和地方社会保险经办机构按照各自职责办理军人保险与社会保险关系转移接续手续。

二、军人保险的险种

（一）军人伤亡保险

保费来源	所需资金由国家承担，个人不缴纳保险费。
保费标准	军人死亡和残疾的性质认定、残疾等级评定和相应的保险金标准，按照国家和军队有关规定执行。
不享受军人伤亡保险待遇	①故意犯罪的；②醉酒或者吸毒的；③自残或者自杀的；④法律、行政法规和军事法规规定的其他情形。
退役后的工伤待遇	已经评定残疾等级的因战、因公致残的军人退出现役参加工作后旧伤复发的，依法享受相应的工伤待遇。

（二）退役养老保险

退役养老保险补助	军人退出现役参加基本养老保险的，国家给予退役养老保险补助。
与基本养老保险衔接制度	（1）入伍前，已经参加基本养老保险的，由地方社会保险经办机构和军队后勤（联勤）机关财务部门办理基本养老保险关系转移接续手续。 （2）军人退出现役后参加职工基本养老保险的，由军队后勤（联勤）机关财务部门将军人退役养老保险关系和相应资金转入地方社会保险经办机构，地方社会保险经办机构办理相应的转移接续手续。 （3）军人服现役年限与入伍前和退出现役后参加职工基本养老保险的缴费年限合并计算。

续表

其他养老保障的军地接续	(1) 军人退出现役后参加新型农村社会养老保险或者城镇居民社会养老保险的，按照国家有关规定办理转移接续手续。 (2) 军人退出现役到公务员岗位或者参照公务员法管理的工作人员岗位的，以及现役军官、文职干部退出现役自主择业的，其养老保险办法按照国家有关规定执行。 (3) 军人退出现役采取退休方式安置的，其养老办法按照国务院和中央军事委员会的有关规定执行。

（三）退役医疗保险

保费缴纳	(1) 参加军人退役医疗保险的军官、文职干部和士官应当缴纳军人退役医疗保险费，国家按照个人缴纳的军人退役医疗保险费的同等数额给予补助。 (2) 义务兵和供给制学员不缴纳军人退役医疗保险费，国家按照规定的标准给予军人退役医疗保险补助。
医疗保险的军地接续	(1) 军人入伍前已经参加基本医疗保险的，由地方社会保险经办机构和军队后勤（联勤）机关财务部门办理基本医疗保险关系转移接续手续。 (2) 军人退出现役后参加职工基本医疗保险的；由军队后勤（联勤）机关财务部门将军人退役医疗保险关系和相应资金转入地方社会保险经办机构，地方社会保险经办机构办理相应的转移接续手续。 (3) 军人服役年限视同职工基本医疗保险缴费年限，与入伍前和退出现役后参加职工基本医疗保险的缴费年限合并计算。

（四）随军未就业的军人配偶保险

保障范围	(1) 随军未就业的军人配偶。 (2) 随军未就业的军人配偶参加保险，应当缴纳养老保险费和医疗保险费，国家给予相应的补助。
随军期间的保险待遇	(1) 随军未就业的军人配偶随军前已经参加社会保险的，由地方社会保险经办机构和军队后勤（联勤）机关财务部门办理保险关系转移接续手续。 (2) 随军未就的军人配偶实现就业或者军人退出现役时，由军队后勤（联勤）机关财务部门将其养老保险、医疗保险关系和相应资金转入地方社会保险经办机构，地方社会保险经办机构办理相应的转移接续手续。 (3) 军人配偶在随军未就业期间的养老保险、医疗保险缴费年限与其在地方参加职工基本养老保险、职工基本医疗保险的缴费年限合并计算。
退休后的保险待遇	随军未就业的军人配偶达到国家规定的退休年龄时，按照国家有关规定确定退休地，由军队后勤（联勤）机关财务部门将其养老保险关系和相应资金转入退休地社会保险经办机构，享受相应的基本养老保险待遇。
接受就业服务	(1) 地方政府和相关部门提供就业指导。 (2) 随军未就业的军人配偶未就业随军配偶无正当理由，无正当理由拒不接受就业安置或者拒不接受当地人民政府有关部门或者机构安排工作或者就业培训的，停止保险缴费补助。

环境资源法

第一章　环境保护基本制度

重要法条及司法解释

《环境保护法》第 13~58 条。

命题分析

“环境保护基本制度”是环境资源法部分非常重要的知识点，这一知识点涉及 14 个基本制度以及众多条文，但一直以来的试题均以法条为主，未出现纯粹理论性试题，考查难度不大。从考查规律来看，“环境保护基本制度”属于高频考点。

“环境保护基本制度”这一知识点主要包括各种具体的环境保护制度，这些制度在考试中都具有一定的考查可能性，应当全面复习。对于其中的环境保护税、环境影响评价、环境标准、信息公开与公众参与、环保许可、政府监管责任应当重点复习。这一知识点理论深度不强、难度不大，主要是对细节的考查，考生应当特别留意。

知识点精讲

一、环境规划制度

环境规划，概括来说即环保部门编制规划，同级政府批准并公布实施。

（一）国家环境规划

国务院环境保护主管部门会同有关部门，根据国民经济和社会发展规划编制国家环境保护规划，报国务院批准并公布实施。

（二）地方环境规划

县级以上地方人民政府环境保护主管部门会同有关部门，根据国家环境保护规划的要求，编制本行政区域的环境保护规划，报同级人民政府批准并公布实施。

二、清洁生产制度

清洁生产的适用对象	在中华人民共和国领域内从事生产和服务活动的单位以及从事相关管理活动的部门。
清洁生产的推行	清洁生产推行以政府为主，主要采取行政指导方式： (1) 清洁生产规划制度。国务院清洁生产综合协调部门会同国务院环境保护、工业、科学技术部门和其他有关部门，根据国民经济和社会发展规划及国家节约资源、降低能源消耗、减少重点污染物排放的要求，编制国家清洁生产推行规划，报经国务院批准后及时公布。 (2) 清洁生产信息制度。 (3) 清洁生产技术创新、交流制度。 (4) 清洁生产环境标志制度。 (5) 严重污染环境的落后生产技术、工艺、设备和产品限期淘汰制度。
企业清洁生产的义务	(1) 提高清洁生产能力的义务。企业应优先使用清洁能源，采用资源利用率高、污染物排放量少的工艺、设备及废弃物综合利用技术和无害化处理技术，减少污染物生产。 (2) 防治污染的义务。 (3) 检测义务。重点排污单位应当按照国家规定和监测规范安装使用监测设备，保证监测设备正常运行，保存原始监测记录。 (4) 接受监管的义务。严禁通过暗管、渗井、渗坑、灌注或者篡改、伪造监测数据，或者不正常运行防治污染设施等逃避监管的方式违法排放污染物。 (5) 采用合规技术的义务。任何单位和个人不得生产、销售或者转移、使用严重污染环境的工艺、设备和产品。禁止引进不符合我国环境保护规定的技术、设备、材料和产品。
清洁生产的实施	清洁生产的实施以企业为主，主要通过对企业设置其在清洁生产方面的权利义务来进行。主要包括两项制度： (1) 清洁生产审核制度。企业应当对生产和服务过程中的资源消耗以及废物的产生情况进行监测，并根据需要对生产和服务实施清洁生产审核。有下列情形之一的企业，应当实施强制性清洁生产审核：①污染物排放超过国家或者地方规定的排放标准，或者虽未超过国家或者地方规定的排放标准，但超过重点污染物排放总量控制指标的；②超过单位产品能源消耗限额标准构成高耗能的；③使用有毒、有害原料进行生产或者在生产中排放有毒、有害物质的。 (2) 体系认证制度。企业可以根据自愿原则，按照国家有关环境管理体系等认证的规定，委托经国务院认证认可监督管理部门认可的认证机构进行认证，提高清洁生产水平。
清洁生产的经济激励	(1) 国家清洁生产重点技术改造项目列入国务院和县级以上地方人民政府同级财政安排的有关技术进步专项资金的扶持范围。 (2) 对利用废物生产产品和从废物中回收原料的，减征或者免征增值税。企业用于清洁生产审核和培训的费用，可以列入企业经营成本。

三、环境影响评价制度

环境影响评价，是指对规划和建设项目实施后可能造成的环境影响进行分析、预测和评估，提出预防或者减轻不良影响的对策和措施，进行跟踪监测的方法和制度。

（一）环境影响评价的适用范围

<table>
<tr><td rowspan="2">规划的环境影响评价</td><td>总体规划</td><td>（1）国务院有关部门、设区的市级以上地方人民政府及其有关部门，对其组织编制的土地利用的有关规划，区域、流域、海域的建设、开发利用规划，应当在规划编制过程中组织进行环境影响评价，编写该规划有关环境影响的篇章或者说明。
（2）未编写有关环境影响的篇章或者说明的规划草案，审批机关不予审批。</td></tr>
<tr><td>专项规划</td><td>国务院有关部门、设区的市级以上地方人民政府及其有关部门，对其组织编制的工业、农业、畜牧业、林业、能源、水利、交通、城市建设、旅游、自然资源开发的有关专项规划，应当在该专项规划草案上报审批前，组织进行环境影响评价，并向审批该专项规划的机关提出环境影响报告书。</td></tr>
<tr><td>建设项目的环境影响评价</td><td colspan="2">（1）可能造成重大环境影响的，应当编制环境影响报告书，对产生的环境影响进行全面评价；
（2）可能造成轻度环境影响的，应当编制环境影响报告表，对产生的环境影响进行分析或者专项评价；
（3）对环境影响很小、不需要进行环境影响评价的，应当填报环境影响登记表。</td></tr>
<tr><td>规划环境影响评价与建设项目环境影响评价之间的关系</td><td colspan="2">（1）建设项目的环境影响评价，应当避免与规划的环境影响评价相重复。
（2）作为一项整体建设项目的规划，按照建设项目进行环境影响评价，不进行规划的环境影响评价。
（3）已经进行了环境影响评价的规划包含具体建设项目的，规划的环境影响评价结论应当作为建设项目环境影响评价的重要依据，建设项目环境影响评价的内容应当根据规划的环境影响评价审查意见予以简化。</td></tr>
</table>

（二）环境影响评价的程序

<table>
<tr><td>专项规划的环境影响评价程序</td><td>（1）国务院有关部门、设区的市级以上地方人民政府及其有关部门，对其组织编制的工业、农业、畜牧业、林业等有关专项规划，应当在该专项规划草案上报审批前，组织进行环境影响评价，并向审批该专项规划的机关提出环境影响报告书。进行环境影响评价的规划的具体范围，由国务院生态环境主管部门会同国务院有关部门规定，报国务院批准。
（2）对可能造成不良环境影响并直接涉及公众环境权益的规划，应当在该规划草案报送审批前，举行论证会、听证会，或者采取其他形式，征求有关单位、专家和公众对环境影响报告书草案的意见。但是，国家规定需要保密的情形除外。
（3）编制机关应当认真考虑有关单位、专家和公众对环境影响报告书草案的意见，并应当在报送审查的环境影响报告书中附具对意见采纳或者不采纳的说明。
（4）设区的市级以上人民政府在审批专项规划草案，作出决策前，应当先由人民政府指定的生态环境主管部门或者其他部门召集有关部门代表和专家组成审查小组，对环境影响报告书进行审查。审查小组应当提出书面审查意见。
（5）审查小组提出修改意见的，专项规划的编制机关应当根据环境影响报告书结论和审查意见对规划草案进行修改完善，并对环境影响报告书结论和审查意见的采纳情况作出说明；不采纳的，应当说明理由。
设区的市级以上政府或者省级以上政府有关部门在审批专项规划草案时，应当将环境影响报告书结论以及审查意见作为决策的重要依据。
在审批中未采纳环境影响报告书结论以及审查意见的，应当作出说明，并存档备查。
（6）对环境有重大影响的规划实施后，编制机关应当及时组织环境影响的跟踪评价，并将评价结果报告审批机关；发现有明显不良环境影响的，应当及时提出改进措施。</td></tr>
</table>

续表

建设项目的环境影响评价程序	(1) 编制环境影响评价，建设单位具有相关能力的可自行开展，也可委托技术单位开展。受托的技术单位，不得与负责审批建设项目环评文件的生态环境主管部门或者其他有关审批部门存在任何利益关系。任何单位和个人不得为建设单位指定编制的技术单位。 (2) 建设单位应当对建设项目环境影响报告书、环境影响报告表的内容和结论负责，受托编制的技术单位对其编制的建设项目环境影响报告书（表）承担相应责任。负责审批的生态环境主管部门应当将编制单位、编制主持人和主要编制人员的相关违法信息记入社会诚信档案，并纳入全国信用信息共享平台和国家企业信用信息公示系统向社会公布。 (3) 对环境可能造成重大影响、应当编制环境影响报告书的建设项目，建设单位应当在报批建设项目环境影响报告书前，举行论证会、听证会，或者采取其他形式，征求有关单位、专家和公众的意见，国家规定需要保密的情形除外。建设单位报批的环境影响报告书应当附具对有关单位、专家和公众的意见采纳或者不采纳的说明。 (4) 建设单位按照国务院的规定报有审批权的生态环境主管部门审批。 (5) 审批部门应当自收到环境影响报告书之日起60日内，收到环境影响报告表之日起30日内，分别作出审批决定并书面通知建设单位。对环境影响登记表实行备案管理。 (6) 国务院生态环境主管部门负责审批下列建设项目的环境影响评价文件：①核设施、绝密工程等特殊性质的建设项目；②跨省、自治区、直辖市行政区域的建设项目；③由国务院审批的或者由国务院授权有关部门审批的建设项目。建设项目可能造成跨行政区域的不良环境影响，有关生态环境主管部门对该项目的环境影响评价结论有争议的，其环境影响评价文件由共同的上一级生态环境主管部门审批。 (7) 建设项目的环境影响评价文件未依法经审批部门审查或者审查后未予批准的，建设单位不得开工建设。

四、“三同时”制度

“三同时”制度是指建设项目中需要配置的环境保护设施，必须与主体工程同时设计、同时施工、同时投产使用的制度。对于该制度，考生应该掌握以下内容：

适用范围	中华人民共和国领域和管辖的其他海域对环境有影响的建设项目需要配置环境保护设施的，必须适应“三同时”制度。
实施程序	(1) 设计施工同时：在建设项目正式施工前，建设单位必须向环境保护行政主管部门提交初步设计中的环境保护篇章。 (2) 试运行同时：建设项目的主体工程完工后，需要进行试生产的，其配套建设的环境保护设施必须与主体工程同时投入试运行。 (3) 验收同时：建设项目竣工后，建设单位应当向审批该建设项目环境影响报告书（表）的环境保护行政主管部门，申请该建设项目需要配套建设的环境保护设施竣工验收。环境保护设施竣工验收应当与主体工程竣工验收同时进行。 (4) 建设项目需要配套建设的环境保护设施经验收合格，该建设项目方可投入生产或者使用。投入使用后的环保设施，不得擅自拆除或者闲置。

五、环境保护税制度

环境保护税是以直接向环境排放应税污染物的污染当量数为征税对象的一种税。《环境保护税法》自 2018 年 1 月 1 日起施行。

纳税人	在我国领域和我国管辖的其他海域，直接向环境排放应税污染物的企业事业单位和其他生产经营者（其他生产经营者即指个体户，不包括居民个人）。
应税污染物	《环境保护税税目税额表》《应税污染物和当量值表》规定的大气污染物、水污染物、固体废物和噪声。
“集中处理”的豁免	有下列情形之一的，不属于直接向环境排放污染物，不缴纳相应污染物的环境保护税： （1）企业事业单位和其他生产经营者向依法设立的污水集中处理、生活垃圾集中处理场所排放应税污染物的； （2）企业事业单位和其他生产经营者在符合国家和地方环境保护标准的设施、场所储存或者处置固体废物的。 （上述集中处理场所超标排污，储存或处置固体废物的设施和场所不符合标准的，应当缴纳环境保护税）
税收优惠	下列情形，暂予免征环境保护税： （1）农业生产（不包括规模化养殖）排放应税污染物的； （2）机动车、铁路机车、非道路移动机械、船舶和航空器等流动污染源排放应税污染物的； （3）依法设立的城乡污水集中处理、生活垃圾集中处理场所排放相应应税污染物，不超过国家和地方规定的排放标准的； （4）纳税人综合利用的固体废物，符合国家和地方环境保护标准的； （5）国务院批准免税的其他情形。
“清洁生产”的减免	纳税人排放应税大气污染物或者水污染物的浓度值低于国家和地方规定的污染物排放标准30%的，减按75%征收环境保护税；低于50%的，减按50%征收环境保护税。
缴纳方式	纳税义务发生时间为纳税人排放应税污染物的当日。纳税人应当向应税污染物排放地的税务机关申报缴纳环境保护税。环境保护税按月计算，按季申报缴纳。不能按固定期限计算缴纳的，可以按次申报缴纳。

六、总量控制制度

总量控制制度是指国家环境管理机关依据所勘定的区域环境容量，决定区域中的污染物质排放总量，根据排放总量削减计划、向区域内的企业个别分配各自的污染排放数量额度的方式的一项法律制度。

总量控制的对象	重点污染物排放的地区和流域。
总量控制的实施程序	（1）重点污染物排放总量控制指标由国务院下达，省级政府分解落实。 （2）企业事业单位在执行国家和地方污染物排放标准的同时，应当遵守分解落实到本单位的重点污染物排放总量控制指标。 （3）对超过国家重点污染物排放总量控制指标或者未完成国家确定的环境质量目标的地区，省级以上人民政府环境保护主管部门应当暂停审批其新增重点污染物排放总量的建设项目环境影响评价文件。

七、环境保护许可制度

环境保护许可制度，是指从事有害或可能有害环境的活动之前，必须向有关管理机关提出申请，经审查批准，发给许可证后方可进行该活动的一整套管理措施。

实施范围	纳入固定污染源排污许可分类管理名录的企业事业单位和其他生产经营者应当按照规定的时限申请并取得排污许可证；未纳入管理名录的排污单位，暂不需申请排污许可证。
实施程序	（1）排污申报登记。在固定污染源排污许可分类管理名录规定的时限前已经建成并实际排污的排污单位，应当在名录规定时限申请排污许可证；在名录规定的时限后建成的排污单位，应当在启动生产设施或者在实际排污之前申请排污许可证。 （2）发放许可证。核发环保部门应当自受理申请之日起20个工作日内作出是否准予许可的决定。自作出准予许可决定之日起10个工作日内，核发环保部门向排污单位发放加盖本行政机关印章的排污许可证。核发环保部门在20个工作日内不能作出决定的，经本部门负责人批准，可以延长10个工作日，并将延长期限的理由告知排污单位。 （3）实施。排污单位应当按照排污许可证规定，安装或者使用符合国家有关环境监测、计量认证规定的监测设备，按照规定维护监测设施，开展自行监测，保存原始监测记录。 （4）监督管理。环境保护主管部门应当制订执法计划，结合排污单位环境信用记录，确定执法监管重点和检查频次。

八、环境标准制度

国家环境标准	（1）制定：国务院环境保护主管部门制定后生效； （2）内容：国家环境质量标准、国家污染物排放标准、环境保护方法标准、环境保护标准样品标准、环境保护基础标准。
地方环境标准	（1）制定：省级政府制定，报国务院环境保护主管部门备案生效； （2）对国家环境质量标准或污染物排放标准中未作规定的项目，可以制定地方环境质量标准或地方污染物排放标准； （3）对国家环境质量标准或污染物排放标准中已作规定的项目，可以制定严于国家环境质量标准或污染物排放标准的地方环境质量标准或污染物排放标准。
部门环境标准	需要在全国范围内统一的技术要求而又没有国家环境标准的，应当制作部门标准，部门标准是环境保护行业标准。
环境质量标准和污染物排放标准的法律意义	（1）环境质量标准是环境中所允许含有有害物质或者因素的最高限额。环境质量标准是确认环境是否被污染以及排污者是否承担相应民事责任的根据。 （2）污染物排放标准是允许污染源排放污染物或者有害环境的能量的最高限额。污染物排放标准是认定排污行为是否合法以及排污者是否承担相应行政法律责任的根据（是否达到污染物排放标准不影响民事责任的承担）。

例 根据《环境保护法》规定，关于污染物排放标准，下列哪一说法是错误的？

A. 省级地方政府对国家污染物排放标准中已作规定和未作规定的项目，都可以制定地方污染物排放标准

B. 对国家污染物排放标准中已作规定的项目，在制定地方污染物排放标准时，可以因地制宜，严于或宽于国家污染物排放标准

C. 地方污染物排放标准须报国务院环境保护行政主管部门备案

D. 凡是向已有地方污染物排放标准的区域排放污染物的，应当执行地方污染物排放标准

提示： 选项B错误，当选。《环境保护法》第16条规定："国务院环境保护行政主管部门根据国家环境质量标准和国家经济、技术条件，制定国家污染物排放标准。省、自治区、

直辖市人民政府对国家污染物排放标准中未作规定的项目，可以制定地方污染物排放标准；对国家污染物排放标准中已作规定的项目，可以制定严于国家污染物排放标准的地方污染物排放标准。地方污染物排放标准须报国务院环境保护行政主管部门备案。”由该条的第二句话可知，无论是国家污染物排放标准中已作规定还是未作规定的项目，省级地方政府都可以制定地方污染物排放标准。因此，选项A正确。根据法条规定，对国家污染物排放标准中已作规定的项目，若要制定地方标准，只能是严于国家标准，而不能宽于国家标准，选项B错误。选项C是该条法律规定的原文表述，因此正确。关于制定地方标准，分为两种情形，第一种，省级地方政府对国家污染物排放标准中未作规定的项目，可以制定地方污染物排放标准；第二种，对国家污染物排放标准中已作规定的项目，省级地方政府可以制定严于国家污染物排放标准的地方污染物排放标准。而无论哪一种情形，制定出地方标准则应当执行，否则地方标准将形同虚设，据此，选项D说法正确。

九、环境监测制度

监测规范	国务院环境保护主管部门制定监测规范，会同有关部门组织监测网络，统一规划国家环境质量监测站（点）的设置，建立监测数据共享机制，加强对环境监测的管理。
监测活动	在环境污染的重大区域、流域以及针对重点污染源，地方各级政府应当组织有关部门或者委托专业机构，对环境状况进行调查、评价，建立资源承载能力监测预警机制。
环境突发事件应对机制	（1）各级人民政府及其有关部门和企业事业单位，应当依照《突发事件应对法》的规定，做好突发环境事件的风险控制、应急准备、应急处置和事后恢复等工作。 （2）县级以上人民政府应当建立环境污染公共监测预警机制，组织制定预警方案；环境受到污染，可能影响公众健康和环境安全时，依法及时公布预警信息，启动应急措施。 （3）企业事业单位应当按照国家有关规定制定突发环境事件应急预案，报环境保护主管部门和有关部门备案。在发生或者可能发生突发环境事件时，企业事业单位应当立即采取措施处理，及时通报可能受到危害的单位和居民，并向环境保护主管部门和有关部门报告。 （4）突发环境事件应急处置工作结束后，有关人民政府应当立即组织评估事件造成的环境影响和损失，并及时将评估结果向社会公布。

十、信息公开与公众参与制度

（一）信息公开

我国环境信息公开体系如下表所示：

政府信息公开	（1）国务院环境保护主管部门统一发布国家环境质量、重点污染源监测信息及其他重大环境信息。 （2）省级以上人民政府环境保护主管部门定期发布环境状况公报。 （3）县级以上人民政府环境保护主管部门和其他负有环境保护监督管理职责的部门，应当依法公开环境质量、环境监测、突发环境事件以及环境行政许可、行政处罚、排污费的征收和使用情况等信息。 （4）县级以上地方人民政府环境保护主管部门和其他负有环境保护监督管理职责的部门，应当将企业事业单位和其他生产经营者的环境违法信息记入社会诚信档案，及时向社会公布违法者名单。

续表

企业信息公开	重点排污单位应当如实向社会公开其主要污染物的名称、排放方式、排放浓度和总量、超标排放情况，以及防治污染设施的建设和运行情况，接受社会监督。
项目信息公开	（1）对依法应当编制环境影响报告书的建设项目，建设单位应当在编制时向可能受影响的公众说明情况，充分征求意见。 （2）负责审批建设项目环境影响评价文件的部门在收到建设项目环境影响报告书后，除涉及国家秘密和商业秘密的事项外，应当全文公开；发现建设项目未充分征求公众意见的，应当责成建设单位征求公众意见。

（二）公众参与

公众参与制度主要包括公众举报权和环境公益诉讼两项制度，重点掌握环境公益诉讼制度即可。

环境公益诉讼	（1）适用情形：对污染环境、破坏生态，损害社会公共利益的行为。 （2）适格原告：依法在设区的市级以上人民政府民政部门登记；专门从事环境保护公益活动连续5年以上且无违法记录。 提起诉讼的社会组织不得通过诉讼牟取经济利益。环境公益诉讼不受地域限制，环保社会组织可跨地区起诉。 没有上述组织或者上述组织不提起公益诉讼的，人民检察院可以提起公益诉讼。 （3）公益诉讼与私益诉讼的关系：公益诉讼的受理，不影响同一污染行为的受害人提起私益诉讼。

十一、生态保护制度

生态保护红线制度	国家在重点生态功能区、生态环境敏感区和脆弱区等区域划定生态保护红线，实行严格保护。
生态保护补偿制度	（1）国家加大对生态保护地区的财政转移支付力度。有关地方人民政府应当落实生态保护补偿资金，确保其用于生态保护补偿。 （2）国家指导受益地区和生态保护地区人民政府通过协商或者按照市场规则进行生态保护补偿。
生态多样性保护制度	（1）开发利用自然资源，应当合理开发，保护生物多样性，保障生态安全，依法制定有关生态保护和恢复治理方案并予以实施。 （2）引进外来物种以及研究、开发和利用生物技术，应当采取措施，防止对生物多样性的破坏。

第二章　环境法律责任

重要法条及司法解释

《环境保护法》第59~69条。

命题分析

“环境法律责任”是环境资源法中与传统法学结合最紧密的内容，或许可以说是最像法学的部分，这一知识点有一定的理论深度，掌握起来有一定难度。从考查规律来看，“环境法律责任”属于高频考点，“环境法律责任”包括“环境行政责任”“环境民事责任”和“环境刑事责任”等内容，其中，“环境民事责任”是考试的重点。

“环境法律责任”是环境法与民法、行政法和刑法相结合的知识点，在融合性命题趋势下，这一知识点的重要性逐渐提升。其中，环境民事责任是重中之重，建议大家结合侵权责任法环境侵权部分综合掌握。

知识点精讲

环境法律责任包括环境行政责任、环境民事责任和环境刑事责任三种责任形式，考生重点掌握环境民事责任和环境行政责任即可。

一、环境行政责任

我国《环境保护法》规定的环境行政责任主要包括：

违法排放（按日连续处罚，上不封顶）	（1）违法排放污染物，受到罚款处罚，被责令改正，拒不改正的，依法作出处罚决定的行政机关可以自责令改正之日的次日起，按照原处罚数额按日连续处罚。 （2）上述规定的罚款处罚，依照有关法律法规按照防治污染设施的运行成本、违法行为造成的直接损失或者违法所得等因素确定的规定执行。 （3）地方性法规可以根据环境保护的实际需要，增加第一款规定的按日连续处罚的违法行为的种类。
超标排放	企业事业单位和其他生产经营者超过污染物排放标准或者超过重点污染物排放总量控制指标排放污染物的，县级以上人民政府环境保护主管部门可以责令其采取限制生产、停产整治等措施；情节严重的，报经有批准权的人民政府批准，责令停业、关闭。
未环评擅自开工建设	建设单位未依法提交建设项目环境影响评价文件或者环境影响评价文件未经批准，擅自开工建设的，由负有环境保护监督管理职责的部门责令停止建设，处以罚款，并可以责令恢复原状。
信息公开问题	违反本法规定，重点排污单位不公开或者不如实公开环境信息的，由县级以上地方人民政府环境保护主管部门责令公开，处以罚款，并予以公告。

二、环境民事责任

环境民事责任是考试的重点，对于这一知识点，考生应该掌握以下内容：

环境民事责任的构成要件	（1）实施了致害行为； （2）发生了损害结果； （3）致害行为与损害结果之间具有因果关系。 注意：环境民事责任实行无过错责任的归责原则。行为人不得以主观上没有故意或者过失，作为免除其民事责任的抗辩事由。

续表

环境民事责任的免责事由	（1）不可抗力； （2）受害人故意致害。
环境民事诉讼的特殊规定	（1）提起环境损害赔偿诉讼的时效期间为3年，从当事人知道或者应当知道其受到损害时起计算（和《民法总则》规定的普通诉讼时效相同）。 （2）举证责任倒置：因污染环境发生纠纷，污染者应当就法律规定的不承担责任或者减轻责任的情形及其行为与损害之间不存在因果关系承担举证责任。
环境民事责任承担的特殊规定	（1）两个以上污染者污染环境，污染者承担责任的大小，根据污染物的种类、排放量等因素确定。 ①两个以上污染者共同实施污染行为造成损害，被侵权人有权请求污染者承担连带责任。 ②两个以上污染者分别实施污染行为造成同一损害，每一个污染者的污染行为都足以造成全部损害，被侵权人有权请求污染者承担连带责任。 ③两个以上污染者分别实施污染行为造成同一损害，每一个污染者的污染行为都不足以造成全部损害，被侵权人有权请求污染者承担责任（按份责任）。 ④两个以上污染者分别实施污染行为造成同一损害，部分污染者的污染行为足以造成全部损害，部分污染者的污染行为只造成部分损害，被侵权人有权请求足以造成全部损害的污染者与其他污染者就共同造成的损害部分承担连带责任，并对全部损害承担责任。 （2）第三人过错：因第三人的过错污染环境造成损害的，被侵权人可以向污染者请求赔偿，也可以向第三人请求赔偿。污染者赔偿后，有权向第三人追偿。污染者不得以第三人的过错污染环境造成损害为由主张不承担责任或者减轻责任。 （3）环境影响评价机构、环境监测机构以及从事环境监测设备和防治污染设施维护、运营的机构，在有关环境服务活动中弄虚作假，对造成的环境污染和生态破坏负有责任的，除依照有关法律法规规定予以处罚外，还应当与造成环境污染和生态破坏的其他责任者承担连带责任。

例 由于某化工厂长期排污，该厂周边方圆一公里内的庄稼蔬菜生长不良、有害物质含量超标，河塘鱼类无法繁衍，该地域内三个村庄几年来多人患有罕见的严重疾病。根据《环境保护法》的规定，下列哪一选项是错误的？

A. 受害的三个村的村委会和受害村民有权对该厂提起民事诉讼

B. 因环境污染引起的民事诉讼的时效为3年

C. 环境污染民事责任的归责原则实行公平责任原则

D. 环境污染致害的因果关系证明，受害方不负举证责任

提示：选项A、B、D正确。《最高人民法院关于适用〈中华人民共和国民事诉讼法〉的解释》第68条规定：村民委员会或者村民小组与他人发生民事纠纷的，村民委员会或者有独立财产的村民小组为当事人。所以，选项A正确。《环境保护法》第66条规定："提起环境污染损害赔偿提起诉讼的时效期间为三年，从当事人知道或者应当知道其受到损害时起计算。"由此可知，选项B正确。《民法通则》第132条规定："当事人对造成损害都没有过错的，可以根据实际情况，由当事人分担民事责任。"该条规定了侵权归责原则的公平责任原则。《环境保护法》第64条规定："因污染环境和破坏生态造成损害的，应当依照《侵权责任法》的有关规定承担侵权责任。"《侵权责任法》第65条规定，因污染环境造成损害的，污染者应当承担侵权责任。根据该条规定，环境污染只要造成损害，致害人即要承担责任，因此环境污染致害的归责原则是无过错责任原则，所以选项C错误。由于环境

污染的特殊性，环境污染行为与损害后果之间的因果关系，受害人一般难以证明，法学界及司法机构已达成共识，环境污染致害责任适用因果关系推定，受害人只需证明被告有排污行为以及自己受有损害，对环境污染致害的因果关系不负举证责任，所以选项 D 正确。这一题目也体现了民事诉讼法与环境资源法的结合考查。

第三章　森林法

重要法条及司法解释

《森林法》。

命题分析

《森林法》属于 2018 年大纲新增考点，体现了对环境保护的重视，在今后几年的考试中将具有一定地位。对于森林法部分的知识点，相对比较琐碎，要求考生应当注意细节。对于“森林资源的权属制度”和“森林资源的管理制度”，考生应当重点复习。《森林法》正处于修改之中，而且从修改草案来看，变化较大，因此，森林法知识点的考试可能性有所降低，需要关注立法修改进展和修改情况。

知识点精讲

一、森林资源的权属制度

权利归属	（1）森林资源属于国家所有，由法律规定属于集体所有的除外。国家和集体对其所有的森林、林木和林地，可以自行使用，也可以划拨或者出让给单位和个人使用。 （2）林地使用权人对自己种植的林木享有所有权。 （3）国家所有的和集体所有的森林、林木和林地，个人所有的林木和使用的林地，由县级以上地方人民政府登记造册，发放证书，确认所有权或者使用权。
权属争议的解决	（1）单位之间发生的林木、林地所有权和使用权争议，由县级以上人民政府依法处理。 （2）个人之间、个人与单位之间发生的林木所有权和林地使用权争议，由当地县级或者乡级人民政府依法处理。 （3）当事人对人民政府的处理决定不服的，可以在接到通知之日起 1 个月内，向人民法院起诉。 （4）在林木、林地权属争议解决以前，任何一方不得砍伐有争议的林木。

二、森林资源管理制度

资源档案制度	（1）国务院林业主管部门应当定期监测全国森林资源消长和森林生态环境变化的情况。 （2）重点林区森林资源调查、建立档案和编制森林经营方案等项工作，由国务院林业主管部门组织实施。 （3）其他森林资源调查、建立档案和编制森林经营方案等项工作，由县级以上地方人民政府林业主管部门组织实施。

续表

林业规划制度	(1) 全国林业长远规划由国务院林业主管部门会同其他有关部门编制，报国务院批准后施行。 (2) 地方各级林业长远规划由县级以上地方人民政府林业主管部门会同其他有关部门编制，报本级人民政府批准后施行。 (3) 下级林业长远规划应当根据上一级林业长远规划编制。 (4) 林业长远规划的调整、修改，应当报经原批准机关批准。
林地占用审批制度	(1) 占用林地，审批缴费：进行各项建设工程，必须占用或者征用林地的，经县级以上人民政府林业主管部门审核同意后，依照有关法律、行政法规办理建设用地审批手续，并由用地单位依照有关规定缴纳森林植被恢复费。 (2) 森林植被恢复费专款专用，由林业主管部门依照有关规定统一安排植树造林，恢复森林植被，植树造林面积不得少于因占用、征用林地而减少的森林植被面积。 (3) 临时用地：需要临时占用林地的，应当经县级以上人民政府林业主管部门批准。临时占用林地的期限不得超过2年，并不得在临时占用的林地上修筑永久性建筑物；占用期满后，用地单位必须恢复林业生产条件。
森林采伐限额制度	(1) 国家根据用材林的消耗量低于生长量的原则，严格控制森林年采伐量。 (2) 国家所有的森林和林木以国有林业企业事业单位、农场、厂矿为单位，集体所有的森林和林木、个人所有的林木以县为单位，制定年采伐限额，由省、自治区、直辖市林业主管部门汇总，经同级人民政府审核后，报国务院批准。 (3) 木材生产计划不得超额：国家制订统一的年度木材生产计划。年度木材生产计划不得超过批准的年采伐限额。计划管理的范围由国务院规定。
采伐许可证制度	(1) 采伐树木原则必须申请采伐许可证，农村居民采伐自留地和房前屋后个人所有的零星林木除外。 (2) 有下列情形之一的，不得核发林木采伐许可证：防护林和特种用途林进行非抚育或者非更新性质的采伐的，或者采伐封山育林期、封山育林区内的林木的；上年度采伐后未完成更新造林任务的；上年度发生重大滥伐案件、森林火灾或者大面积严重森林病虫害，未采取预防和改进措施的。

三、森林资源培育制度

森林生态效益补偿基金制度	国家设立森林生态效益补偿基金，用于提供生态效益的防护林和特种用途林的森林资源、林木的营造、抚育、保护和管理。森林生态效益补偿基金必须专款专用，不得挪作他用。
植树造林的组织实施	(1) 宜林荒山荒地，属于国家所有的，由林业主管部门和其他主管部门组织造林；属于集体所有的，由集体经济组织组织造林。 (2) 铁路公路两旁、江河两侧、湖泊水库周围，由各有关主管单位因地制宜地组织造林；工矿区，机关、学校用地，部队营区以及农场、牧场、渔场经营地区，由各该单位负责造林。 (3) 国家所有和集体所有的宜林荒山荒地可以由集体或者个人承包造林。 (4) 县级人民政府对本行政区域内当年造林的情况应当组织检查验收，除国家特别规定的干旱、半干旱地区外，成活率不足85%的，不得计入年度造林完成面积。
坡地还林制度	25°以上的坡耕地应当按照当地人民政府计划，逐步退耕，植树和种草。

四、森林资源保护制度

国家重视对森林资源的保护工作，建立护林制度、森林灾害防护制度、自然保护区制度和珍贵树木特殊保护制度等森林资源保护制度。

森林资源保护措施	(1) 对森林实行限额采伐，鼓励植树造林、封山育林，扩大森林覆盖面积； (2) 根据国家和地方人民政府有关规定，对集体和个人造林、育林给予经济扶持或者长期贷款； (3) 提倡木材综合利用和节约使用木材，鼓励开发、利用木材代用品； (4) 征收育林费，专门用于造林育林； (5) 煤炭、造纸等部门，按照煤炭和木浆纸张等产品的产量提取一定数额的资金，专门用于营造坑木、造纸等用材林； (6) 建立林业基金制度。
护林制度	(1) 地方各级人民政府应当组织有关部门建立护林组织，负责护林工作；根据实际需要在大面积林区增加护林设施，加强森林保护；督促有林的和林区的基层单位，订立护林公约，组织群众护林，划定护林责任区，配备专职或者兼职护林员。护林员可以由县级或者乡级人民政府委任。 (2) 依照国家有关规定在林区设立的森林公安机关，负责维护辖区社会治安秩序，保护辖区内的森林资源。 (3) 武装森林警察部队执行国家赋予的预防和扑救森林火灾的任务。
森林病虫害防治制度	各级林业主管部门负责组织森林病虫害防治工作。林业主管部门负责规定林木种苗的检疫对象，划定疫区和保护区，对林木种苗进行检疫。
自然保护区制度	国务院林业主管部门和省、自治区、直辖市人民政府，应当在不同自然地带的典型森林生态地区、珍贵动物和植物生长繁殖的林区、天然热带雨林区和具有特殊保护价值的其他天然林区，划定自然保护区，加强保护管理。
珍贵树木特殊保护制度	国家禁止、限制出口珍贵树木及其制品、衍生物。禁止、限制出口的珍贵树木及其制品、衍生物的名录和年度限制出口总量，由国务院林业主管部门会同国务院有关部门制定，报国务院批准。

第四章　矿产资源法

重要法条及司法解释

《矿产资源法》。

命题分析

《矿产资源法》属于2018年大纲新增考点，体现了对自然资源保护的重视，将在近几年的考试中具有一定地位。考生在复习时应注意区分“探矿权”和“采矿权”，对矿产资源的开发管理制度中的重要知识点，要重点复习。

知识点精讲

一、矿产资源权属制度

（一）矿产资源所有权

矿产资源属于国家所有，由国务院行使国家对矿产资源的所有权。地表或者地下的矿产资源的国家所有权，不因其所依附的土地的所有权或者使用权的不同而改变。

（二）矿业权

矿业权是指矿产资源使用权，包括探矿权和采矿权。探矿权是指在依法取得的勘查许可证规定的范围内，勘查矿产资源的权利；采矿权是指在依法取得采矿许可证规定的范围内，开采矿产资源和获得所开采矿产品的权利。

矿业权的取得	（1）勘查、开采矿产资源，必须依法分别申请、经批准取得探矿权、采矿权，并办理登记；但是，已经依法申请取得采矿权的矿山企业在划定的矿区范围内为本企业的生产而进行的勘查除外。 （2）国家实行探矿权、采矿权有偿取得制度；但是，国家对探矿权、采矿权有偿取得的费用，可以根据不同情况规定予以减缴、免缴。 （3）开采矿产资源，必须按照国家有关规定缴纳资源税和资源补偿费。
矿业权转让	符合下列条件的，矿业权可以转让： （1）探矿权人有权在划定的勘查作业区内进行规定的勘查作业，有权优先取得勘查作业区内矿产资源的采矿权。探矿权人在完成规定的最低勘查投入后，经依法批准，可以将探矿权转让他人。 （2）已取得采矿权的矿山企业，因企业合并、分立，与他人合资、合作经营，或者因企业资产出售以及有其他变更企业资产产权的情形而需要变更采矿权主体的，经依法批准可以将采矿权转让他人采矿。
探矿权人权利	（1）按照勘查许可证规定的区域、期限、工作对象进行勘查； （2）在勘查作业区及相邻区域架设供电、供水、通信管线，但是不得影响或者损害原有的供电、供水设施和通信管线； （3）在勘查作业区及相邻区域通行； （4）根据工程需要临时使用土地； （5）优先取得勘查作业区内新发现矿种的探矿权； （6）优先取得勘查作业区内矿产资源的采矿权； （7）自行销售勘查中按照批准的工程设计施工回收的矿产品，但是国务院规定由指定单位统一收购的矿产品除外。
探矿人义务	（1）在规定的期限内开始施工，并在勘查许可证规定的期限内完成勘查工作； （2）向勘查登记管理机关报告开工等情况； （3）按照探矿工程设计施工，不得擅自进行采矿活动； （4）在查明主要矿种的同时，对共生、伴生矿产资源进行综合勘查、综合评价； （5）编写矿产资源勘查报告，提交有关部门审批； （6）按照国务院有关规定汇交矿产源勘查成果档案资料； （7）遵守有关法律、法规关于劳动安全、土地复垦和环境保护的规定； （8）勘查作业完毕，及时封、填探矿作业遗留的井、硐或者采取其他措施，消除安全隐患。
采矿人权利	（1）按照采矿许可证规定的开采范围和期限从事开采活动； （2）自行销售矿产品，但是国务院规定由指定的单位统一收购的矿产品除外； （3）在矿区范围内建设采矿所需的生产和生活设施； （4）根据生产建设的需要依法取得土地使用权； （5）法律、法规规定的其他权利。
采矿人义务	（1）在批准的期限内进行矿山建设或者开采； （2）有效保护、合理开采、综合利用矿产资源； （3）依法缴纳资源税和矿产资源补偿费； （4）遵守国家有关劳动安全、水土保持、土地复垦和环境保护的法律、法规； （5）接受矿产资源主管部门和有关主管部门的监督管理，按照规定填报矿产储量表和矿产资源开发利用情况统计报告。

二、矿产资源的开发管理

国家对矿产资源的勘查、开发实行统一规划、合理布局、综合勘查、合理开采和综合利用的方针。

矿产资源开发管理部门	(1) 国务院地质矿产主管部门主管全国矿产资源勘查、开采的监督管理工作。国务院有关主管部门协助国务院地质矿产主管部门进行矿产资源勘查、开采的监督管理工作。 (2) 省、自治区、直辖市人民政府地质矿产主管部门主管本行政区域内矿产资源勘查、开采的监督管理工作。省、自治区、直辖市人民政府有关主管部门协助同级地质矿产主管部门进行矿产资源勘查、开采的监督管理工作。
矿山企业	设立矿山企业，必须符合国家规定的资质条件，并依照法律和国家有关规定，由审批机关对其矿区范围、矿山设计或者开采方案、生产技术条件、安全措施和环境保护措施等进行审查；审查合格的，方予批准。
开采审批管理	1. 开采下列矿产资源的，由国务院地质矿产主管部门审批，并颁发采矿许可证： (1) 国家规划矿区和对国民经济具有重要价值的矿区内的矿产资源； (2) 前项规定区域以外可供开采的矿产储量规模在大型以上的矿产资源； (3) 国家规定实行保护性开采的特定矿种； (4) 领海及中国管辖的其他海域的矿产资源； (5) 国务院规定的其他矿产资源。 2. 开采石油、天然气、放射性矿产等特定矿种的，可以由国务院授权的有关主管部门审批，并颁发采矿许可证。 3. 开采上述规定以外的矿产资源，其可供开采的矿产的储量规模为中型的，由省、自治区、直辖市人民政府地质矿产主管部门审批和颁发采矿许可证。 4. 开采小型和非特定的矿产资源，由省级人民政府地质主管部门依据同级人大常委会制定的管理办法审批发证。
开采规划管理	国家对国家规划矿区、对国民经济具有重要价值的矿区和国家规定实行保护性开采的特定矿种，实行有计划的开采；未经国务院有关主管部门批准，任何单位和个人不得开采。
禁止开发的矿区	非经国务院授权的有关主管部门同意，不得在下列地区开采矿产资源： (1) 港口、机场、国防工程设施圈定地区以内； (2) 重要工业区、大型水利工程设施、城镇市政工程设施附近一定距离以内； (3) 铁路、重要公路两侧一定距离以内； (4) 重要河流、堤坝两侧一定距离以内； (5) 国家划定的自然保护区、重要风景区，国家重点保护的不能移动的历史文物和名胜古迹所在地； (6) 国家规定不得开采矿产资源的其他地区。
集体矿山企业与个体采矿	(1) 允许个人采挖零星分散资源和只能用作普通建筑材料的砂、石、黏土以及为生活自用采挖少量矿产。 (2) 矿产储量规模适宜由矿山企业开采的矿产资源、国家规定实行保护性开采的特定矿种和国家规定禁止个人开采的其他矿产资源，个人不得开采。
矿区争议解决	(1) 矿山企业之间的矿区范围的争议，由当事人协商解决，协商不成的，由有关县级以上地方人民政府根据依法核定的矿区范围处理。 (2) 跨省、自治区、直辖市的矿区范围的争议，由有关省、自治区、直辖市人民政府协商解决，协商不成的，由国务院处理。

国际法

第一章 导论

重要法条及司法解释

《联合国宪章》第2条。

《国际法院规约》第38条。

命题分析

本部分是国际法的基础，理论性强。尽管以往考查较少，但其对于整个国际法的学习十分重要。从考查内容来看，“国际法的渊源”和“国际法的基本原则”是重中之重。

知识点精讲

一、国际法的概念和特征

（一）概念

国际法（International Law）是国家间交往形成的，以国家间协议制定的，主要是调整国家之间关系的，有拘束力的原则、规则和制度的总体。

1643—1648年结束欧洲30年战争的威斯特伐利亚和会召开和《威斯特伐利亚和约》的诞生，确认了国家主权、主权平等的根本原则，标志着近代国际法的开始。同一时期，荷兰人格劳秀斯发表了《战争与和平法》（1625年）等一系列著作，首次从理论上对国际法的规则和基本问题进行了系统全面的论述，格劳秀斯也被称为“近代国际法学之父”。

第二次世界大战结束和联合国成立之后，国际法得到了最重要的发展。以《联合国宪章》为核心的一整套国际法规则体系，逐渐成为整个国际社会的行为规则，构成了当代国际法核心内容。20世纪50年代，中国、印度、缅甸首次倡议的和平共处五项原则，重申和发展了《联合国宪章》的宗旨和原则，成为当代国际法的基本原则。中国《宪法》的以下规定，表明了中国对于国际法的基本立场：①坚持互相尊重主权和领土完整、互不侵犯、互不干涉内政、平等互利、和平共处的五项原则；②坚持和平发展道路，坚持互利共赢开放战略；③推动构建人类命运共同体。

（二）特征

国际社会是由平等的主权国家组成的，这种情形决定了国际法与国内法相比，有如下主要特点：

（1）立法方式不同。国内法是凌驾于国内社会之上的国家立法机关依一定的程序制定。国际法的规则只能由国家之间在平等基础上以协议方式共同制定。

（2）法律关系的主体和调整对象不同。国际法主要是调整国家之间关系的，在某种范围和条件下，政府间国际组织和某些特定的政治实体乃至个人，才可以作为国际法的主体。

（3）强制力的依据和方式有所不同。国内法强制力的依据是上升为国家意志的国内统治者的意志。而国际法的依据一般认为是国家之间的意志协议或称为“协议意志”。国际社会没有超越国家之上的强制机构，当今的国际法的强制力本质上还是通过国家本身单独或集体的行动来实现的。

（4）发达程度不同。与国内法相比，国际法无论从规则体系、国家实践还是理论研究，都不如国内法领域完善和发达。

二、国际法的渊源

国际法的渊源一般是指国际法规则作为有效的法律规则存在和表现的方式。国际法的渊源为国际条约、国际习惯和一般法律原则。司法判例及各国权威最高之公法学家学说，是确立法律原则时的辅助资料，是作为确定法律原则之补助资料者。前述规定不妨碍法院经当事国同意本“公允及善良”原则裁判案件之权。

（一）国际条约

条约是现代国际法主要的法律渊源，是当代国际法规则的主要表现形式。条约是两个或两个以上国际法主体之间缔结的、以国际法为准的、规定当事方权利义务的协议。

（二）国际习惯

国际习惯是指在国际交往中由各国前后一致地不断重复所形成，并被广泛接受为有法律拘束力的行为规则或制度。国际习惯是不成文的，它是国际法最古老、最原始的渊源。国际习惯的最重要的意义在于它的普遍性和基础性。虽然现在许多的国际习惯被编纂进入条约，但是从效力的普遍性上讲，条约并不能替代被其编纂的国际习惯。同时，条约不可能包罗国家实践中所有方面的规则，新的习惯规则仍不断产生。

国际习惯的构成要素有两个：一是物质要素或客观要素，即存在各国反复一致地从事某种行为的实践；二是心理要素或主观要素，它要求上述的重复一致的行为模式被各国认为具有法律拘束力，即存在所谓“法律确信（opinio juris）”。证明一项国际习惯的存在，必须从国际法主体的实践中寻找证据。一般地应特别注意以下三个方面：第一，国家间的各种文书和外交实践；第二，国际组织和机构的各种文件，包括决议、判决等；第三，国家的国内立法、司法、行政实践和有关文件。

（三）一般法律原则

“一般法律原则”是指各国法律体系中所共有的一些原则，如善意、禁止反言等。它在国际司法实践中处于补充和辅助地位，很少被单独适用。

（四）确立国际法原则的辅助方法

司法判例、国际法学说被列为确立法律原则的辅助资料。它们本身不是国际法的渊源，而是在辨认证明国际法规则时的辅助方法。

（1）司法判例。司法判例首先是国际法院的判例，也包括其他国际司法机构和仲裁机构的判例，以及各国国内的司法判例。国际法院判例不是法律的渊源之一，而只能作为确立法律规则的辅助材料或证据。

（2）各国国际法权威学者的学说。

（3）国际组织的决议。一般认为，国际组织决议，特别是联合国大会的决议，可以和司法判例及国际法学家著作一起，列为确立国际法原则的辅助资料，并且其作用和地位高于学者学说。

三、国际法基本原则

（一）特征

国际法基本原则是国际法庞大规则体系中最核心和基础的规范。它具有以下基本特征：①各国公认，普遍接受；②适用于国际法律关系的所有领域，贯穿国际法的各个方面；③构成国际法体系的基础；若被破坏，整个国际法体系会被动摇和坍塌。

国际法基本原则具有强行法性质。强行法在《维也纳条约法公约》中被称为“一般国际法强制规律”。它“是指国家之国际社会全体接受，并公认为不许损抑，且仅有以后具有同等性质之一般国际法规律始得更改之规律”。强行法，或国际法强行规则，是指在国际社会中公认为必须绝对遵守和严格执行的法律规范，它不得被任意选择、违背或更改。国际法基本原则具有强行法性质，但是，并不是所有的强行法规则都是国际法基本原则。作为国际法基本原则还必须符合上述其他要求。

（二）主要内容

1. 国家主权平等原则

（1）国家主权

主权是国家的根本属性，是指国家独立自主地处理其内外事务的统治权力。主权具有不可分割、不从属于外来意志和神圣不可侵犯的性质。主权不是国际法赋予国家的，而是国家固有的。主权是国家最根本的属性，是国际法的基础。

主权首先体现在以下三个方面：第一，对内最高权；第二，对外独立权；第三，自保权。

（2）国家主权平等原则

国家主权平等原则又称“国家主权原则”，是指任何国家都拥有主权，各国都有义务相互尊重主权，各国都有平等的国际人格，在国际法面前地位平等。该原则是首要的国际法基本原则，构成国际法基本原则的核心和基础，是当代国际法体系的基石。

基于主权的性质，任何国家都有权自由选择并发展其政治、社会、经济及文化制度。各国要相互尊重对方的主权，在行使自己主权的同时不侵害别国主权。各国应与他国和睦相处，忠实地履行其国际义务。

2. 不干涉内政原则

（1）内政

内政的实质是国家基于其管辖的领土而行使主权的表现，包括制定对外政策、开展对外交往等方面的措施和行动。判断某一事项是否属于内政，要看其是否本质上属于国内管辖的事项。

（2）不干涉内政原则

不干涉内政原则的内涵：第一，任何国家或国际组织不得干涉本质上属于任何国家国内管辖的事件。第二，国际法允许国家在平等和自愿的基础上，根据国际条约或国际义务，对他国进行援助；也承认各国对他国违背国际法义务的行为有权采取相应的单独或集体的行动，但这些行动必须具有公认的法律根据并且应严格在国际法律框架中进行。

3. 不使用武力威胁或武力原则

不使用武力威胁或武力原则指各国在其国际关系上不得以武力或武力威胁，侵害任何国家的政治独立和领土完整；不得以任何与联合国宪章或其他国际法原则所不符的方式使用武力。

（1）该原则首先禁止侵略行为。侵略行为已被当代国际法确立为国际罪行之一。它首先导致严重的国家责任；同时，责任人还须承担个人刑事责任。

（2）该原则不仅包括禁止非法进行武装攻击，还包括禁止从事武力威胁和进行侵略战争的宣传。

（3）该原则并不是禁止一切武力的使用，凡是符合《联合国宪章》和国际法规则的武力使用是被允许的，包括国家对侵略行为进行的自卫行动和联合国集体安全制度下的武力使用。

4. 和平解决国际争端原则

和平解决国际争端原则指国家间在发生争端时，各国都必须采取和平方式予以解决，争端的当事国及其他国家应避免任何使争端或情势恶化的措施或行动。禁止将武力或武力威胁的方式付诸任何争端的解决过程。

该原则是与废除战争作为国家政策的工具相联系的。“诉诸战争权”曾是传统国际法中国家的一项合法的权利，1928 年《巴黎非战公约》和 1945 年《联合国宪章》后，“诉诸战争权”已被完全废止。

5. 民族自决原则

民族自决原则指在帝国主义殖民统治和奴役下的被压迫民族具有自主决定自己的命运，摆脱殖民统治，建立民族独立国家的权利。当前，几乎所有殖民地的政治独立均已完成，正在努力争取实现经济文化等方面的平等权利。

该原则中殖民地民族的独立权的范围，只严格适用于殖民地民族的独立。对于一国国内民族的分离活动，民族自决原则没有为其提供任何国际法根据。

6. 善意地履行国际义务原则

国际义务既包括国家作为缔约国参加的条约而产生的义务，也包括习惯国际法产生的义务。“约定必守”是国际法的最为基础的规范之一。对于联合国的成员国，《联合国宪章》特别规定了宪章中的义务优先于其参加的其他国际条约中的义务。

第二章 国家的管辖权与主权豁免

重要法条及司法解释

《联合国国家及其财产管辖豁免公约》第6~10条。

命题分析

本知识点为重点知识点，近年的考查频率较高。

知识点精讲

一、国家的管辖权

（一）概述

国家的管辖权是国家对特定的人、物和事件进行管理和处置的权利。它以国家主权为根据，也是国家主权的最直接体现。国家的管辖权是一国主权的具体表现形式。世界各国在与其利益相关的人、物和事件方面，主张行使管辖的权利以保护自身利益。由于国家间各个层面的交往和联系，国家间的利益变得日益广泛关联和重叠。一国为保护其本国利益行使管辖权时，会涉及他国的利益以及他国由此主张的管辖权，因此管辖权问题成为国际法关注的重要问题之一。

（二）分类

国家管辖权分为属地管辖权、属人管辖权、保护性管辖权、普遍性管辖权四类。

属地管辖权，又称“属地优越权”，是指国家对于其领土及其领土内的一切人、物和事件，都有进行管辖的权利，除非国际法另有规定。属地管辖权优先于其他管辖权类型。但属地管辖权不适用于领域内依法享有特权与豁免的外国人或外国财产。

属人管辖权，又称“国籍管辖权”，是指国家对于具有其国籍的人，具有管辖的权利，无论他们是在领土范围之内还是以外。属人管辖权一般还及于该国法人以及船舶、航空器或航天器等获得国籍的特定物。

保护性管辖权是指国家对于在其领土范围以外从事严重侵害该国或其公民重大利益行为的外国人进行管辖的权利。

普遍性管辖权是指根据国际法的规定，对于危害国际安全与和平及全人类利益的某些国际犯罪行为，不论行为人国籍及行为发生地，各国都有进行管辖的权利。

例1 甲、乙、丙3国均为《维也纳外交关系公约》缔约国。甲国汤姆长期旅居乙国，结识甲国驻乙国大使馆参赞杰克，2人在乙国与丙国汉斯发生争执并互殴，汉斯被打成重伤。后，杰克将汤姆秘匿于使馆休息室。关于事件的处理，下列哪一选项是正确的？

D. 因该案发生在乙国，丙国法院无权对此进行管辖

提示：选项D涉及国家管辖权问题。在国际法上，国家管辖权包括属地管辖权、属人管辖权、保护性管辖权和普遍管辖权。其中，保护性管辖权是指国家对于在其领土范围以外从事严重侵害该国或其公民重大利益行为的外国人进行管辖的权利，可见，保护性管辖权的行使一般基于两个条件：①外国人在该国领土外的行为所侵害的是该国或其公民的重大利益，构成该国刑法上的犯罪；②该行为根据行为地的法律同样构成应处刑罚的罪行。本题中案件发生在甲国，受害人为丙国公民且被打成重伤，符合行使保护性管辖权的条件，故丙国可行使保护性管辖权。因此，选项D错误。

二、主权豁免

（一）概述

主权豁免是指国家的行为及其财产不受或免受他国管辖，故也被称为“国家及其财产管辖豁免”。国家主权豁免是主权国家独立权和平等权的体现。

主权豁免主要表现在司法豁免方面，司法豁免包括管辖豁免、程序豁免与执行豁免。具体来说，一国不得对他国的国家行为和财产进行管辖，一国的国内法院非经外国同意，不得受理以该外国国家作为被告或该外国国家行为作为诉由的诉讼，也不得对外国国家的代表或国家财产采取诸如查封、扣押等司法执行措施。

（二）国家豁免的放弃

一国如以下列方式明示同意另一国法院对某一事项或案件行使管辖，就不得在该法院就该事项或案件提起的诉讼中援引管辖豁免：①国际协定；②书面合同；③在法院发表的声明或在特定诉讼中提出的书面函件。这三种方式构成了主权豁免的明示放弃形式。

如果一国本身就该事项或案件在他国法院提起诉讼、介入诉讼或提起反诉，则亦不得在另一国法院中援引管辖豁免。这构成了国家豁免的默示放弃形式。但是，以下情形不得解释为默示放弃管辖豁免：①一国同意适用另一国的法律；②一国仅为援引豁免或对诉讼中有待裁决的财产主张权利之目的而介入诉讼；③一国代表在另一国法庭出庭作证；④一国未在另一国法院的诉讼中出庭。

除非一国明示同意放弃执行豁免，或者该国已经拨出或专门指定某项财产用于清偿对方的请求，另一国法院不得在诉讼中对该国财产采取判决前的强制措施，亦不得采取判决后的强制措施。同时，一国明示同意放弃管辖豁免，另一国亦不得基于此而认为该国已默示放弃执行豁免。

（三）国家豁免的限制

《联合国国家及其财产管辖豁免公约》受限制豁免主义理论和发达国家豁免实践影响，规定以下情形一国不得向另一国原应管辖的法院援引管辖豁免：①商业交易；②雇佣合同；③人身伤害和财产损害；④财产的所有、占有和使用；⑤知识产权和工业产权；⑥参加公司或其他集体机构；⑦国家拥有和经营的船舶。不过，以上情势，被告国或者通过有关国家间的协议，或者通过有关争议当事方之间的协议，仍可主张管辖豁免。

此外，即除仲裁协议另有规定，该国不得在另一国原应管辖的法院中就有关下列事项的诉讼援引管辖豁免：①仲裁协议的有效性、解释或适用；②仲裁程序；③裁决的确认或撤销。

例 2 甲国政府与乙国 A 公司在乙国签订一份资源开发合同后，A 公司称甲国政府未按合同及时支付有关款项。纠纷发生后，甲国明确表示放弃关于该案的诉讼管辖豁免权。根据国际法规则，下列哪一选项是正确的？

A. 乙国法院可对甲国财产进行查封

B. 乙国法院原则上不能对甲国强制执行判决，除非甲国明示放弃在该案上的执行豁免

C. 如第三国法院曾对甲国强制执行判决，则乙国法院可对甲国强制执行判决

D. 如乙国主张限制豁免，则可对甲国强制执行判决

提示： 实践中，国家主权豁免主要表现在司法豁免方面，司法豁免包括管辖豁免、程序豁免与执行豁免。应当注意，国家对于管辖豁免的放弃，并不意味着对执行豁免的放弃。也就是说，即使国家放弃了管辖豁免，外国法院也不能因此当然地对该国国家财产实施扣压、查封等强制执行措施。执行豁免的放弃必须另行明示作出。因此，选项 A 错误，选项 B 正确。国家豁免权的放弃是国家的一种主权行为，必须是自愿、特定和明确的。一国不能通过本国立法来改变别国的豁免立场，也不能将一国对某一特定事项上的豁免放弃推移到其他事项上，或将一国的豁免放弃推移到另一国家上。因此，选项 C、D 均错误。

第三章　联合国体系

重要法条及司法解释

《联合国宪章》第 7、10~12、18、20、23、27 条。

命题分析

本知识点以往的考查频率较高，为重点知识点。其中联合国安理会的表决制度是考查重点。

知识点精讲

一、国际组织概述

作为国际法主体的国际组织主要是政府间的国际组织。国际组织作为国际法的主体是派生性的，其权利能力和行为能力是由成员国通过作为国际组织章程的国际协定赋予和限定的。它享有权利和承担义务的能力只能在此限度之内。

国际组织的权利能力和行为能力主要体现在：

（1）缔约能力；

（2）派遣与接受常驻或临时的外交使团；

（3）作出国际承认或作为国际承认的对象；

（4）构成国际法中继承与被继承的主体；

（5）提出国际索赔和承担国际责任；

（6）召集国际会议、组织和参加国际交往，进行国际合作，解决国际争端；

（7）享有某些特权与豁免；

（8）其他（登记或保存国际条约、拥有自己的旗帜标志等）。

二、联合国体系

联合国根据1945年在美国旧金山签订的《联合国宪章》成立，随后，一批在各个领域起重要作用的专门性国际组织，通过与联合国的关系协定而成为联合国的专门机构，从而构成了联合国组织体系。专门机构与联合国具有法律联系，它们通过与经社理事会签订，并经大会核准的关系协定成为专门机构。专门机构有其独立的法律地位，不是联合国的附属机构。

依照《联合国宪章》，联合国由大会、安理会、经济和社会理事会、托管理事会、国际法院和秘书处六个主要机关组成。

（一）联合国大会

（1）有权讨论宪章范围内或联合国任何机关的任何问题，但安理会正在审议的除外。

（2）联合国大会并不是立法机构，它通过的对联合国组织内部事务的决议具有约束力，其他决议只有建议性质。

（3）大会表决实行会员国一国一票制。对于一般问题的决议采取简单多数通过；对于重要问题决议采取2/3多数通过。实践中也常常采取协商一致方法通过决议。上述重要问题包括：与维持国际和平与安全相关的建议；安全理事会、经社理事会和托管理事会中需经选举的理事国的选举；新会员国接纳；会员国权利中止或开除会籍；实施托管的问题；联合国预算及会员国应缴费用的分摊等。

（二）安全理事会

联合国安理会共有15个理事国，其中中国、法国、俄罗斯、英国、美国为常任理事国。非常任理事国由联合国大会选举，任期2年，不得连选连任。安全理事会是联合国在维持国际和平与安全方面负主要责任的机关，也是联合国中唯一有权采取行动的机关。安全理事会为制止对和平的破坏、对和平的威胁和侵略行为而作出的决议，以及依据《联合国宪章》规定在其职权范围内作出的决议，对于当事国和所有成员国都具有拘束力。

1. 安理会的表决制度

安理会表决采取每一理事国一票。对于程序性事项决议的表决采取9个同意票即可通过。对于非程序性事项决议的表决，要求包括全体常任理事国在内的9个同意票，又称为“大国一致原则”，任何一个常任理事国都享有否决权。

常任理事国的弃权或缺席不被视为否决，不影响决议的通过。关于和平解决争端的决议，作为争端当事国的理事国不得投票。但有关采取执行行动的决议，其可以投票，并且常任理事国可以行使否决权。

2. 决议的性质

（1）程序性事项决议。

（2）非程序性事项决议：大会推荐接纳新会员国或秘书长人选、吸纳新会员、中止会员国义务、开除会员国的决议。

（3）其他未列明的决议性质由联合国安理会先行确定。当对于一个事项是否为程序性事项发生争议，同样按照上述“大国一致”表决方式决定。常任理事国在安理会表决中的上述权利也被称为“双重否决权”，它确保了大国之间的一致。

（三）经济和社会理事会

负责协调联合国及各专门机构间经济社会工作的机关。经社理事会由联合国大会选出的54个理事国组成，理事国每届任期3年，可以连任。经社理事会每年举行2次常会，会期1个月。经社理事会的每个理事国有一个投票权，理事会决议采用简单多数表决制。

（四）托管理事会

负责监督托管领土行政管理的机关。联合国成立以来置于其托管下的11块托管领土先后都已独立或自治而结束了托管，所有的托管协定都宣告终止。

（五）国际法院

相关知识点将在第八章进行具体介绍。

（六）秘书处

秘书处是联合国的常设行政管理机关。秘书处由一位秘书长和若干办事人员组成。秘书长是联合国的行政首长，他由安理会推荐，并经大会简单多数票通过后委任。任期5年，可以连任。

例 联合国会员国甲国出兵侵略另一会员国。联合国安理会召开紧急会议，讨论制止甲国侵略的决议案，并进行表决。表决结果为：常任理事国4票赞成、1票弃权；非常任理事国8票赞成、2票否决。据此，下列哪一选项是正确的？

A. 决议因有常任理事国投弃权票而不能通过

B. 决议因非常任理事国两票否决而不能通过

C. 投票结果达到了安理会对实质性问题表决通过的要求

D. 安理会为制止侵略行为的决议获简单多数赞成票即可通过

提示：安理会讨论维持和平、制止侵略的决议案，在联合国安理会属于实质性事项。对于非程序事项或称实质性事项的决议表决，要求包括全体常任理事国在内的9个同意票，此又称为“大国一致原则”，即任何一个常任理事国都享有否决权，非常任理事国并无否决权。弃权不构成否决。因此，选项A、B错误，选项C正确，简单多数是联合国大会对一般问题进行表决时所要求的标准，而非安理会的表决规则。因此，选项D错误。

第四章 海洋法重要制度

重要法条及司法解释

《联合国海洋法公约》第2、3、17~22、33条。

《中华人民共和国领海及毗连区法》第 3、6、12、13 条。

命题分析

本知识点近十年来考查多次，考查频率较其他重点知识点略有下降。中国正在从内陆大国向海洋强国迈进，南海岛礁的争端仍时有发生，考生对本知识点仍需持续重视，并结合实际情况熟练掌握相关规则的具体内容。

知识点精讲

一、领海

（一）领海概述

领海是一国领海基线以外毗邻一国领陆或内水的一定宽度的海水带。根据 1982 年《联合国海洋法公约》的规定，每一个国家有权确定其领海宽度，但其不应当超过 12 海里。内陆国没有领海。我国《领海与毗邻区法》第 3 条第 1 款规定，中国领海的宽度从领海基线量起为 12 海里。

领海是国家领土的一部分，领海水体及其上空和底土都处于沿海国的主权管辖和支配之下。与领土的其他部分唯一不同的是，外国船舶在领海中享有无害通过权。

对于军用船舶是否享有无害通过权，各国实践并不一致。我国《领海及毗连区法》第 6 条规定，外国非军用船舶，享有依法无害通过中国领海的权利；外国军用船舶进入中国领海，须经中国政府批准。

（二）无害通过

无害通过或无害通过权是指外国船舶在不损害沿海国和平安宁和正常秩序的条件下，拥有无须事先通知或征得沿海国许可而连续不断地通过其领海的航行权利。

沿海国义务：①不得强加实际后果等于取消或损害无害通过的要求；②不应对各国船舶有所歧视；③不得仅以通过领海为由向外国船舶征收费用；④对航行危险的情况应妥为公布。

沿海国权利：①为了维护其秩序及权益，保证无害通过的顺利进行，可以制定有关无害通过的相关法规；②可以规定海道包括对油轮、核动力船等船舶实行分道航行制；③为国家安全，在必不可少时可在特定水域暂停无害通过。对无害通过要求连续不停地迅速通过，不得停泊和下锚，除非不可抗力、遇难和救助。潜水艇或其他潜水器通过领海须浮出水面并展示其船旗。

无害通过，即通过必须是无害的。有下列行为之一的即为有害：

（1）对沿海国的主权、领土完整或政治独立进行任何武力威胁或使用武力，或以任何违反联合国宪章所体现的国际法原则的方式进行武力威胁或使用武力；

（2）以任何种类的武器进行任何操练或演习；

（3）任何目的在于搜集情报使沿海国的国防或安全受损害的行为；

（4）任何目的在于影响沿海国防务或安全的宣传行为；

（5）在船上起落或接载任何飞机；

(6) 在船上发射降落或接载任何军事装置;

(7) 违反沿海国海关卫生财政移民的法律和规章，以及上下任何商品、货币或人员;

(8) 任何故意和严重的污染行为;

(9) 任何捕鱼活动;

(10) 进行研究或测量活动;

(11) 任何目的在于干扰沿海国通信系统或其他任何设施或设备的行为;

(12) 与通过没有关系的其他任何行动。

(三) 领海内的管辖权

国家对领海中航行的外国船舶拥有管辖权。但在实践中，除非特殊情形，国家一般不对外国船舶上人员的船上行为行使管辖权。刑事管辖的例外（即沿海国行使管辖权的情形）：①罪行的后果及于沿海国；②罪行属于扰乱当地安宁或沿海国良好秩序的性质；③经船长或船旗国外交代表或领事官员请求当地政府予以协助；④取缔违法贩运麻醉品或精神调理物质所必要。上述情况下，如经船长请求，沿海国在采取任何步骤前应通知船旗国的外交代表或领事官员。以上规定不影响沿海国为在驶离内水后通过领海的外国船舶上进行逮捕或调查目的而采取其法律授权的任何步骤的权利。对于来自外国港口，仅通过领海而不进入内水的外国船舶，沿海国不得在该船上对驶入领海前所犯罪行有关的任何人进行逮捕或进行有关的调查。

关于民事管辖：①沿海国不应为对外国船舶上的人行使管辖权而停止该船航行或改变其航向；②沿海国不得为民事诉讼目的对船舶从事执行或加以逮捕，除非涉及船舶本身在通过领海的航行中，或为该航向的目的而承担的义务或负担的债务；③上述规定不妨碍沿海国按照其法律，为任何民事诉讼的目的而对在其领海内停泊或驶离内水后通过领海的外国船舶实施执行或逮捕的权利。

二、毗连区

毗连区是指沿海国在毗连其领海的一定范围内，为对其海关、财政、卫生和移民等类事项行使管制而设置的区域。根据《联合国海洋法公约》的规定，毗连区的宽度从领海基线量起不超过 24 海里。

沿海国对毗连区不享有主权，只在毗连区行使某些方面的管制，而且国家对于毗连区的管制不包括其上空。毗连区的法律地位取决于其所依附的海域，或为专属经济区或为公海。毗连区本身不具有独立的法律地位。

沿海国可在毗连区行使下列管制：

(1) 防止在其领土或领海范围内违反其海关、财政、移民或卫生的法律、法规;

(2) 惩治在其领土或领海范围内违反上述法律、法规的行为。

中国有权在毗连区内，为防止和惩处在其陆地领土、内水或者领海内违反有关安全、海关、财政、卫生或者入境出境管理的法律、法规的行为行使管辖权。

三、专属经济区

专属经济区是领海以外毗邻领海的一定宽度的水域，根据《联合国海洋法公约》规定，它从领海基线量起不得超过 200 海里。沿海国对于专属经济区不拥有领土主权，只享有公约规定的某些主权权利。专属经济区的制度不影响其上空和底土本身的法律地位。专属经济区不是本身自然存在权利，需要国家以某种形式宣布建立并说明其宽度。

专属经济区的法律制度主要包括：

（1）沿海国拥有以勘探、开发、养护和管理海床和底土及其上覆水域自然资源（不论为生物或非生物资源）为目的的主权权利，以及关于在该区域内从事经济性开发和勘探，如海水、风力利用等其他活动的主权权利。

（2）沿海国对建造和使用人工岛屿和设施、海洋科学研究、海洋环境保护事项拥有管辖权。

（3）其他国家在这个区域享有航行和飞越、铺设海底电缆和管道的自由以及与此有关的其他合法活动的权利。

（4）为行使上述权利，沿海国可以制定与公约规定一致的专属经济区法规。并可采取必要的措施以确保其法规得到遵守，包括登临、检查、逮捕和进行司法程序。

（5）在对于外国船舶违法行为采取措施时，还应遵行以下规则：对于被捕的船只及其船员，在其提出适当的保证书或担保后，应迅速予以释放；沿海国对于在专属经济区内仅违反渔业法规的处罚，如有关国家间无相反的协议，不得包括监禁或任何形式的体罚；在逮捕或扣留外国船只时，沿海国应通过适当途径将所采取措施和随后进行的处罚迅速通知船旗国。

四、公海

（一）公海与公海制度

公海是指内海、领海、专属经济区、群岛水域以外的全部海域。任何国家不得主张对公海本身行使管辖权。1982 年《联合国海洋法公约》规定了 6 项公海自由，包括航行自由、飞越自由、铺设海底电缆和管道自由、捕鱼自由、建造人工岛屿和设施自由、科学研究自由。

公海自由不等于公海处于没有法律的状态。国际社会已形成了一套关于公海的制度，比如：①在公海航行的船舶必须并且只能悬挂一国旗帜，悬挂两国或两国以上旗帜航行或视方便而换用旗帜的，可视为无国籍船舶；②各国公民在捕鱼中应遵守本国根据有关条约和协议就鱼种、数量、方法、区域等方面承担的义务；③各国在公海建造人工岛屿或设施时不得设置于航道，这种人工设施不具有自然岛屿的地位，但可以在其周围划定宽度不超过 500 米的安全地带；④各国在公海进行科学研究应遵守《联合国海洋法公约》或其他国际法的规则，顾及其他国家的利益；等等。

（二）公海上的管辖权

公海不属于任何国家的领土，国家在公海上可行使船旗国管辖权和普遍性管辖权，但不得行使属地管辖权。同时，对某些违法行为，国家还承担了某种防止、惩罚及管辖合作的义务。

1. 船旗国管辖

船旗国管辖是指国家对于公海上悬挂其旗帜的船舶以及船舶上的人、物、事件的管辖。这表明船舶内部事务，一般地应遵行船旗国国内法。对于可能涉及两个或两个以上国家船舶的公海碰船或其他航行事故的刑事管辖，公约规定：①公海上碰船或其他事故涉及船长或船员的刑事或纪律责任时，对所涉人员的刑事诉讼或纪律程序，仅可以向船旗国或人员国籍国提出；②在纪律事项上，船长证书或驾驶执照只有其颁发国家才有权经过正当程序予以撤销，而不论证书持有人的国籍；③船旗国以外的任何当局，即使作为一种调查措施，也不得命令逮捕或扣押船舶。

2. 普遍管辖

公海上的普遍管辖权是指各国对发生在公海的，被国际法认为是普遍管辖权对象的特定国际罪行或违反国际法的行为，行使管辖权。这类罪行或不法行为包括：

（1）海盗行为。海盗是人类公敌，各国均有权将海盗拿捕，交付本国法院审判处理。对于海盗船舶或飞机及其上财产，可扣押并决定处理。

（2）非法广播。非法广播或未经许可的广播，是指船舶或设施违反无线电有关的国际章程，在公海上播送旨在使公众收听或收看的无线电信息。对于从事非法广播的任何人，船旗国或设施登记国或其所属国，或可以收到广播及其正常信号受到干扰的任何国家都拥有管辖权，可以对该行为人及船舶加以逮捕，并扣押广播器材。

（3）防止和禁止贩运奴隶和贩运毒品。

（三）临检权和紧追权

临检和紧追是国家某种管辖权在公海上实施或实现的两种措施。

1. 临检权

临检权又称"登临权"，是指一国的军舰、军用飞机或其他得到正式授权、有清楚标志可识别的政府船舶或飞机，对公海上的外国船舶（军舰等享有豁免权的除外），有合理根据认为其从事《联合国海洋法公约》所列不法情况时，拥有登船检查及采取相关措施的权利。这些不法情况为：海盗；贩奴；非法广播；船舶无国籍；虽然该船悬挂外国旗或拒不展示船旗，但事实上与该军舰属于同一国籍。若嫌疑经证明无根据，被临检的船舶并未从事涉嫌行为，则对被临检船造成的损失或损害，临检国承担国际责任。

2. 紧追权

紧追权是沿海国拥有对违反其法规并从该国管辖范围内的海域向公海行驶的外国船舶进行追逐的权利。沿海国行使紧追权应遵循以下规则：

（1）紧追行为只能由军舰、军用飞机或得到正式授权且有清楚可识别标志的政府船舶或飞机从事。

（2）紧追可以开始于一国内水、领海、毗连区或专属经济区。由毗连区开始的紧追限于外国船舶对该区所管制事项有关法律的违背；由专属经济区开始的紧追限于船舶对与该区域权利或大陆架权利有关的法规的违反。紧追必须依法进行，包括不得违背其他国际法规则和该国的条约义务。

（3）紧追应在被紧追船舶的视听范围内发出视觉或听觉的停止信号后，才可开始。

（4）紧追可以追入公海中继续进行，直至追上并依法采取措施，但必须是连续不断的。

（5）紧追权在被紧追船舶进入其本国或第三国领海时立即终止。

例 甲国A公司向乙国B公司出口一批货物，双方约定适用2010年《国际贸易术语解释通则》中CIF术语。该批货物由丙国C公司"乐安"号商船承运，运输途中船舶搁浅，为起浮抛弃了部分货物。船舶起浮后继续航行中又因恶劣天气，部分货物被海浪打入海中。到目的港后发现还有部分货物因固有缺陷而损失。"乐安"号运送该货物的航行路线要经过丁国的领海和毗连区。根据《联合国海洋法公约》，下列选项正确的是：

A. “乐安”号可不经批准穿行丁国领海，并在其间停泊转运货物

B. “乐安”号在丁国毗连区走私货物，丁国海上执法船可行使紧追权

C. “乐安”号在丁国毗连区走私货物，丁国海上执法机关可出动飞机行使紧追权

D. 丁国海上执法机关对“乐安”号的紧追权在其进入公海时立即终止

提示：领海是国家领土的一部分，领海水体及其上空和底土都处于沿海国的主权管辖和支配之下，只是外国船舶（限于商船）在领海享有无害通过权。无害通过要求连续不停迅速通过，不得停泊和下锚，除非不可抗力、遇难和救助。“乐安”号可不经批准穿行丁国领海，但不得停泊转运货物。因此，选项A错误。

沿海国行使紧追权的规则：①紧追可以开始于一国内水、领海、毗连区或专属经济区。由毗连区开始的紧追限于外国船舶对该区管制事项有关法律的违背；沿海国在毗邻区对海关、财政、移民和卫生等特定事项行使某种管制权；②紧追行为只能有军舰、军用飞机或得到正式授权且有清楚可识标志的政府船舶或飞机从事。根据题意，“乐安”号在丁国毗连区走私货物违反海关事项，可由丁国海上执法船或飞机行使紧追权；③紧追可以追入公海中继续进行，直至追上并依法采取措施，但必须是连续不断的；④紧追权在被紧追船舶进入其本国或第三国领海时立即停止。因此，选项B、C正确，选项D错误。

第五章　入境、居留和出境

重要法条及司法解释

《出境入境管理法》第12、14、16、20~22、25、28、30、39条。

命题分析

本知识点近年考查多次，为重点知识点。考查内容以我国2013年开始施行的《出境入境管理法》和《外国人入境出境管理条例》中的法律条文为主。考生对本知识点的复习应注意对法律条文的记忆。

知识点精讲

一、概述

根据一般国际法规则，国家没有允许外国人入境的义务。基于国家之间交往的需要，国家一般都在互惠的基础上允许外国人为合法目的入境，并且制定有关的法律法规与国际协定，明确有关入境、居留和出境的条件、程序、期限等相关问题。

二、《出境入境管理法》主要考查内容

（一）出入境管理机构

（1）驻外签证机关。

（2）边检机关。

（3）县级以上公安机关。

（二）外国人签证

1. 种类

对因外交、公务事由入境的外国人，签发外交签证或公务签证。对因身份特殊需要给予礼遇的外国人，签发礼遇签证。外交签证、礼遇签证、公务签证的签发范围和签发办法由外交部规定。对因工作、学习、探亲、旅游、商务活动、人才引进等非外交、公务事由入境的外国人，签发相应类别的普通签证。普通签证的类别和签发办法由国务院规定。

2. 免签

根据《出境入境管理法》第22条的规定，外国人有下列情形之一的，可以免办签证：

（1）根据中国政府与其他国家政府签订的互免签证协议，属于免办签证人员的；

（2）持有效的外国人居留证件的；

（3）持联程客票搭乘国际航行的航空器、船舶、列车从中国过境前往第三国或者地区，在中国境内停留不超过24小时且不离开口岸，或者在国务院批准的特定区域内停留不超过规定时限的；

（4）国务院规定的可以免办签证的其他情形。

3. 拒签

根据《出境入境管理法》第21条的规定，外国人有下列情形之一的，不予签发签证：

（1）被处驱逐出境或者被决定遣送出境，未满不准入境规定年限的；

（2）患有严重精神障碍、传染性肺结核病或者有可能对公共卫生造成重大危害的其他传染病的；

（3）可能危害中国国家安全和利益、破坏社会公共秩序或者从事其他违法犯罪活动的；

（4）在申请签证过程中弄虚作假或者不能保障在中国境内期间所需费用的；

（5）不能提交签证机关要求提交的相关材料的；

（6）签证机关认为不宜签发签证的其他情形。

对不予签发签证的，签证机关可以不说明理由。

（三）外国人出境

1. 限制出境

我国《出境入境管理法》第12条规定，中国公民有下列情形之一的，不准出境：

（1）未持有效出境入境证件或者拒绝、逃避接受边防检查的；

（2）被判处刑罚尚未执行完毕或者属于刑事案件被告人、犯罪嫌疑人的；

（3）有未了结的民事案件，人民法院决定不准出境的；

（4）因妨害国（边）境管理受到刑事处罚或者因非法出境、非法居留、非法就业被其他国家或者地区遣返，未满不准出境规定年限的；

（5）可能危害国家安全和利益，国务院有关主管部门决定不准出境的；

（6）法律、行政法规规定不准出境的其他情形。

我国《出境入境管理法》第28条规定，外国人有下列情形之一的，不准出境：

（1）被判处刑罚尚未执行完毕或者属于刑事案件被告人、犯罪嫌疑人的，但是按照中国与外国签订的有关协议，移管被判刑人的除外；

（2）有未了结的民事案件，人民法院决定不准出境的；

（3）拖欠劳动者的劳动报酬，经国务院有关部门或者省、自治区、直辖市人民政府决定不准出境的；

（4）法律、行政法规规定不准出境的其他情形。

2. 遣送出境

适用情形：①被处限期出境，未在规定期限内离境的；②有不准入境情形的；③非法居留、非法就业的；④违反本法或者其他法律、行政法规需要遣送出境的。被遣送出境的人员，自被遣送出境之日起1~5年内不准入境。

3. 驱逐出境

外国人违反本法规定，情节严重，尚不构成犯罪的，公安部可以处驱逐出境。被驱逐出境的外国人，自被驱逐出境之日起10年内不准入境。

（四）外国人停留居留

（1）外国人在中国境内旅馆住宿的，旅馆应当按照旅馆业治安管理的有关规定为其办理住宿登记，并向所在地公安机关报送外国人住宿登记信息。外国人在旅馆以外的其他住所居住或者住宿的，应当在入住后24小时内由本人或者留宿人，向居住地的公安机关办理登记。

（2）外国人在中国境内工作，应当按照规定取得工作许可和工作类居留证件。

（3）外国人工作类居留证件的有效期最短为90日，最长为5年；非工作类居留证件的有效期最短为180日，最长为5年。

持学习类居留证件的外国人需要在校外勤工助学或者实习的，应当经所在学校同意后，向公安机关出入境管理机构申请居留证件加注勤工助学或者实习地点、期限等信息。未加注前款信息的，不得在校外勤工助学或实习。

对中国经济社会发展作出突出贡献或者符合其他在中国境内永久居留条件的外国人，经本人申请和公安部批准，可取得永久居留资格。取得永久居留资格的外国人，凭永久居留证件在中国境内居留和工作，凭本人的护照和永久居留证件出境入境。

例 甲国公民杰克申请来中国旅游，关于其在中国出入境和居留期间的管理，下列哪些选项是正确的？

A. 如杰克患有严重精神障碍，中国签证机关不予签发其签证

B. 如杰克入境后可能危害中国国家安全和利益，中国出入境边防检查机关可不准许其入境

C. 杰克入境后，在旅馆以外的其他住所居住或者住宿的，应当在入住后48小时内由本人或者留宿人，向居住地的公安机关办理登记

D. 如杰克在中国境内有未了结的民事案件，法院决定不准出境的，中国出入境边防检查机关有权阻止其出境

提示：根据《出境入境管理法》第21条，外国人患有严重精神障碍、传染性肺结核病或者有可能对公共卫生造成重大危害的其他传染病的；有下列情形之一的，签证机关不予签发签证，因此，选项A正确。根据该法第25条，外国人该法第21条第1款第（一）项

至第（四）项规定情形的（其中包括“可能危害中国国家安全和利益、破坏社会公共秩序或者从事其他违法犯罪活动的”），中国出入境边防检查机关可不准许其入境。因此，选项B正确。根据该法第39条第2款，外国人在旅馆以外的其他住所居住或者住宿的，应当在入住后24小时内由本人或者留宿人，向居住地的公安机关办理登记。因此，选项C错误。根据该法第28条，外国人有未了结的民事案件，人民法院决定不准出境的，中国出入境边防检查机关有权阻止其出境。因此，选项D正确。

第六章 国际法上的个人

第一节 国籍

重要法条及司法解释

《国籍法》全文。

命题分析

国籍问题是国际法上的重要问题，现实中人们也很关注。从历年真题的考查情况来看，近十年本知识点考查多次，属于重点考查对象。从考查内容来看，“国籍的取得”和“国籍的丧失”是命题人比较关注的点。

知识点精讲

一、国籍的概念

国籍是指一个人属于某一个国家的公民或国民的法律资格。国籍在个人与国家之间建立了一种稳定的法律联系。拥有一国国籍的人，称为该国的公民或国民，因此国籍也称为“公民资格”。

给予哪些人国籍，是国家自身的权利。国家对此一般通过有关的国内法作出规定。但是，由于各国法律规定不同，会出现国籍冲突的问题，需要国家间合作通过国际法加以调整。

二、国籍的取得与丧失

（一）国籍的取得

国籍的取得方式可以分为两类：因出生取得和因加入取得。

1. 因出生取得

因出生而取得国籍称为“原始国籍”，它是最基本的国籍获得方式。在因出生取得国籍方面，各国的立法中采取的原则有三种：

（1）血统主义：这是指一个人出生时获得国籍仅取决于其父母的国籍，而不问其出生在何地。血统主义又分为仅以父亲国籍决定的单系血统主义和双亲任一方国籍决定的双系血统主义。

（2）出生地主义：这是指一个人出生时获得国籍仅取决于其出生地，而不管其父母国籍情况如何。

（3）混合制原则：这是指由出生获得国籍时，兼采血统主义和出生地主义。混合制又可分为血统主义为主、出生地主义为主和均衡两者三种实践。目前世界上绝大多数国家在国籍立法中采用混合制原则。

2. 因加入取得

因加入取得国籍是指由于本人意愿或某种事实，根据一国国籍法的规定而获得该国的国籍。这种国籍也称为“继有国籍”或“转承国籍”。因加入取得国籍又可以分为两种情况：

（1）申请入籍，也称为“归化”，是指经过自愿申请并经过入籍国的相关程序的审查批准而获得国籍。

（2）由于法定事实引起获得国籍是指由于某种事实的发生，根据所涉国家的法律而获得该国国籍。包括因跨国婚姻、收养、取得住所、领土转移等各种情况。

（二）国籍的丧失

国籍的丧失是指由于某种原因一个人失去其拥有的某个国家的国籍，一般可以分为自愿丧失和非自愿丧失两种。

（1）自愿丧失是指基于个人意愿作出申请或选择而放弃其拥有的国籍。

（2）非自愿丧失是指退籍和选择放弃以外的某种法律事实的出现，导致当事人根据有关国家立法的规定丧失其原有国籍。导致非自愿丧失国籍的事实一般有涉外婚姻、收养、已归化加入外国籍等。有些国家还规定了在符合某些法定条件时，国家可依法剥夺个人的该国国籍。对剥夺国籍的做法，在国家不违背其他国际义务的前提下，国际法尚未明确加以禁止。

三、国籍的冲突和解决

由于各国的国籍立法不同，在实践中，可能会出现两个或两个以上国家，根据各自国家的法律，同时都给予一个人其国家的国籍，也可能出现任何国家都不给予某个人国籍。在国际实践中，一般采取的防止和消除国籍冲突的方式有两种：第一种是通过国内立法，这是目前解决国籍冲突问题中最基本的方法；第二种是通过双边或多边条约方式，双边条约方式采用得多，多边条约或国际公约方式为数不多。

四、我国的国籍法实践

1980 年中国《国籍法》的主要规定如下：

（一）基本原则

中国不承认中国公民具有双重国籍。

（二）中国国籍的取得

（1）父母双方或一方为中国公民，本人出生在中国，具有中国国籍。

（2）父母双方或一方为中国公民，本人出生在外国，具有中国国籍；但父母双方或一方为中国公民并定居在外国，本人出生时即具有外国国籍的，不具有中国国籍。

（3）父母无国籍或国籍不明，定居在中国，本人出生在中国，具有中国国籍。

（4）外国人或无国籍人，愿意遵守中国宪法和法律，并具有下列条件之一的，可以经申请批准加入中国国籍：中国人的近亲属；定居在中国的；有其他正当理由。

申请加入中国国籍获得批准的，即取得中国国籍；被批准加入中国国籍的，不得再保留外国国籍。

（三）中国国籍的丧失

（1）定居外国的中国公民，自愿加入或取得外国国籍的，即自动丧失中国国籍。

（2）中国公民具有下列条件之一的，可以经申请批准退出中国国籍：外国人的近亲属；定居在外国的；有其他正当理由。

申请退出中国国籍获得批准的，即丧失中国国籍。国家工作人员和现役军人，不得退出中国国籍。

（四）中国国籍的恢复

曾有过中国国籍的外国人，具有正当理由，可以申请恢复中国国籍；被批准恢复中国国籍的，不得再保留外国国籍。

（五）申请程序

中国国籍的取得、丧失和恢复，必须办理申请手续。定居外国的中国公民自愿加入或取得外国国籍的情形除外。未满 18 周岁的人，可由其父母或其他法定代理人代为办理申请。

受理国籍申请的机关，在国内为当地市、县公安局，在国外为中国外交代表机关和领事机关。

加入、退出和恢复中国国籍的申请，由中华人民共和国公安部审批。经批准的，由公安部发给证书。

例 中国人王某定居美国多年，后自愿加入美国国籍，但没有办理退出中国国籍的手续。根据我国相关法律规定，下列哪些选项是正确的？

A. 由于王某在中国境外，故须向在国外的中国外交代表机关或领事机关办理退出中国国籍的手续

B. 王某无须办理退出中国国籍的手续

C. 王某具有双重国籍

D. 王某已自动退出了中国国籍

提示：我国《国籍法》第 9 条的规定，定居外国的中国公民，自愿加入或取得外国国籍的，即自动丧失中国国籍。加入外国国籍而导致的中国国籍的丧失无须办理任何手续。因此，选项 A 错误，选项 B、D 正确。王某加入美国国籍后，即自动丧失了中国国籍，因此，王某并不能同时具有中美两国国籍，故选项 C 错误。

第二节　引渡和庇护

重要法条及司法解释

《中华人民共和国引渡法》第3、4、7~10、14、16、21、38、47条。

命题分析

“引渡”近年考查多次，为重点知识点。其考查形式多样，有单独考查也有与其他知识点交叉考查。考生应掌握引渡的一般规则，并对我国《引渡法》的相关内容进行理解和记忆。“庇护”近十年未作考查，但是该制度是国际法与国际实践中一项十分重要的制度，考生应予以关注。

知识点精讲

一、引渡

（一）概念

引渡是指一国将处于本国境内的被外国指控为犯罪或已经判刑的人，根据该外国的请求，移交给该外国审判或处罚的一种国际司法协助行为。

（二）引渡规则

1. 引渡的主体

引渡主体为国家。在没有引渡条约的前提下，一国可以自由裁量作出决定。国家没有引渡的义务。

2. 可引渡的罪行

对于可引渡的罪行，一般是请求引渡国与被请求引渡国都认为是犯罪的行为，且大多会列举和规定在国家间的引渡条约中，有些国家在其国内引渡法中也有规定。这一做法被称为“双重可归罪”原则。

引渡还应遵循“政治犯不引渡”的原则。

3. 引渡的程序

引渡的程序一般包括引渡请求的提出和答复、负责引渡的机构、引渡文件材料的传送、移交被引渡人的条件方式等内容。

4. 引渡的效果

引渡的目的是弥补各国刑法的地域性与法律条文差异造成的法律漏洞，防止出现某种犯罪行为无法被追诉的情形发生。

（1）罪名特定原则：引渡请求国只能就其请求引渡的特定犯罪行为对该被引渡人进行审判或处罚。

（2）转引渡：如果以其他罪名进行审判或将被引渡人转引给第三国，则一般应经原引出国的同意。

（三）不得视为政治犯的罪行

（1）战争罪、反和平罪和反人类罪；

（2）种族灭绝或种族隔离罪行；

（3）非法劫持航空器；

（4）侵害包括外交代表在内的受国际保护人员罪行等。

（四）《中华人民共和国引渡法》的主要考点

1. 引渡的条件

外国向中国提出的引渡请求必须同时符合下列条件，才能准予引渡：

（1）引渡请求所指的行为，依照中国法律和请求国法律均构成犯罪；

（2）为了提起刑事诉讼而请求引渡的，根据中国法律和请求国法律，对于引渡请求所指的犯罪均可判处1年以上有期徒刑或者其他更重的刑罚；为了执行刑罚而请求引渡的，在提出引渡请求时，被请求引渡人尚未服完的刑期至少为6个月。

对于引渡请求中符合"双重可归罪"原则的多种犯罪，只要其中有一种犯罪符合上述刑期的规定，就可以对上述各种犯罪准予引渡。

2. 拒绝引渡的情形

《引渡法》规定，外国向中国提出的引渡请求，有下列情形之一的，应当拒绝引渡：

（1）根据中国法律，被请求引渡人具有中国国籍的；

（2）在收到引渡请求时，中国的司法机关对于引渡请求所指的犯罪已经作出生效判决，或者已经终止刑事诉讼程序的；

（3）因政治犯罪而请求引渡的，或者中国已经给予被请求引渡人受庇护权利的；

（4）被请求引渡人可能因其种族、宗教、国籍、性别、政治见解或者身份等方面的原因而被提起刑事诉讼或者执行刑罚，或者被请求引渡人在司法程序中可能由于上述原因受到不公正待遇的；

（5）根据中国或者请求国法律，引渡请求所指的犯罪纯属军事犯罪的；

（6）根据中国或者请求国法律，在收到引渡请求时，由于犯罪已过追诉时效期限或者被请求引渡人已被赦免等原因，不应当追究被请求引渡人的刑事责任的；

（7）被请求引渡人在请求国曾经遭受或者可能遭受酷刑或者其他残忍、不人道或者有辱人格的待遇或者处罚的；

（8）请求国根据缺席判决提出引渡请求的。但请求国承诺在引渡后对被请求引渡人给予在其出庭的情况下进行重新审判机会的除外。

《引渡法》还规定了可以拒绝引渡的几种情形：

（1）中国对于引渡请求所指的犯罪具有刑事管辖权，并且对被请求引渡人正在进行刑事诉讼或者准备提起刑事诉讼的；

（2）由于被请求引渡人的年龄、健康等原因，根据人道主义原则不宜引渡的。

3. 向外国请求引渡

请求外国准予引渡或者引渡过境的，应当由负责办理有关案件的省、自治区或者直辖市的审判、检察、公安、国家安全或者监狱管理机关分别向最高人民法院、最高人民检察院、公安部、国家安全部、司法部提出意见书，并附有关文件和材料及其经证明无误的译文。最高人民法院、最高人民检察院、公安部、国家安全部、司法部分别会同外交部审核同意后，通过外交部向外国提出请求。被请求国就准予引渡附加条件的，对于不损害中国主权、国家利益、公共利益的，可以由外交部代表中国政府向被请求国作出承诺。对于限制追诉的承诺，由最高人民检察院决定。对于量刑的承诺，由最高人民法院决定。在对被引渡人追究刑事责任时，司法机关应当受所作出的承诺的约束。

例 甲国公民彼得，在中国境内杀害一中国公民和一乙国在华留学生，被中国警方控制。乙国以彼得杀害本国公民为由，向中国申请引渡，中国和乙国间无引渡条约。关于引渡事项，下列哪些选项是正确的？

A. 中国对乙国无引渡义务

B. 乙国的引渡请求应通过外交途径联系，联系机关为外交部

C. 应由中国最高法院对乙国的引渡请求进行审查，并作出裁定

D. 在收到引渡请求时，中国司法机关正在对引渡所指的犯罪进行刑事诉讼，故应当拒绝引渡

提示：引渡是国家间的一种司法协助行为。在国际法上，除非两国之间有关于相互引渡的双边条约，否则国家没有引渡的义务，即“无条约，无义务”。本题中国与乙国无引渡条约，所以中国对乙国无引渡义务。故选项 A 正确。

我国《引渡法》第 4 条第 1 款规定，我国和外国之间的引渡，通过外交途径联系。外交部为指定的进行引渡的联系机关。因此，选项 B 正确。

《引渡法》第 16 条规定，外交部收到请求国提出的引渡请求后，应当对引渡请求书及其所附文件、材料是否符合该法和引渡条约的规定进行审查。最高人民法院指定的高级人民法院对请求国提出的引渡请求是否符合法律和引渡条约关于引渡条件等规定进行审查并作出裁定。最高人民法院对高级人民法院作出的裁定进行复核。因此，选项 C 错误。

《引渡法》第 9 条规定，外国向中国提出的引渡请求，而中国对于引渡请求所指的犯罪具有刑事管辖权，并且对被请求引渡人正在进行刑事诉讼或者准备提起刑事诉讼的，可以拒绝引渡，也就是说，这种情形不属于“应当”引渡。因此，选项 D 错误。

二、庇护

庇护是指一国对于遭到外国追诉或迫害而前来避难的外国人，准予其入境和居留，给予保护，并拒绝将其引渡给另一国的行为。庇护是国家的权利，国家通常没有必须给予庇护的义务。

根据国际法，对从事侵略战争、种族灭绝和种族隔离、劫机、侵害外交代表等罪行以及其他被条约或习惯国际法认为是国际罪行的人，不得进行庇护。

庇护包括允许避难者在庇护国境内居留，对其进行保护或不对其进行相关的惩罚，并拒绝将其交给其他国家或递解出境。对尚不在庇护国领土内的避难者，庇护还包括准其入境。因此，不引渡并不等于庇护。被给予庇护的人在庇护国通常享有外国侨民的待遇。

所谓“领土以外的庇护”，或称“域外庇护”，最常见的是指利用国家在外国的外交或

领事机构馆舍、船舶或飞机等作为场所进行的庇护。庇护是国家基于领土主权而引申出的权利，因此，所谓“域外庇护”是没有一般国际法根据的。

第七章 外交关系法与领事关系法

第一节 使馆的特权与豁免

重要法条及司法解释

《维也纳外交关系公约》第1、4、14、22~31、34~37条。

命题分析

本知识点近年很少考查，但在考试中易与其他相关知识点交叉考查，考生应注意知识的系统性与关联性，对知识点要作系统性的理解记忆。

知识点精讲

一、概述

使馆的特权与豁免是外交特权与豁免的重要组成部分。外交特权与豁免是指根据一般国际法或国家间的协议，接受国给予派遣国的使馆及其人员的某些特权和优待。

二、外交机关和使馆人员

（一）外交机关

1. 中央外交机关

国家元首、政府（特指最高行政机关）和外交部门。

2. 外交代表机关

（1）常驻：使馆（馆长：大使、公使或代办）；

（2）临时：特别使团。

（二）使馆人员

（1）外交人员（馆长、参赞、武馆、外交秘书和随员）；

（2）行政人员（会计、翻译、工程师等）；

（3）服务人员（司机、厨师、清洁工等）。

三、使馆特权与豁免

（1）使馆馆舍不得侵犯。特别注意：接受国官员未经使馆馆长或其代理人同意，不得擅自进入使馆馆舍执行公务，即使是送达司法文书或遇火灾以及流行病发生，也不例外；

使馆馆舍及设备，以及馆舍内其他财产与使馆交通工具免受搜查、征用、扣押或强制执行。

（2）使馆财产及档案不得侵犯。使馆的档案及文件无论何时何处，均不得侵犯。这项特权即使两国断交、使馆馆长长期或暂时撤退、发生武装冲突时也不例外。

（3）通信自由。包括：使馆为了通信的需要可采用一切适当方法，包括外交信差、外交邮袋及明密码电信在内，但非经接受国同意不得装置使用无线电发报机；接受国对外交邮袋不得予以开拆或扣留，并应提供便利以保障迅速传递；外交信差在执行职务时应受到接受国的保护，享有人身不受侵犯权，不受任何方式的逮捕或拘禁；外交邮袋可托交预定在准许入境地点降落的商业飞机机长转递，但机长不能视为外交信差。

（4）使馆免纳捐税。使馆的捐税免除的内容有：使馆馆舍免纳国家的、区域的或地方的捐税，但此项免除不包括为使馆提供的特定服务所收的费用；使馆办理公务所收的规费及手续费免纳捐税；使馆的公务用品免纳关税和其他课征，但储存、运送及类似服务费不在此列。

（5）使馆人员有行动和旅行自由。使馆人员在接受国应享有行动和旅行的自由权，但这种自由受国际法的原则和接受国法律规定限制，如使馆人员不得擅自进入接受国法律禁止或限制进入的区域，不得进行间谍、颠覆等违法活动。

（6）使用派遣国的国家标志。使馆及其馆长有权在使馆馆舍及使馆馆长寓所以及交通工具上使用派遣国的国旗或国徽标志。

四、外交人员的特权与豁免

（1）人身不可侵犯。接受国对外交人员的尊严应予尊重，不得对外交人员的人身实施搜查、逮捕或拘留。但这并不排斥接受国对外交人员犯罪行为的防止或制止而采取措施的实施，也不排除由于外交人员本人的挑衅行为而引起的他人正当防卫的实施。

（2）寓所、财产和文书信件不可侵犯。但在外交人员不得主张豁免的民事诉讼案件中，在不侵犯外交人员的人身和寓所的情况下，不排除执行处分。

（3）管辖豁免。①刑事管辖豁免。外交人员享有完全的对接受国刑事管辖的豁免，即接受国的司法机关不得对其进行刑事审判和处罚。②民事和行政管辖豁免。但有例外：外交人员在接受国境内私有不动产物权的诉讼，但其代表派遣国为使馆用途置有的不动产不在此列；外交人员以私人身份并不代表派遣国而作为遗嘱执行人、遗产管理人、继承人或受赠人之继承事项的诉讼；外交人员在接受国内在公务范围以外所从事的专业或商务活动的诉讼；外交人员主动起诉而引起的与该诉讼直接有关的反诉。③外交人员享有的上述豁免是接受国的管辖豁免，如外交人员有违法行为，其相关责任并不能因此而被豁免，有关的责任问题将通过外交途径解决。④外交人员免除作证义务，不仅没有被迫在法律程序中作为证人出庭作证的义务，而且没有提供证词的义务。⑤外交人员的特权和管辖豁免可以由其派遣国放弃，但这种放弃只能由派遣国明示作出，外交人员本身没有作出这种放弃的权利。并且，对诉讼程序上管辖豁免的放弃，不得视为对判决执行豁免的默示放弃，后项放弃须由派遣国单独明确作出。

（4）某些方面免税和免验。①外交人员免除一切对人对物课征的国家的、区域的或地方的捐税。其中主要是免纳个人所得税和其他直接税。②外交人员或与之构成同一户口的家属的私人用品，包括其定居所用的物品在内免除一切关税及类似税费。外交人员的私人行李免受查验，但接受国当局有重大理由推定其中有非免税物品或有接受国法律禁止的进出口物品或检疫条例加以管制的物品等情况时，可在外交人员或其代理人在场时查验。如查验表明接受国的理由不能成立，则由此带来的损失，由接受国承担国家责任。

（5）其他特权与豁免。外交人员就其对派遣国所做的服务而言，应免予适用接受国施行的社会保险办法，免除一切个人劳务和各种公共服务，如兵役、担任陪审员、承担个人捐赠等义务。并免除关于征用、军事募捐及屯宿等军事义务。

例 甲国、乙国、丙国均为《维也纳外交关系公约》缔约国。甲国汤姆长期旅居乙国，结识甲国驻乙国大使馆参赞杰克，2人在乙国与丙国的汉斯发生争执并互殴，汉斯被打成重伤。后，杰克将汤姆秘匿于使馆休息室。关于事件的处理，下列哪一选项是正确的？

A. 杰克行为已超出职务范围，乙国可对其进行逮捕

B. 该使馆休息室并非使馆工作专用部分，乙国警察有权进入逮捕汤姆

C. 如该案件在乙国涉及刑事诉讼，杰克无作证义务

提示：根据《维也纳外交关系公约》，外交人员在接受国享有完全的刑事管辖豁免，因此，选项A错误。接受国的人员非经使馆馆长许可，不得进入使馆任何地方，包括使馆专用和非专用部分，当然包括使馆休息室不得侵犯。因此，接受国的官员，包括警察所，未经使馆馆长同意，不得擅自进入使馆馆舍执行公务。故选项B错误。外交人员免除作证义务，不仅没有被迫在法律程序中作为证人出庭作证的义务，而且没有提供证词的义务，因此，选项C正确。

第二节　领事关系法

重要法条及司法解释

《维也纳领事关系公约》全文。

命题分析

从历年真题的考查情况来看，本知识点近十年来考查多次，其中“领事特权与豁免”和“领事馆组成及人员派遣”是考查重点。

知识点精讲

领事关系法主要是关于领事关系的建立、领事的派遣和接受、领事职务、领事的特权与豁免等原则和规则的总称。1963年的《维也纳领事关系公约》是当前领事关系的最基本的法律文件。

一、领事机构的建立及其职务

除另有声明外，两国间同意建立外交关系亦即同意建立领事关系。但断绝外交关系并不当然断绝领事关系。

（一）领事馆组成及人员派遣

领馆人员包括领事官员、领事雇员及服务人员。

领事官员是指被委任此职务承办领事事务的人员，包括领馆馆长在内。领事雇员是受雇担任领馆行政或技术事务的人员，如译员、速记员等。服务人员是指受雇担任领馆杂务的人员，如司机、清洁工等。

领馆馆长由派遣国委派，并由接受国承认准予执行职务。领馆其他人员的委派由派遣国自由决定。但若委派具有接受国国籍的人或第三国国民充任领馆馆员须经接受国明示同意。领馆人员职务终止一般有以下情况：被派遣国召回；领事证书被撤销；接受国通知派遣国不再承认该员为领事馆人员，即被宣告为不受欢迎的人或不能接受的人；领馆关闭或领事关系断绝等。

（二）领事职务

领事官员执行职务应限于领馆辖区范围内，在领馆辖区外执行职务须经接受国同意。在第三国执行领事职务，或代表第三国在接受国内执行领事职务，应当通知有关国家或接受国，并以有关国家或接受国不反对为限。

二、领事特权与豁免

（一）领馆的特权与豁免

（1）领馆馆舍不受侵犯。特别注意：①接受国人员非经领馆馆长或其指定人员或派遣国使馆馆长同意，不得进入领馆馆舍中专供领馆工作之用的部分。但遇火灾或其他灾害须迅速采取保护行动时，可以推定馆长已同意。②领馆馆舍、馆舍设备以及领馆的财产与交通工具一般地应免受任何方式的征用。如接受国确有征用的必要时，应采取一切可能步骤以免妨碍领馆执行职务，并应向派遣国作出迅速、充分及有效的补偿。

（2）领馆档案及文件不得侵犯。领馆的档案和文件无论何时，亦不论位于何处，均不得侵犯。

（3）通信自由。①接受国应允许并保护领馆为一切公务目的的自由通信，领馆为通信可使用外交或领馆信差、外交或领馆邮袋及明密码电信。但装置及使用无线电发报机须经接受国许可。②领馆的来往公文不受侵犯。领馆的邮袋不得予以开拆或扣留，但如有重大理由可在派遣国授权代表在场下开拆邮袋。若派遣国拒绝开拆，邮袋应退回原发送地。③领事信差在执行职务时，不受任何方式的逮捕或拘禁。

（4）行动自由。领馆人员在接受国境内有行动自由及旅行自由。但接受国为国家安全而禁止或限制进入的区域除外。

（5）免纳关税和捐税。

（6）与派遣国国民通信及联络的权利。

（二）领事官员的特权与豁免

（1）人身不得侵犯。领事官员人身自由受到一定程度的保护。包括接受国对领事官员不得予以逮捕候审或羁押候审，不得监禁或以其他方式拘束领事官员的人身自由，但对犯有严重罪行或司法机关已裁判执行的除外。

（2）管辖豁免。领事官员执行职务行为，不受接受国的司法和行政管辖。但有以下例外：①因领事官员并未明示或默示以派遣国代表身份而订立契约所发生的诉讼。②第三者因车辆船舶或航空器在接受国内所造成的意外事故而要求损害赔偿的诉讼。此外，领事官员主动起诉引起的与本诉直接有关的反诉不享受豁免。③在与管辖相关的作证义务方面，领事享有一定的豁免。领事官员对其执行职务所涉及的事项没有作证或提供有关公文或文件的义务。除此之外领事官员不得拒绝作证。但如果领事拒绝作证也不得对其施以强制或处罚。在可能情况下可以在领事寓所或领馆录取证言或证词。④上述特权和管辖豁免的放弃必须由派遣国明示作出，并以书面通知接受国。对民事或行政诉讼程序的管辖豁免的放弃，不得视为对司法判决执行的豁免的默示放弃。执行豁免的放弃也必须分别明确作出。

（3）某些方面的免税和免验。领事免纳一切对个人和物的课税，包括国家的、区域的和地方的捐税，但间接税、遗产税、服务费等不在免除之列。领事及其同户家属初到任所需物品和消费品免纳关税；领事行李免受查验，如有重大理由需要查验，应于领事或其家属在场时进行。

（4）其他。除上述特权外，领事还被免除外侨登记、居留证、工作证及社会保险办法的适用；免除个人劳务及捐献义务等。

（三）领事特权与豁免的适用范围

领事特权与豁免适用的范围也包括适用的人员范围和适用的时间范围。

1. 人员范围

为了执行领事职务工作的需要，职业领事任馆长的领馆的雇员及服务人员及其家属也享有一定的特权与豁免。领事雇员的职务行为享有与领事官员相同的司法和行政管辖的豁免。领馆雇员和服务人员就其执行职务所涉及的事项无作证或提供有关来往公文或文件的义务，并有权拒绝以特定人身份就派遣国的法律提供证言。领馆雇员免纳初到任时的安家物品及个人消费品的关税以及储存、运送等类似服务费之外的课征。领事官员和雇员及他们的同户家属免除外侨登记和社会保险办法的适用；领事官员家属和领馆雇员及其家属免纳国家、区域或地方性捐税，但间接税和服务费不免除。服务人员就其服务的工资免纳捐税。领事官员的同户家属、领事雇员和服务人员及他们的同户家属免除个人劳务、公共服务和捐献等。

2. 时间范围

领馆人员自进入接受国国境前往就任之时起享有特权与豁免，其已在该国国境内者，自其就任领馆职务之时起开始享有。领馆人员的同户家属依其进入接受国国境时起，或自其成为领馆人员的家属之日起享有特权与豁免。领馆人员的职务如已终止，其本人的特权与豁免以及其同户家属的特权与豁免通常应于各该人员离开接受国国境时或其离境之合理期间终了时停止。即使有武装冲突发生，此特权与豁免也应继续有效至该时为止。领馆人员的同户家属于其不为家属时终止其特权与豁免。但如其想在稍后合理期间内离开接受国国境，其特权与豁免应继续有效，至其离境之时为止。如领馆人员死亡，其同户家属应继续享有其原有的特权与豁免至其离开接受国国境时或离境的合理期间终了时为止。

例 甲、乙二国建有外交及领事关系，均为《维也纳外交关系公约》和《维也纳领事关系公约》缔约国。乙国为举办世界杯足球赛进行城市改建，将甲国使馆区域、大使官邸、领馆区域均纳入征用规划范围。对此，乙国作出了保障外国使馆、领馆执行职务的合理安排，并对搬迁使领馆给予及时、有效、充分的补偿。根据国际法相关规则，下列哪些判断是正确的？

C. 在作出上述安排和补偿的情况下，乙国可征用甲国总领馆办公区域

D. 甲国总领馆馆舍在任何情况下均应免受任何方式的征用

提示：领馆的待遇要低于对使馆的待遇。《维也纳领事关系公约》第31条规定，领馆可以征用，但东道国应给予迅速、充分和有效的补偿，并采取一切可能的措施避免影响领馆执行职务。因此，选项C正确，选项D错误。

第八章　条约法

重要法条及司法解释

《维也纳条约法公约》第7~15、19~23、28~38、46~60条。

《缔结条约程序法》全文。

命题分析

本知识点是国际法部分的重点知识点，几乎每年必考，所占分值较高。从考查内容来看，“条约的保留”“条约的生效”“条约的缔结程序与方式”等问题考查次数较多。考生在复习中应当加强对《缔结条约程序法》重点条文的记忆。

知识点精讲

一、概述

（一）条约的构成要件

缔约主体具有缔约能力和缔约权、自由同意、符合国际强行法。

（二）条约的生效

通常规定条约生效的日期和方式有：

（1）条约经签署后生效。有的条约规定签署后须经缔约双方相互通知已完成各自使条约生效的法律程序后生效。

（2）经批准通知或交换批准书后生效。

（3）交存批准书或加入书后生效。

（4）条约规定于一定的日期生效。

（5）条约的暂时适用。

（三）条约的保留

一国可附有保留而成为条约的当事国，但是以下情形不得提出保留：①条约禁止保留；②有关保留不在条约允许的保留范围内；③保留与条约的目的和宗旨不符。

（四）条约的缔约程序和方式

条约的缔约程序是指缔约条约经过的过程和履行的一定手续。条约的缔约程序一般包括：约文的议定、约文的认证和表示同意受条约约束。具体的缔约方式和程序取决于缔约方的约定和选择。

（五）国际条约在中国的适用实践

我国宪法至今没有作出统一明确的规定。从涉及条约适用的国内立法看，条约的直接适用、条约须经国内立法转化才能适用、条约与相关国内立法同时适用的情况都存在。

二、条约的冲突及其解决

条约的冲突是指一国就同一事项先后参加的两个或几个条约的规定相互冲突。解决条约的冲突一般采取以下几种方法：

（1）先后就同一事项签订的两个条约的当事国完全相同时，不论是双边还是多边条约，一般适用后约取代前约的原则，即适用后约，先约失效。

（2）先后就同一事项签订的两个条约的当事国部分相同，部分不同时，在同为两条约当事国之间，适用后约优于先约的原则。在同为两条约当事国与仅为其中一条约的当事国之间，适用两国均为当事国的条约。

（3）适用条约本身关于解决条约冲突的规定。有些条约本身有关于解决条约冲突的规定。

三、条约对第三国的效力

某个条约的第三国是指不是这个条约当事国的国家。根据《维也纳条约法公约》规定，条约未经第三国同意对第三国既不创设义务，亦不创设权利。

（1）如果一个条约有意为第三国创设一项义务，必须经第三国以书面形式明示接受，才能对第三国产生义务。

（2）当一个条约有意为第三国创设一项权利时，原则上仍应得到第三国的同意。但是，如果第三国没有相反的表示，应推断其同意接受这项权利，不必须以书面形式明示接受。

（3）条约使第三国担负义务时，该项义务一般必须经条约各当事国与该第三国的同意方得取消或变更。条约使第三国享有权利时，如果经确定原意为非经该第三国同意不得取消或变更该项权利，当事国不得随意取消或变更。

四、条约的解释

条约的解释是指对条约条文和规定的真实含义予以说明和澄清。《维也纳条约法公约》规定了条约解释应遵循的主要方法和规则。

（一）条约解释的一般规则

（1）根据通常含义和上下文。条约的上下文除约文外，还包括条约全体当事国之间就该条约的缔结所订立的与该条约有关的任何协定，或个别缔约国间缔结或作出的并经其他当事国接受的与该条约有关的任何文书。

（2）符合条约的目的和宗旨。

（3）善意解释。

（二）条约解释的辅助规则

（1）条约解释的补充资料。如果以上述规则解释条约，意义仍不明确或难以解释，或所得结果显属荒谬或不合理时，可以使用解释条约的补充资料，包括条约的准备工作及缔约的情况在内，如谈判记录、历次草案、讨论纪要等。但这些材料本身不具有决定性。

（2）两种以上文字的条约的解释。①经两种以上文字认证作准的条约，除条约另有规定外或当事国另有协议外，每种文字的约文应同样作准；②作准文本以外的条约译本，不能作为作准文本，仅可以在解释条约时作为参考；③在各种文字的作准约文中，条约的用语应被推定为有相同的意义；④除按规定应以某一约文为准外，在几个作准约文中发现意义有分歧，而适用以上解释规则不能消除分歧时，应采用顾及条约目的及宗旨的最能调和各约文的意义。

五、《缔结条约程序法》的主要考点

（一）谈判和签署条约、协定的代表委派程序

（1）以中华人民共和国名义或者中华人民共和国政府名义缔结条约、协定，由外交部或者国务院有关部门报请国务院委派代表。代表的全权证书由国务院总理签署，也可以由外交部部长签署；

（2）以中华人民共和国政府部门名义缔结协定，由部门首长委派代表。代表的授权证书由部门首长签署。部门首长签署以本部门名义缔结的协定，各方约定出具全权证书的，全权证书由国务院总理签署，也可以由外交部部长签署。

下列人员谈判、签署条约、协定，无须出具全权证书：

（1）国务院总理、外交部部长；

（2）谈判、签署与驻在国缔结条约、协定的中华人民共和国驻该国使馆馆长，但是各方另有约定的除外；

（3）谈判、签署以本部门名义缔结协定的中华人民共和国政府部门首长，但是各方另有约定的除外；

（4）中华人民共和国派往国际会议或者派驻国际组织，并在该会议或者该组织内参加条约、协定谈判的代表，但是该会议另有约定或者该组织章程另有规定的除外。

（二）由全国人民代表大会常务委员会决定批准的条约和重要协定

（1）友好合作条约、和平条约等政治性条约；

（2）有关领土和划定边界的条约、协定；

（3）有关司法协助、引渡的条约、协定；

（4）同中华人民共和国法律有不同规定的条约、协定；

（5）缔约各方议定须经批准的条约、协定；

（6）其他须经批准的条约、协定。

（三）加入多边条约和协定的程序

（1）加入属于《缔结条约程序法》第7条第2款所列范围的多边条约和重要协定，由外交部或者国务院有关部门会同外交部审查后，提出建议，报请国务院审核；由国务院提请全国人民代表大会常务委员会作出加入的决定。加入书由外交部部长签署，具体手续由外交部办理。

（2）加入不属于《缔结条约程序法》第7条第2款所列范围的多边条约、协定，由外交部或者国务院有关部门会同外交部审查后，提出建议，报请国务院作出加入的决定。加入书由外交部部长签署，具体手续由外交部办理。

（四）接受多边条约和协定的程序

经中国代表签署的或者无须签署的载有接受条款的多边条约、协定，由外交部或者国务院有关部门会同外交部审查后，提出建议，报请国务院作出接受的决定。接受书由外交部部长签署，具体手续由外交部办理。

第九章　国际法院

重要法条及司法解释

《国际法院规约》第3、8、10、31、36、38、59~60、65条。

命题分析

本知识点考查次数较多，为重点知识点。命题的内容涉及国际法院的组成、管辖权和诉讼程序等。考生在复习本知识点内容时应注意其与国内司法制度的对比。

知识点精讲

一、国际争端的解决方法

传统国际法将解决国际争端的方法分为强制性和非强制性两种方法。

强制性方法是指争端一方为使他方同意其所要求的对争端的解决和处理，而单方面采用的带有某些强制性的措施和方法。

非强制性方法是指在争端各方自愿的基础上，解决国际争端的方法。它分为政治解决方法和法律解决方法。

（一）政治解决方法

（1）谈判与协商。

（2）斡旋与调停（由第三方促成）。

（3）调查（针对事实问题）与和解。

（二）法律解决方法

（1）仲裁（比如国际常设仲裁法院）。

（2）法院（比如国际法院、国际海洋法法庭）。

二、国际法院

（一）国际法院的组成成员

（1）法院由15名法官组成。法官不代表任何国家，也不能担任任何政治或行政职务。

法官不受任何国家制约，也不受联合国机构的制约。

国际法院法官在联合国大会和安理会中分别独立进行选举，只有在这两个机关同时都获得绝对多数票方可当选。安理会常任理事国对法官选举没有否决权。

（2）专案法官。法官对于涉及其国籍国的案件，不适用回避制度，除非其在担任法官之前参与过本案件。在法院受理案件中，如果一个当事国有本国籍的法官，他方当事人也可以选派一人作为“专案法官”，参加本案的审理。如果当事双方都没有本国籍的法官，则双方都可各选派一名“专案法官”参与该案件的审理。这种临时的专案法官在该案审理中与正式法官具有完全平等的权利。

（3）书记处。书记处负责处理法院的文书、档案，日常工作和对外联系等。

（二）国际法院的管辖权

1. 诉讼管辖权

“对人管辖”包括三类诉讼当事国：联合国会员国；非会员国但为《国际法院规约》当事国；特别声明当事国（即当事国既非联合国会员国，也非《国际法院规约》当事国，但提交声明愿意接收国际法院管辖，保证履行法院判决及其他相关义务的国家）。联合国会员国是当然的《国际法院规约》当事国。

“对事管辖”包括：①自愿管辖。对于任何争端，当事国都可以在争端发生后，达成协议，将争端提交国际法院。法院根据当事国各方的同意进行管辖。②协定管辖。在现行条约或协定中，规定各方同意将有关的争端提交国际法院解决。③任择强制管辖。《国际法院规约》的当事国，可以通过发表声明，就具有下列性质之一的争端，对于接受同样义务的任何其他当事国，接受法院的管辖为当然具有强制性，而不需要再有特别的协定。这些争端是：对于条约的解释、违反国际义务的任何事实、违反国际义务而产生的赔偿的性质和范围等。

2. 咨询管辖权

国际法院除诉讼活动外，还有提供法律咨询的重要职能，称为“法院的咨询管辖权”。联合国大会及大会临时委员会、安理会、经社理事会、托管理事会、要求复核行政法庭所作判决的申请委员会以及经大会授权的联合国专门机构或其他机构，可以就执行其职务中的任何法律问题请求国际法院发表咨询意见。其他任何国家、团体、个人包括联合国秘书长都无权请求法院提供咨询意见。法院作出的咨询意见没有法律约束力。

（三）国际法院的判决

国际法院对其审理的案件，除中止诉讼以外，均须作出判决。国际法院的判决具有终局性，判决一经作出，即对案件及其当事国产生法律约束力，当事各国必须遵照履行。如果其中一方当事国拒不履行国际法院生效判决，另一方当事国可以向联合国安理会提出申诉，联合国安理会可以作出有关建议或决定采取措施执行判决。当事国对判决的含义与范围发生争议时，可以请求国际法院进行解释。

国际私法

第一章 国际私法概述

重要法条及司法解释

《最高人民法院关于适用〈中华人民共和国涉外民事关系法律适用法〉若干问题的解释（一）》第1条。

命题分析

本知识点虽然近年未作考查，但作为国际私法的基础，仍然十分重要，考生要理解掌握。

知识点精讲

一、国际私法的调整对象

一般认为，国际私法的调整对象就是具有国际因素的民商事法律关系。就一国而言，国际民商事法律关系可称为“涉外民商事法律关系”。

民事关系具有下列情形之一的，人民法院可以认定为涉外民事关系：①当事人一方或双方是外国公民、外国法人或者其他组织、无国籍人；②当事人一方或双方的经常居所地在中华人民共和国领域外；③标的物在中华人民共和国领域外；④产生、变更或者消灭民事关系的法律事实发生在中华人民共和国领域外；⑤可以认定为涉外民事关系的其他情形。

二、国际私法的定义

国际私法是以直接规范和间接规范相结合来调整平等主体之间的国际民商事法律关系并解决国际民商事法律冲突的法律部门。这个定义揭示了国际私法的本质属性，即国际私法调整的社会关系是国际民商事法律关系，解决国际民商事法律冲突同时使用直接规范和间接规范。

第二章 国际私法的主体

重要法条及司法解释

《涉外民事关系、法律适用法》第14、19条。

《最高人民法院关于适用〈中华人民共和国涉外民事关系法律适用法〉若干问题的解释（一）》第16条。

《民法通则》第 15 条。

《最高人民法院关于贯彻执行〈中华人民共和国民法通则〉若干问题的意见（试行）》第 183~185 条。

《公司法》第 10、192 条。

命题分析

"国际私法的主体"是国际私法部分基础的知识点，以往考查不多，主要考查"自然人的住所""自然人的居所""法人的国籍"等内容。对于这些问题，考生一般掌握我国相关法律规定就可以了。

知识点精讲

一、自然人

（一）自然人的国际私法主体资格

自然人是国际私法的基本主体。当今世界各国都承认外国人在内国具有一定的民商事法律地位，外国自然人在内国作为国际私法的主体是毫无疑问的。但是，外国人与内国人在内国民商事法律地位上并不绝对平等。有时外国人在内国并不能参加某种民商事活动，因而也就不可能作为这种民商事法律关系的主体。

（二）自然人的国籍

1. 自然人国籍的概念

所谓"国籍"，是指一个人属于某一个国家的国民或公民的法律资格。由于各国立法关于国籍的取得和丧失的规定并不一致，可能导致两种情况：有的人同时具有两个或两个以上的国籍，而有的人则无任何国家的国籍。前一种情况称为"国籍的积极冲突"，后一种情况则称为"国籍的消极冲突"。

2. 自然人国籍的积极冲突的解决

依照《涉外民事关系法律适用法》适用国籍国法律，自然人具有两个以上国籍的，适用有经常居所的国籍国法律；在所有国籍国均无经常居所的，适用与其有最密切联系的国籍国法律。

3. 自然人国籍的消极冲突的解决

自然人无国籍或者国籍不明的，适用其经常居所地法律。

（三）自然人的住所

1. 自然人住所的概念

所谓"住所"，即一个人以久住的意思而居住的某一处所。这个定义包含了当事人在某一地有久住的意思以及居住的事实。我国《民法通则》第 15 条规定："公民以他的户籍所在地的居住地为住所，经常居住地与住所不一致的，经常居住地视为住所。"

各国法律对住所的规定是不相同的。由于各国关于住所的法律规定不同或对事实认定各异，自然人的住所也和自然人的国籍一样，会发生积极冲突和消极冲突。

2. 自然人住所的积极冲突的解决

我国法律规定，当事人有几个住所的，以与产生纠纷的民事关系有最密切联系的住所为住所。

3. 自然人住所的消极冲突的解决

我国法律规定，当事人的住所不明或者不能确定的，以其经常居住地为住所。

（四）自然人的居所

所谓“居所（residence）”，是指一个人在一定时间内居住的处所。居所和住所有所不同，住所是一个人以永久居住的意图而居住的处所，而居所的成立不要求当事人具有永久居住的意图。《最高人民法院关于适用〈中华人民共和国涉外民事关系法律适用法〉若干问题的解释（一）》第15条规定：“自然人在涉外民事关系产生或者变更、终止时已经连续居住一年以上且作为其生活中心的地方，人民法院可以认定为涉外民事关系法律适用法规定的自然人的经常居所地，但就医、劳务派遣、公务等情形除外。”

二、法人

（一）法人的国际私法主体资格

法人是拥有自主经营的财产，具有民事权利能力和民事行为能力，依法独立享有民事权利和承担民事义务的社会组织。同自然人一样，法人也是国际私法的基本主体。

任何法人都是依一定国家的法律成立的，并依法具有民事权利能力和民事行为能力。但一国法人要参加国际民商事活动，除了受本国法律限制外，其民事权利能力和民事行为能力还必须得到有关外国的认可。

（二）法人的国籍

1. 法人国籍的确定

对于法人国籍的确定，国际上并无一致的做法。我国主张依据法人的设立登记地来确定法人的国籍。我国《公司法》第191条规定：“本法所称外国公司是指依照外国法律在中国境外设立的公司。”此外，最高人民法院《关于贯彻执行民法通则若干问题的意见（试行）》第184条也规定：“外国法人以其注册登记地国家的法律为其本国法。”由此可见，我国也是以登记成立地来确定外国公司的国籍的。

（三）法人的住所

我国法律采“主要办事机构所在地说”。《民法通则》第39条规定：“法人以它的主要办事机构所在地为住所。”《公司法》第10条规定：“公司以其主要办事机构所在地为住所。”主要办事机构所在地既可能是管理中心所在地，也可能是营业中心所在地。

（四）法人的营业所

法人的营业所，即法人从事经营活动的场所。在实际生活中，一个法人可能有两个或两个以上的营业所，从而导致营业所的积极冲突，它也可能没有营业所，从而导致营业所的消极冲突。对于营业所的积极冲突和消极冲突，我国《最高人民法院关于贯彻执行〈中华人民共和国民法通则〉若干问题的意见（试行）》第185条作了规定：“当事人有二个以上营业所的，应以与产生纠纷的民事关系有最密切联系的营业所为准；当事人没有营业所的，以其住所或者经常居住地为准。”这里讲的“经常居住地”就是指惯常居所地。

我国《涉外民事关系法律适用法》采用“登记地”“主营业地”和“经常居所地”等连结点。该法第14条规定：“法人及其分支机构的民事权利能力、民事行为能力、组织机构、股东权利义务等事项，适用登记地法律。法人的主营业地与登记地不一致的，可以适用主营业地法律。法人的经常居所地，为其主营业地。”《最高人民法院关于适用〈涉外民事关系法律适用法〉若干问题的解释（一）》第16条则明确规定：“人民法院应当将法人的设立登记地认定为涉外民事关系法律适用法规定的法人的登记地。”

（五）外国法人的认可

1. 外国法人认可的概念

外国法人的认可，即内国对外国法人的法律人格的认许，这种认许不是重新赋予其法律人格。一般来说，外国法人在内国法律上是否被认可以及在多大程度上被认可是各国自行决定的事情。外国法人的认可是外国法人进入内国从事民商事活动的前提。

2. 外国法人在中国的认可

对于外国法人我国实行特别认可。我国《公司法》第192条规定：“外国公司在中国境内设立分支机构，必须向中国主管机关提出申请，并提交其公司章程、所属国的公司登记证书等有关文件，经批准后，向公司登记机关依法办理登记，领取营业执照。”

第三章　冲突规范与准据法

重要法条及司法解释

《涉外民事关系法律适用法》第2、3、6、9条。

《最高人民法院关于适用〈中华人民共和国涉外民事关系法律适用法〉若干问题的解释（一）》第1、11、15~16条。

命题分析

“冲突规范与准据法”是国际私法部分较为重要的知识点，是学习国际私法“冲突法”部分的基础，具有一定的理论性，建议大家注重理解。近年来本知识点考查了多次，主要考查“冲突规范”“准据法确定”等内容。考生需要熟练掌握《涉外民事关系法律适用法》和《最高人民法院关于适用〈中华人民共和国涉外民事关系法律适用法〉若干问题的解释（一）》的与本知识点有关的法律条文。

知识点精讲

一、冲突规范

（一）冲突规范的概念与构成

冲突规范是指由国内法或国际条约规定的，指明某种国际民商事法律关系应适用何种法律的规范。

冲突规范由三部分构成：一部分称为“范围”或“连接对象”，是指冲突规范所要调整的民商事法律关系或所要解决的法律问题，通过冲突规范的“范围”可以判断该规范用于调整哪一类民商事法律关系；另一部分称为“系属”或“冲突原则”，规定冲突规范中

"范围"所应适用的法律；还有一部分为"关联词"，它从语法结构上把"范围"和"系属"联系起来。比如，我国《涉外民事关系法律适用法》第15条规定："人格权的内容，适用权利人经常居所地法律。"在这条冲突规范中，"人格权的内容"是它的"范围"，"权利人经常居所地法律"是它的"系属"，而"适用"是关联词。

（二）连接点

连接点是指冲突规范借以确定某一法律关系应适用什么法律的根据。从形式上看，连接点起着一种把冲突规范中"范围"所指的法律关系与一定地域的法律联系起来的"纽带"或"媒介"的作用；从实质上看，这种纽带或媒介又反映了该法律关系与一定地域的法律之间存在着的内在的、实质的联系。连接点可根据不同标准作如下分类。

1. 客观的连接点和主观的连接点

客观的连接点主要有住所、国籍、惯常居所等，这种连接点是一种客观实在的标志。主观的连接点即当事人的意思，这个连接点主要用于确定合同关系的法律适用，比如当事人协议选择、最密切联系。

2. 静态的连接点和动态的连接点

静态的连接点就是固定不变的连接点，主要指不动产所在地以及涉及过去的行为或事件的连接点，如婚姻举行地、合同缔结地。动态的连接点就是可变的连接点，主要有国籍、住所、居所、动产所在地等。

（三）系属公式

冲突规范的一些系属在长期的实践过程中逐渐固定化，形成系属公式。系属公式适用于解决同类性质的民商事法律冲突问题。最常见的系属公式有属人法、物之所在地法、行为地法、当事人合意选择的法律、法院地法、旗国法、最密切联系地法，等等。

（1）属人法，即以当事人的国籍、住所或惯常居所作为连接点的系属。属人法一般用来解决人的身份、能力、亲属、继承关系等方面的法律冲突。属人法包括本国法和住所地法两大派别。我国在自然人属人法问题上主要采取"经常居所地法"。

（2）物之所在地法，即作为法律关系的客体物或标的物所在地的法律。它通常用来解决有关物权，特别是不动产物权的法律冲突问题。

（3）行为地法，即以当事人的行为地为连接点的系属。由于法律行为的多样性，行为地法又派生出一些系属公式，比如合同履行地法、婚姻举行地法、侵权行为地法等。

（4）当事人合意选择的法律，也就是当事人意思自治原则，即民商事法律关系的当事人按其意愿选择的法律。以往它主要用来解决合同的法律适用问题，但现扩展至侵权、婚姻家庭和继承等领域。

（5）法院地法，即审理案件的法院所在地的法律。这一系属公式一般用于解决有关程序问题的法律冲突。有时，这一系属公式也用于解决实体问题，如我国《涉外民事关系法律适用法》第27条规定："诉讼离婚，适用法院地法律。"

（6）最密切联系地法，即与法律关系有最密切联系的地方的法律。它既可被视作一个法律选择的指导原则，又可作为一个系属公式而大量出现于冲突规范中。

（7）旗国法，即运输工具所使用的旗帜或旗帜标识所属国的法律。它常用来解决船舶、航空器在运输过程由所产生的法律冲突问题。在海事国际私法中，船旗国法是最重要的系属公式之一。

（四）冲突规范的类型

根据冲突规范对应适用的法律规定的不同，可以把冲突规范划分成四种基本的类型，即单边冲突规范、双边冲突规范、重叠适用的冲突规范和选择适用的冲突规范。

1. 单边冲突规范

单边冲突规范指直接规定适用某国法律的冲突规范。它既可以明确指出适用内国法，也可以直接规定只适用外国法。例如，我国《中外合资经营企业法实施条例》第 12 条规定："合营企业合同的订立、效力、解释、执行及其争议的解决，均应当适用中国的法律。"这就是一条典型的单边冲突规范，它规定合营企业合同只受中国法律支配。

2. 双边冲突规范

双边冲突规范指冲突规范的系属并不直接规定适用内国法还是外国法，而只是规定一个可推定的系属，再根据这个系属并结合民商事法律关系的具体情况去推定应适用某法律的冲突规范。例如，"合同方式依合同缔结地法"就是一条双边冲突规范，其中的"合同缔结地法"就是一个需要推定的系属。如果合同在内国缔结，就适用内国法；如果合同在外国缔结，就适用外国法。可见，双边冲突规范所指定的准据法既可能是内国法，也可能是外国法。

3. 重叠适用的冲突规范

重叠适用的冲突规范指其系属有两个或两个以上，并且同时适用于某种民商事法律关系的冲突规范。例如，1902 年《离婚及分居的法律冲突与管辖权冲突公约》第 2 条规定："离婚之请求，若非依夫妇之本国法及法院地法均有离婚之原因者，不得为之。"

4. 选择适用的冲突规范

选择适用的冲突规范指其系属有两个或两个以上，但只选择其中之一来调整民商事法律关系的冲突规范。由于允许选择的方式和条件的不同，这种规范又可以被分为两类：

（1）无条件选择适用的冲突规范。在这种规范中，各系属所提供的可供选择的法律具有同等地位，并无主次轻重之分。例如，我国《涉外民事关系法律适用法》第 22 条规定："结婚手续，符合婚姻缔结地法律、一方当事人经常居所地法律或者国籍国法律的，均为有效。"它表明，根据我国法律，婚姻缔结地法律、一方当事人经常居所地法律或者国籍国法律均可以作为确定结婚手续有效的依据。

（2）有条件选择适用的冲突规范。我国《涉外民事关系法律适用法》第 41 条规定："当事人可以协议选择合同适用的法律。当事人没有选择的，适用履行义务最能体现该合同特征的一方当事人经常居所地法律或者其他与该合同有最密切联系的法律。"这就是一条有条件选择适用准据法的冲突规范。

二、准据法

（一）准据法的概念

准据法是指经冲突规范指定援用来具体确定当事人权利义务关系的特定的实体法。准据法本身并不属于冲突规范的范畴。

（二）准据法的确定

为了解决在选择准据法的过程中遇到的特殊问题，需要进一步明确如何确定准据法。

1. 区际法律冲突与准据法的确定

区际法律冲突，是指在一个国家内部不同地区的法律制度（不同法域）之间的冲突。

根据我国《涉外民事关系法律适用法》第6条规定："涉外民事关系适用外国法律，该国不同区域实施不同法律的，适用于该涉外民事关系有最密切联系区域的法律。"

2. 人际法律冲突与准据法的确定

人际法律冲突，是指一个国家当中适用于不同民族、种族、宗教（不同教派）、部落或阶级成员的民商事法律之间在效力上的冲突。解决冲突通常的做法是，由该国的人际冲突法或人际私法确定；如无此类规定，则适用与案件或当事人有最密切联系的法律。

3. 时际法律冲突与准据法的确定

时际法律冲突，是指先后于同一地区施行并涉及相同问题的新旧法律或前后法律规定之间在时间效力上的冲突。时际法律冲突的解决首先依据该国的时际冲突法，比如1999年《最高人民法院关于适用〈中华人民共和国合同法〉若干问题的解释（一）》第1~5条。如无此类规定，则一般适用"法律不溯及既往"原则或"新法优于旧法"（亦即"后法优于前法"）原则解决。

例 中国某法院受理一涉外民事案件后，依案情确定应当适用甲国法。但在查找甲国法时发现甲国不同州实施不同的法律。关于本案，法院应当采取下列哪一做法？

A. 根据意思自治原则，由当事人协议决定适用甲国哪个州的法律

B. 直接适用甲国与该涉外民事关系有最密切联系的州法律

C. 首先适用甲国区际冲突法确定准据法，如甲国没有区际冲突法，适用中国法律

D. 首先适用甲国区际冲突法确定准据法，如甲国没有区际冲突法，适用与案件有最密切联系的州法律

提示：本题考查区际法律冲突下准据法的确定。《涉外民事关系法律适用法》第6条规定，涉外民事关系适用外国法律，该国不同区域实施不同法律的，适用与该涉外民事关系有最密切联系区域的法律，选项B正确。

第四章 适用冲突规范的制度

第一节 外国法的查明

重要法条及司法解释

《涉外民事关系法律适用法》第10条。

《最高人民法院关于适用〈中华人民共和国涉外民事关系法律适用法〉若干问题的解释（一）》第17~18条。

命题分析

"外国法的查明"是国际私法的重要知识点，主要是对法条的直接考查，掌握起来难度

不大。本知识点几乎每年必考，主要考查“负有查明义务主体”“外国法查明途径”“无法查明的后果”等知识点。考生需要着重掌握外国法查明的方法与无法查明外国法时的解决办法两项内容，特别是《涉外民事关系法律适用法》和《最高人民法院关于适用〈中华人民共和国涉外民事关系法律适用法〉若干问题的解释（一）》中相关条款的规定。因为知识点内容不多，掌握难度不大，因此备考复习的性价比较高。

知识点精讲

一、外国法的查明的概念

外国法的查明，又称“外国法内容的确定”，是指一国法院根据本国冲突规范的指定应适用外国法时，如何查明该外国法的存在与内容。

二、外国法的查明方法

外国法的查明方法通常有以下三种。

（一）当事人举证证明

英美等普通法系国家和部分拉丁美洲国家通常采用这种办法。它们把外国法视为当事人据以主张权利的事实，而非当作法院主动适用的法律。因此，外国法应当事人举证证明，法官无依职权查明的义务。

（二）法院依职权查明

大陆法系国家，如意大利、奥地利等，把外国法看作法律，认为法官应该知道法律，主张法官负责调查认定，无须当事人举证证明。

（三）法院依职权查明，但当事人有协助查明的义务

采取这种做法的国家，如德国、瑞士、土耳其和秘鲁等，主张对外国法内容的查明，原则上应由法官负责调查，当事人也应负协助的责任。在我国，外国法的查明主体包括受理案件的法院、仲裁机构或行政机关以及当事人。我国法律规定：涉外民事关系适用的外国法律，由人民法院、仲裁机构或者行政机关查明。当事人选择适用外国法律的，应当提供该国法律。

人民法院应当听取各方当事人对应当适用的外国法律的内容及其理解与适用的意见，当事人对该外国法律的内容及其理解与适用均无异议的，人民法院可以予以确认；当事人有异议的，由人民法院审查认定。

三、外国法查明的途径

外国法律可通过下列途径查明：①由当事人提供；②由与我国订立司法协助协定的缔约对方的中央机关提供；③由我国驻该国使领馆提供；④由该国驻我国使领馆提供；⑤由中外法律专家提供。

四、外国法适用错误的解决办法

我国民事案件实行两审终审制，无法律审与事实审的区别。对我国法院在审理国际民商事案件时发生的适用外国法的错误，无论是适用内国冲突规范的错误，还是适用外国法本身的错误，当事人均可提起上诉。

五、无法查明外国法时的解决办法

在我国，当外国法不能查明或者虽然查到外国法，但该法对纠纷所涉及的法律争议没有明确规定的，受理案件的法院、仲裁机构或行政机关应直接适用中国法律解决纠纷。

人民法院通过由当事人提供、已对中华人民共和国生效的国际条约规定的途径、中外法律专家提供等合理途径仍不能获得外国法律的，可以认定为不能查明外国法律。当事人应当提供外国法律，其在人民法院指定的合理期限内无正当理由未提供该外国法律的，可以认定为不能查明外国法律。

例 在某涉外合同纠纷案件审判中，中国法院确定应当适用甲国法律。关于甲国法的查明和适用，下列哪一说法是正确的？

A. 当事人选择适用甲国法律的，法院应当协助当事人查明该国法律

B. 该案适用的甲国法包括该国的法律适用法

C. 不能查明甲国法的，适用中华人民共和国法律

D. 不能查明甲国法的，驳回当事人的诉讼请求

提示：根据《最高人民法院关于适用〈中华人民共和国涉外民事关系法律适用〉若干问题的解释（一）》，当事人选择适用外国法律的，应当提供该国法律。因此，选项A错误。该司法解释第9条规定，涉外民事关系适用的外国法律，不包括该国的法律适用法。因此，选项B错误。第10条第2款规定，不能查明外国法律或者该国法律没有规定的，适用中国法律。因此，选项C正确，选项D错误。

第二节 公共秩序保留

重要法条及司法解释

《涉外民事关系法律适用法》第4、5条。

《最高人民法院关于适用〈中华人民共和国涉外民事关系法律适用法〉若干问题的解释（一）》第10条。

命题分析

“公共秩序保留（含直接适用的法）”近年来几乎每年必考，为高频考点。本知识点概念内涵丰富，外延多样，也很具有实践应用价值，建议考生要掌握透彻。

知识点精讲

一、公共秩序保留制度

所谓“公共秩序”，指一国国家和社会的重大利益，或法律和道德的基本原则。一国在依内国冲突规范的指定应对某一国际民商事法律关系适用外国法时，如其适用将与自己的

公共秩序相抵触，便可排除该外国法的适用。《涉外民事关系法律适用法》第 5 条规定："外国法律的适用将损害中华人民共和国社会公共利益的，适用中华人民共和国法律。"

二、直接适用的法

"直接适用的法"是指那些在国际民商事交往中，为了维护其国家和社会的重大利益，无须借助法律选择规范的指引而直接适用于国际民商事关系的强制性法律规范。中华人民共和国法律对涉外民事关系有强制性规定的，直接适用该强制性规定。涉及中华人民共和国社会公共利益、当事人不能通过约定排除适用、无须通过冲突规范指引而直接适用于涉外民事关系的法律、行政法规的规定，人民法院应当认定为《涉外民事关系法律适用法》第 4 条规定的强制性规定。这些情形包括：

（1）涉及劳动者权益保护的；

（2）涉及食品或公共卫生安全的；

（3）涉及环境安全的；

（4）涉及外汇管制等金融安全的；

（5）涉及反垄断、反倾销的；

（6）应当认定为强制性规定的其他情形。

第五章　国际民商事关系的法律适用

第一节　权利能力和行为能力

重要法条及司法解释

《涉外民事关系法律适用法》第 11~14 条。

《最高人民法院关于适用〈中华人民共和国涉外民事关系法律适用法〉若干问题的解释（一）》第 15~16 条。

命题分析

"当事人权利能力和行为能力"是国际私法的重要知识点，几乎每年必考，主要考查中国关于自然人以及法人在权利能力与行为能力方面的法律适用的规定。因为知识点内容不多，掌握难度不大，因此备考复习的性价比较高。

知识点精讲

一、自然人权利能力的法律适用

各国法律均规定自然人的权利能力始于出生，终于死亡，但由于对"出生"和"死亡"的理解和规定不同，自然人的权利能力因此会发生法律冲突。在权利能力终止方面，不同国家对推定存活制度和宣告死亡制度规定的差异也会导致法律冲突。所谓“推定存活”，是指数个相互有继承权的自然人一起死亡，依事实不能确定死亡先后顺序时，法律规定的死亡先后顺序制度。宣告死亡是指自然人下落不明，超过法律规定的时间，经利害关系人申请，由司法机构依照法定程序和方式宣告该人死亡的一种法律推定制度。各国在这方面的法律冲突更为明显，如在期限的长短、死亡宣告的生效时间和法律后果等方面都有差异。我国法律规定：

（1）自然人的民事权利能力，适用经常居所地法律。

（2）宣告失踪或者宣告死亡，适用自然人经常居所地法律。

（3）自然人在涉外民事关系产生或者变更、终止时已经连续居住一年以上且作为其生活中心的地方，人民法院可以认定为涉外民事关系法律适用法规定的自然人的经常居所地，但就医、劳务派遣、公务等情形除外。

二、自然人行为能力的法律适用

成年年龄规定的不同和禁治产制度规定的不同是导致自然人行为能力法律冲突的主要原因。禁治产制度是指各国为了保护虽达到成年年龄，但由于先天或后天原因造成其能力低下的人的利益而禁止其经营自己的财产的制度。精神失常不能处理自己的事务是宣告禁治产最主要的原因，但各国对其他条件的规定有所不同。对禁治产宣告的效力有两种立场：一种主张认为，多数国家主张宣告为禁治产者的行为无效；另一种主张认为，被宣告为禁治产者的行为只是可撤销的法律行为，并非当然无效。

自然人的民事行为能力，适用经常居所地法律。自然人从事民事活动，依照经常居所地法律为无民事行为能力，依照行为地法律为有民事行为能力的，适用行为地法律，但涉及婚姻家庭、继承的除外。

票据债务人的民事行为能力，适用其本国法律。票据债务人的民事行为能力，依照其本国法律为无民事行为能力或者为限制民事行为能力而依照行为地法律为完全民事行为能力的，适用行为地法律。

例　甲国公民琼斯的经常居住地在乙国，其在中国居留期间，因合同纠纷在中国法院参与民事诉讼。关于琼斯的民事能力的法律适用，下列哪一选项是正确的？

A. 民事权利能力适用甲国法

B. 民事权利能力适用中国法

C. 民事行为能力应重叠适用甲国法和中国法

D. 依照乙国法琼斯为无民事行为能力，依照中国法为有民事行为能力的，其民事行为能力适用中国法

提示：《涉外民事关系法律适用法》第 11 条规定：“自然人的民事权利能力，适用经常居所地法律。”该法第 12 条的规定：“自然人的民事行为能力，适用经常居所地法律。自然人从事民事活动，依照经常居所地法律为无民事行为能力，依照行为地法律为有民事行为能力的，适用行为地法律，但涉及婚姻家庭、继承的除外。”琼斯的经常居所地为乙国，其民事权利能力应当适用乙国法。其民事行为能力应当也适用乙国法，但若依照乙国法琼斯为无民事行为能力，而依照中国法为有民事行为能力的，其民事行为能力适用中国法。因

此，选项A、B、C错误，选项D正确。

三、法人权利能力和行为能力的法律适用

法人的权利能力和行为能力两者在起始与终止时间上是一致的，在内容范围上也是一致的，因此，法人的民事权利能力同其民事行为能力的法律冲突及其解决是完全一样的。

法人及其分支机构的民事权利能力、民事行为能力、组织机构、股东权利义务等事项，适用登记地法律。法人的主营业地与登记地不一致的，可以适用主营业地法律。人民法院应当将法人的设立登记地认定为涉外民事关系法律适用法规定的法人的登记地。

第二节　中国关于合同法律适用的规定

重要法条及司法解释

《涉外民事关系法律适用法》第3、41~43条。

《最高人民法院关于适用〈中华人民共和国涉外民事关系法律适用法〉若干问题的解释（一）》第4~10条。

《合同法》第126条。

命题分析

“中国关于合同法律适用的规定”是国际私法部分的重要知识点。合同作为最为重要的民事关系之一，其法律适用问题是司法实务和考试中的重点。本知识点近年几乎每年必考，可见其重要性。

从考查内容来看，“中国关于合同法律适用的规定”主要包括“合同准据法的概念”“当事人意思自治原则”“最密切联系原则”等内容，重点考查《涉外民事关系法律适用法》的相关规定，考生要熟练掌握和运用相关法律条文规定。

知识点精讲

我国关于合同法律适用的规定可概括如下。

一、国际条约优先适用原则

中华人民共和国缔结或者参加的国际条约同中华人民共和国的民事法律有不同规定的，适用国际条约的规定，但中华人民共和国声明保留的条款除外。

二、当事人意思自治原则与最密切联系原则

《涉外民事关系法律适用法》第41条规定：“当事人可以协议选择合同适用的法律。当事人没有选择的，适用履行义务最能体现该合同特征的一方当事人经常居所地法律或者其他与该合同有最密切联系的法律。”

（一）当事人意思自治原则

《涉外民事关系法律适用法》及其司法解释对当事人意思自治原则的具体适用作了如下明

确规定（注意：对合同以外其他法律关系适用意思自治原则的，本部分许多讲解亦适用）：

1. 选择的方式

当事人选择或者变更选择案件争议应适用的法律，应当以明示的方式进行。

2. 选择的时限

当事人在一审法庭辩论终结前协议选择或者变更选择适用的法律的，人民法院应予准许。

3. 默示选择

各方当事人援引相同国家的法律且未提出法律适用异议的，人民法院可以认定当事人已经就涉外民事关系适用的法律作出了选择。

4. 选择的范围

当事人在合同中援引尚未对我国生效的国际条约的，人民法院可以根据该国际条约的内容确定当事人之间的权利义务，但违反我国社会公共利益或我国法律、行政法规强制性规定的除外。

一方当事人以双方协议选择的法律与系争的涉外民事关系没有实际联系为由主张选择无效的，人民法院不予支持。

5. 选择的限制

（1）我国法律没有明确规定当事人可以选择涉外民事关系适用的法律，当事人选择适用法律的，人民法院应认定该选择无效。

（2）中国法律对涉外民事关系有强制性规定的，直接适用该强制性规定。当事人协议选择其他国家法律的，不发生适用外国法律的效力。

（3）在中国领域内履行的下列9类合同，适用中国法律：中外合资经营企业合同；中外合作经营企业合同；中外合作勘探、开发自然资源合同；中外合资经营企业、中外合作经营企业、外商独资企业股份转让合同；外国自然人、法人或者其他组织承包经营在中国领域内设立的中外合资经营企业、中外合作经营企业的合同；外国自然人、法人或者其他组织购买中国领域内的非外商投资企业股东的股权的合同；外国自然人、法人或者其他组织认购中华国领域内的非外商投资有限责任公司或者股份有限公司增资的合同；外国自然人、法人或者其他组织购买中国领域内的非外商投资企业资产的合同；中国法律、行政法规规定应适用中国法律的其他合同。

（4）对消费者合同和劳动合同的限制：我国法律对消费者合同排除了当事人双方的协议选择，但消费者有单方选择权。消费者合同，适用消费者经常居所地法律；消费者选择适用商品、服务提供地法律或者经营者在消费者经常居所地没有从事相关经营活动的，适用商品、服务提供地法律。

我国法律对劳动合同排除了当事人自主选择。劳动合同，适用劳动者工作地法律；难以确定劳动者工作地的，适用用人单位主营业地法律。劳务派遣，可以适用劳务派出地法律。

（二）最密切联系原则

在合同法律适用方面，这项原则是我国法律确定的对当事人意思自治原则的补充原则，也就是说，合同当事人没有选择适用法律的，适用履行义务最能体现该合同特征的一方当事人经常居所地法律或者其他与该合同有最密切联系的法律。“履行义务最能体现该合同特征”也称为“特征性履行”，是最密切原则的具体体现。

三、国际惯例补缺原则

中华人民共和国法律和中华人民共和国缔结或者参加的国际条约没有规定的，可以适用国际惯例。这一原则的采用对弥补我国现行立法的不足具有积极意义，但适用国际惯例不得违反我国法律的基本原则和社会公共利益。

例 中国甲公司与巴西乙公司因合同争议在中国法院提起诉讼。关于该案的法律适用，下列哪些选项是正确的？

A. 双方可协议选择合同争议适用的法律

B. 双方应在一审开庭前通过协商一致，选择合同争议适用的法律

C. 因法院地在中国，本案的时效问题应适用中国法

D. 如案件涉及中国环境安全问题，该问题应适用中国法

提示：本题选项A、B涉及合同的法律适用。《涉外民事关系法律适用法》第41条规定，当事人可以协议选择合同适用的法律。当事人没有选择的，适用履行义务最能体现该合同特征的一方当事人经常居所地法律或者其他与该合同有最密切联系的法律。因此，选项A正确。《最高人民法院关于适用〈中华人民共和国涉外民事关系法律适用法〉若干问题的解释（一）》第8条第1款规定，当事人在一审法庭辩论终结前协议选择或者变更选择适用的法律的，人民法院应予准许。因此，选项B错误。

第三节 侵权行为的法律适用

重要法条及司法解释

《涉外民事关系法律适用法》第44~46条。

《最高人民法院关于适用〈中华人民共和国涉外民事关系法律适用法〉若干问题的解释（一）》第7~8条。

命题分析

"侵权行为的法律适用"属于国际私法部分较为重要的知识点，掌握难度不大，以记忆法条为主。近年本知识点考查了多次，主要考查"中国关于侵权行为法律适用的规定"。考生复习时应当务必注意把握我国《涉外民事关系法律适用法》对于侵权行为法律适用问题的有关规定。

知识点精讲

一、一般侵权行为的法律适用

侵权责任，适用侵权行为地法律，但当事人有共同经常居所地的，适用共同经常居所地法律。侵权行为发生后，当事人协议选择适用法律的，按照其协议。侵权行为地，包括

侵权行为实施地和侵权结果发生地。

二、几类特殊侵权行为的法律适用

（一）产品责任的法律适用

产品责任，适用被侵权人经常居所地法律；被侵权人选择适用侵权人主营业地法律、损害发生地法律的，或者侵权人在被侵权人经常居所地没有从事相关经营活动的，适用侵权人主营业地法律或者损害发生地法律。

（二）网络侵权的法律适用

通过网络或者采用其他方式侵害姓名权、肖像权、名誉权、隐私权等人格权的，适用被侵权人经常居所地法律。

（三）航空侵权行为的法律适用

民用航空器对地面第三人的损害赔偿，适用侵权行为地法律。民用航空器在公海上空对水面第三人的损害赔偿，适用受理案件的法院所在地法律。

（四）海事侵权行为的法律适用

参见“第五节海事关系的法律适用”部分。

例 甲国人特里长期居于乙国，丙国人王某长期居于中国，两人在北京经营相互竞争的同种产品。特里不时在互联网上发布不利于王某的消息，王某在中国法院起诉特里侵犯其名誉权、肖像权和姓名权。关于该案的法律适用，根据我国相关法律规定，下列哪些选项是错误的？

A. 名誉权的内容应适用中国法律，因为权利人的经常居住地在中国

B. 肖像权的侵害适用甲国法律，因为侵权人是甲国人

C. 姓名权的侵害适用乙国法律，因为侵权人的经常居所地在乙国

D. 网络侵权应当适用丙国法律，因为被侵权人是丙国人

提示：本题选项B、C、D涉及网络侵权的法律适用。《涉外民事关系法律适用法》第46条规定，通过网络或者采用其他方式侵害姓名权、肖像权、名誉权、隐私权等人格权的，适用被侵权人经常居所地法律。本题中被侵权人王某经常居所地在中国，通过网络对王某姓名权、肖像权等权利的侵害均应适用中国法。因此，选项B、C、D的说法都不正确。

第四节 票据关系的法律适用

重要法条及司法解释

《票据法》第94~101条。

命题分析

“票据关系的法律适用”属于国际私法部分的一般性知识点。近年来考查较少。

知识点精讲

涉外票据，是指出票、背书、承兑、保证、付款等行为中，既有发生在中国境内的票据，又有发生在中国境外的票据。以下为我国《票据法》规定的冲突法规范。

一、国际条约和国际惯例的适用

我国缔结或者参加的国际条约同《票据法》有不同规定的，适用国际条约的规定。但是，我国声明保留的条款除外。《票据法》和中国缔结或者参加的国际条约没有规定的，可以适用国际惯例。

二、票据行为能力的准据法

票据债务人的民事行为能力，适用其本国法律。票据债务人的民事行为能力，依照其本国法律为无民事行为能力或者为限制民事行为能力而依照行为地法律为完全民事行为能力的，适用行为地法律。

三、票据形式的准据法

汇票、本票出票时的记载事项，适用出票地法律。支票出票时的记载事项，适用出票地法律，经当事人协议，也可以适用付款地法律。

四、票据行为的准据法

票据的背书、承兑、付款和保证行为，适用行为地法律。

五、票据追索行使期限的准据法

票据追索权的行使期限，适用出票地法律。

六、票据权利保全的准据法

票据的提示期限、有关拒绝证明的方式、出具拒绝证明的期限，适用付款地法律。

七、票据权利保护的准据法

票据丧失时，失票人请求保全票据权利的程序，适用付款地法律。

例 在中国法院审理的某票据纠纷中，与该票据相关的法律行为发生在中国，该票据付款人为甲国某州居民里斯。关于里斯行为能力的法律适用，根据我国相关法律规定，下列哪一判断是正确的？

A. 应适用与该票据纠纷有最密切联系的法律

B. 应适用里斯住所地的法律

C. 如依据中国法里斯具有完全行为能力，则应认定其具有完全行为能力

D. 如关于里斯行为能力的准据法无法查明，则应驳回起诉

提示：本题中里斯是票据上的付款人，即票据债务人。我国《票据法》第96条规定，票据债务人的民事行为能力，适用其本国法律。票据债务人的民事行为能力，依照其本国法律为无民事行为能力或者为限制民事行为能力而依照行为地法律为完全民事行为能力的，适用行为地法律。选项A、B的表述不符合法律规定，因此均为错误。里斯为甲国人，因此

其行为能力应适用甲国法，但是如果依照甲国法律为无民事行为能力或者为限制民事行为能力而依照中国法（即行为地法律）为完全民事行为能力的，适用中国法律。也就是说，只要在当事人的属人法和其行为地法两者中有一个认为票据债务人具有行为能力，就应认定行为人有行为能力。因此，选项C正确。

第五节　海事关系的法律适用

重要法条及司法解释

《海商法》第268~276条。

命题分析

"海事关系的法律适用"属于国际私法部分相对重要的知识点，掌握起来有一定难度。从考查规律来看，这一知识点在近年的考试中考查较少，但随着国家对外开放的不断推进，海事海商纠纷解决仍值得考生重视。

从考查内容来看，"海事关系的法律适用"包括"船舶物权的法律适用""船舶碰撞侵权的法律适用""共同海损理算的法律适用""海事赔偿的责任限制的法律适用"等内容，建议考生全面复习。本知识点复习难度较小，考生掌握我国《海商法》中的法律适用规定即可得分。

知识点精讲

以下为我国《海商法》确定的法律适用规则。

一、国际条约优先原则

海事海商领域存在大量的国际条约。中华人民共和国缔结或者参加的国际条约同本法有不同规定的，适用国际条约的规定；但是，中华人民共和国声明保留的条款除外。

二、国际惯例补缺原则

国际惯例在国际航运中发挥着极为重要的作用，如《约克—安特卫普规则》《租船和航运用语》等。中华人民共和国法律和中华人民共和国缔结或者参加的国际条约没有规定的，可以适用国际惯例。

三、海商合同的法律适用

合同当事人可以选择合同适用的法律，法律另有规定的除外。合同当事人没有选择的，适用与合同有最密切联系的国家的法律。

四、船舶物权的法律适用

（1）船舶所有权的取得、转让和消灭，适用船旗国法律（指船舶悬挂旗帜所属国的法律，亦即船舶的注册登记地法）。

（2）船舶抵押权适用船旗国法律。船舶在光船租赁以前或者光船租赁期间，设立船舶抵押权的，适用原船舶登记国的法律。

五、船舶优先权的法律适用

船舶优先权，适用受理案件的法院所在地法律。

六、船舶碰撞的法律适用

（1）船舶碰撞的损害赔偿，适用侵权行为地法律。

（2）船舶在公海上发生碰撞的损害赔偿，适用受理案件的法院所在地法律。

（3）同一国籍的船舶，不论碰撞发生于何地，碰撞船舶之间的损害赔偿适用船旗国法律。

七、共同海损理算的法律适用

共同海损理算，适用理算地法律。

八、海事赔偿责任限制的法律适用

海事赔偿责任限制，适用受理案件的法院所在地法律。

例 甲国公司与乙国航运公司订立海上运输合同，由丙国籍船舶“德洋”号运输一批货物，有关“德洋”号的争议现在中国法院审理。根据我国相关法律规定，下列哪一选项是正确的？

A. 该海上运输合同应适用船旗国法律

B. 有关“德洋”号抵押权的受偿顺序应适用法院地法律

C. 有关“德洋”号船舶优先权的争议应适用丙国法律

D. 除法律另有规定外，甲国公司与乙国航运公司可选择适用于海上运输合同的法律

提示：根据我国《海商法》第 269 条第 1 款，甲国公司与乙国航运公司订立海上运输合同，合同当事人可以选择合同适用的法律，法律另有规定的除外。因此，选项 A 错误，选项 D 正确。《海商法》第 271 条规定，船舶抵押权适用船旗国法律。本题中，“德洋”号的船旗国是丙国，因此有关“德洋”号抵押权的受偿顺序应适用船旗国法丙国法，故选项 B 错误。《海商法》第 272 条规定，船舶优先权，适用受理案件的法院所在地法律。本题中，有关“德洋”号的争议由中国法院审理，因此有关“德洋”号的船舶优先权争议应适用法院地法中国法，故选项 C 错误。

第六节　婚姻与家庭

重要法条及司法解释

《涉外民事关系法律适用法》第 21～30 条。

《最高人民法院关于适用〈中华人民共和国涉外民事关系法律适用法〉若干问题的解释（一）》第 17～18 条。

命题分析

“婚姻与家庭关系的法律适用”是国际私法部分较为重要的知识点，涉及的问题较多，但难度不大。本知识点几乎每年必考，主要考查“结婚”“离婚”“收养”“监护”等。

知识点精讲

一、结婚的法律适用

（一）结婚实质要件的法律适用

结婚条件，适用当事人共同经常居所地法律；没有共同经常居所地的，适用共同国籍国法律；没有共同国籍，在一方当事人经常居所地或者国籍国缔结婚姻的，适用婚姻缔结地法律。

（二）结婚形式要件的法律适用

结婚手续，符合婚姻缔结地法律、一方当事人经常居所地法律或者国籍国法律的，均为有效。

二、夫妻关系的法律适用

（一）夫妻人身关系的法律适用

夫妻人身关系涉及姓氏权、同居义务、忠贞及扶助义务、住所决定权、从事职业和社会活动的权利、夫妻之间的代理权等问题。夫妻人身关系，适用共同经常居所地法律；没有共同经常居所地的，适用共同国籍国法律。

（二）夫妻财产关系的法律适用

夫妻财产关系，又称“夫妻财产制”，是指具有合法婚姻关系的男女双方对家庭财产的权利义务，主要涉及婚姻对双方当事人婚前财产发生什么效力，婚姻存续期间的财产归属，以及夫妻对财产的管理、处分和债务承担等方面的问题。夫妻财产关系，当事人可以协议选择适用一方当事人经常居所地法律、国籍国法律或者主要财产所在地法律。当事人没有选择的，适用共同经常居所地法律，没有共同经常居所地的，适用共同国籍国法律。

三、离婚的法律适用

（一）离婚案件的管辖权

只要被告在我国有住所或居所，我国法院就有管辖权；同时，对于被告不在我国境内居住的离婚案件，如原告在我国境内有住所或居所，则原告住所地或居所地法院也有管辖权。

我国法院在以下情况下也有管辖权：①在国内结婚并定居国外的华侨，如定居国法院以离婚诉讼须由婚姻缔结地法院管辖为由不予受理，当事人向人民法院提出离婚诉讼的，由婚姻缔结地或一方在国内的最后居所地人民法院管辖；②在国外结婚并定居国外的华侨，如定居国法院以离婚诉讼须由国籍所属国法院管辖为由不予受理，当事人向人民法院提出离婚诉讼的，由一方原住所地或在国内的最后住所地人民法院管辖；③中国公民一方定居国外，一方居住在国内，不论哪一方向人民法院提起离婚诉讼，国内一方住所地人民法院都有管辖权。如国外一方在居住国法院起诉，国内一方向人民法院起诉的，受诉人民法院有管辖权；④中国公民双方在国外但未定居，一方向人民法院起诉离婚的，应由原告或者被告原住所地人民法院管辖；⑤中国公民和外国人在华要求离婚的，中国公民住所地人民法院享有管辖权；外国人在其本国法院起诉，中国公民向中国法院起诉，中国法院有管辖权；⑥配偶双方均为外国人或无国籍人在中国要求离婚，中国法院认定当事人一方的住所或居所在中国，中国法院有管辖权。

（二）离婚的法律适用

（1）协议离婚，当事人可以协议选择适用一方当事人经常居所地法律或者国籍国法律。当事人没有选择的，适用共同经常居所地法律；没有共同经常居所地的，适用共同国籍国法律；没有共同国籍的，适用办理离婚手续机构所在地法律。

（2）诉讼离婚，适用法院地法律。

四、家庭关系的法律适用

（一）父母子女关系的法律适用

父母子女人身、财产关系，适用共同经常居所地法律；没有共同经常居所地的，适用一方当事人经常居所地法律或者国籍国法律中有利于保护弱者权益的法律。

（二）收养的法律适用

收养的条件和手续，适用收养人和被收养人经常居所地法律。收养的效力，适用收养时收养人经常居所地法律。收养关系的解除，适用收养时被收养人经常居所地法律或者法院地法律。

（三）扶养的法律适用

扶养，适用一方当事人经常居所地法律、国籍国法律或者主要财产所在地法律中有利于保护被扶养人权益的法律。

（四）监护的法律适用

监护，适用一方当事人经常居所地法律或者国籍国法律中有利于保护被监护人权益的法律。

例 甲国公民玛丽与中国公民王某经常居住地均在中国，2人在乙国结婚。关于双方婚姻关系的法律适用，下列哪些选项是正确的？

A. 结婚手续只能适用中国法

B. 结婚手续符合甲国法、中国法和乙国法中的任何一个，即为有效

C. 结婚条件应适用乙国法

D. 结婚条件应适用中国法

提示：《涉外民事关系法律适用法》第22条规定："结婚手续，符合婚姻缔结地法律、一方当事人经常居所地法律或者国籍国法律的，均为有效。"玛丽与王某的婚姻缔结地为乙国，玛丽的国籍国为甲国，王某的国籍国为中国，玛丽和王某的经常居所地为中国，所以，结婚手续只要符合甲国法、乙国法、中国法其中之一即为有效。因此，选项A错误，选项B正确。《涉外民事关系法律适用法》第21条规定："结婚条件，适用当事人共同经常居所地法律；没有共同经常居所地的，适用共同国籍国法律；没有共同国籍，在一方当事人经常居所地或者国籍国缔结婚姻的，适用婚姻缔结地法律。"玛丽和王某有共同经常居所地

（即中国），所以结婚条件应当适用中国法。因此，选项C错误，选项D正确。

第七节　知识产权的法律适用

重要法条及司法解释

《涉外民事关系法律适用法》第48~50条。

《最高人民法院关于适用〈中华人民共和国涉外民事关系法律适用法〉若干问题的解释（一）》第4条。

命题分析

“知识产权的法律适用”是国际私法相对重要的知识点，掌握起来存在一定的难度。从历年真题来看，有一定的考查频率。

从考查内容来看，“知识产权的法律适用”共包括“知识产权归属和内容的法律适用”“知识产权转让和许可的法律适用”“知识产权侵权的法律适用”等内容，建议考生全面复习。本知识点的关键在于熟记我国《涉外民事关系法律适用法》中有关知识产权的法律适用规定。

知识点精讲

一、知识产权的归属和内容

知识产权的归属和内容，适用被请求保护地法律。

二、知识产权的转让和许可使用

当事人可以协议选择知识产权转让和许可使用适用的法律。当事人没有选择的，适用本法对合同的有关规定。

三、知识产权的侵权责任

知识产权的侵权责任，适用被请求保护地法律，当事人也可以在侵权行为发生后协议选择适用法院地法律。

例　甲国A公司向乙国B公司出口一批货物，双方约定适用2010年《国际贸易术语解释通则》中CIF术语。该批货物由丙国C公司“乐安”号商船承运，运输途中船舶搁浅，为浮起抛弃了部分货物。船舶起浮后继续航行中又因恶劣天气，部分货物被海浪打入海中。到目的港后发现还有部分货物因固有缺陷而损失。A公司与B公司就该批货物在中国境内的商标权产生争议，双方诉至中国某法院。关于该商标权有关争议的法律适用，下列选项正确的是：

A. 归属争议应适用中国法　　B. 归属争议应适用甲国法

C. 转让争议应适用甲国法　　D. 转让争议当事人可以协议选择法律

提示：本题中，被请求保护地是中国，根据《涉外民事关系法律适用法》第48条，归属争议应当适用中国法。因此，选项A正确，选项B错误。《涉外民事关系法律适用法》49条规定，当事人可以协议选择知识产权转让和许可使用适用的法律。当事人没有选择的，适用本法对合同的有关规定。因此，选项C错误，选项D正确。

第八节 继承

重要法条及司法解释

《涉外民事关系法律适用法》第31~35条。

命题分析

本知识点以往考查不多，从考查内容来看，主要为“中国关于法定继承的法律适用的规定”。

知识点精讲

一、法定继承法律适用

法定继承，适用被继承人死亡时经常居所地法律，但不动产法定继承，适用不动产所在地法律。

二、遗嘱的法律适用

关于遗嘱方式，符合遗嘱人立遗嘱时或者死亡时经常居所地法律、国籍国法律或者遗嘱行为地法律的，遗嘱均为成立。

关于遗嘱的内容和效力，适用遗嘱人立遗嘱时或者死亡时经常居所地法律或者国籍国法律。

三、遗产管理的法律适用

遗产管理等事项，适用遗产所在地法律。

四、无人继承财产归属问题的法律适用

无人继承遗产的归属，适用被继承人死亡时遗产所在地法律。

例 中国人李某定居甲国，后移居乙国，数年后死于癌症，未留遗嘱。李某在中国、乙国分别有住房和存款，李某养子和李某妻子的遗产之争在中国法院审理。关于该遗产继承案的法律适用，下列哪些选项是正确的？

A. 李某动产的继承应适用甲国法

B. 李某动产的继承应适用乙国法

C. 李某动产的继承应适用中国法

D. 李某所购房屋的继承应适用房屋所在国的法律

提示：根据《涉外民事关系法律适用法》第31条，法定继承适用被继承人死亡时经常居所地法律，但不动产法定继承适用不动产所在地法律。李某移居乙国，并在那里居

住数年后死亡，因此，李某死亡时的经常居所地为乙国。因此，选项 A、C 均错误，选项 B 正确。李某在中国和乙国购置的不动产应分别适用中国和乙国的法律，因此，选项 D 正确。

第六章 国际民商事争议的解决

第一节 国际商事仲裁

重要法条及司法解释

《涉外民事关系法律适用法》第 18 条。

《最高人民法院关于适用〈中华人民共和国涉外民事关系法律适用法〉若干问题的解释（一）》第 14 条。

《仲裁法》第 17、18、58、59、70 条。

《最高人民法院关于仲裁司法审查案件报核问题的有关规定》第 2、3、10、13~16 条。

《民事诉讼法》第 271~275、283 条。

《纽约公约》第 3、5、6 条。

命题分析

“国际商事仲裁”是国际私法部分较为重要的知识点，程序规则多，需要掌握的知识细节多，需要大家认真学习。近年来本知识点考查较多，主要集中在“仲裁协议的效力”和“外国仲裁裁决的承认与执行”等方面。

知识点精讲

一、仲裁协议的有效性及其认定

（一）仲裁协议无效的情形

仲裁协议有下列情形之一的无效：①约定的仲裁事项超出法律规定的仲裁范围；②无民事行为能力人或限制民事行为能力人订立的仲裁协议；③一方采取胁迫手段，迫使对方订立的仲裁协议。

在我国，如果仲裁协议内容不明确，也可能导致仲裁协议无效。如果仲裁协议对仲裁事项和仲裁委员会的约定不明确，当事人可以补充协议，如果不能达成补充协议的，该仲裁协议也是无效的。2006 年《最高人民法院关于适用〈中华人民共和国仲裁法〉若干问题的解释》也对实践中因仲裁协议约定不明确而经常发生争议的几种情形作了明确规定：①仲裁协议约定的仲裁机构名称不准确，但能够确定具体的仲裁机构的，应当认定选定了仲裁机构。②仲裁协议仅约定纠纷适用的仲裁规则的，视为未约定仲裁机构，但当事人达成补充协议或者按照约定的仲裁规则能够确定仲裁机构的除外。③仲裁协议约定两个以上仲裁机构的，当事人可以协议选择其中的一个仲裁机构申请仲裁；当事人不能就仲裁机构选择达成一致的，仲裁协议无效。④仲裁协议约定由某地的仲裁机构仲裁且该地仅有一个仲裁机构的，该仲裁机构视为约定的仲裁机构。该地有两个以上仲裁机构的，当事人可以协议选择其中的一个仲裁机构申请仲裁；当事人不能就仲裁机构选择达成一致的，仲裁协议无效。⑤当事人约定争议可以向仲裁机构申请仲裁也可以向人民法院起诉的，仲裁协议无效。但一方向仲裁机构申请仲裁，另一方未在仲裁法第 20 条第 2 款规定期间内提出异议的除外。

认定仲裁协议无效实行报核制度。各中级人民法院或者专门人民法院办理涉外涉港澳台仲裁司法审查案件，经审查拟认定仲裁协议无效，应当向本辖区所属高级人民法院报核；高级人民法院经审查拟同意的，应当向最高人民法院报核。待最高人民法院审核后，方可依最高人民法院的审核意见作出裁定。

（二）仲裁协议的法律适用

（1）当事人可以协议选择仲裁协议适用的法律；当事人没有选择的，适用仲裁机构所在地法律或者仲裁地法律。

（2）当事人协议选择法律，应当作出明确的意思表示，仅约定合同适用的法律，不能作为确认合同中仲裁条款效力适用的法律。

（3）当事人没有选择适用的法律，适用仲裁机构所在地的法律与适用仲裁地的法律将对仲裁协议的效力作出不同认定的，人民法院应当适用确认仲裁协议有效的法律。

（4）仲裁协议未约定仲裁机构和仲裁地，但根据仲裁协议约定适用的仲裁规则可以确定仲裁机构或者仲裁地的，应当予以认定。

（5）当事人没有选择涉外仲裁协议适用的法律，也没有约定仲裁机构或者仲裁地，或者约定不明的，人民法院可以适用中国法律认定该仲裁协议的效力。

（6）人民法院适用《承认及执行外国仲裁裁决公约》审查当事人申请承认和执行外国仲裁裁决案件时，被申请人以仲裁协议无效为由提出抗辩的，人民法院应当依照该公约第 5 条第 1 款（甲）项的规定，确定确认仲裁协议效力应当适用的法律。

（三）管辖法院

（1）申请确认仲裁协议效力的案件，由仲裁协议约定的仲裁机构所在地、仲裁协议签订地、申请人住所地、被申请人住所地的中级人民法院或者专门人民法院管辖。

（2）涉及海事海商纠纷仲裁协议效力的案件，由仲裁协议约定的仲裁机构所在地、仲裁协议签订地、申请人住所地、被申请人住所地的海事法院管辖；上述地点没有海事法院的，由就近的海事法院管辖。

（3）人民法院受理仲裁司法审查案件后，被申请人对管辖权有异议的，应当自收到人民法院通知之日起 15 日内提出。人民法院对被申请人提出的异议，应当审查并作出裁定。当事人对裁定不服的，可以提起上诉。

二、仲裁中的财产保全与证据保全

（一）财产保全

（1）当事人申请采取保全的，涉外仲裁机构应当将当事人的请求提交被申请人住所地或其财产所在地的中级人民法院作出裁定。

（2）利害关系人因情况紧急，可以在申请仲裁前向被保全财产所在地、被申请人住所地或者对案件有管辖权的人民法院申请采取保全措施。

（3）申请人应当提供担保，不提供担保的，裁定驳回申请。

（4）申请人在人民法院采取保全措施后30日内不依法提起诉讼或者申请仲裁的，人民法院应当解除保全。

（二）证据保全

（1）涉外仲裁的当事人申请证据保全的，涉外仲裁委员会应当将当事人的申请提交证据所在地的中级人民法院。

（2）对于证据保全，人民法院认为无须提供担保的，申请人可不提供。

三、国际商事仲裁的法律适用

（一）实体法

首先由当事人约定；当事人未约定的，适用仲裁庭认为合适的冲突规范所确定的实体法，或者仲裁地的冲突规范所确定的实体法，或者与案件有最密切联系的实体法。

（二）程序规则

一般来说，当事人也可以选择仲裁规则，但有些常设仲裁机构要求其受理的案件适用自己的仲裁规则。

四、申请撤销仲裁裁决

（一）撤销理由

对于中国的涉外仲裁裁决，当事人可以在收到裁决书之日起6个月内，向仲裁机构所在地的中级人民法院申请撤销。撤销理由包括：

（1）当事人在合同中没有订有仲裁条款或者事后没有达成书面仲裁协议的；

（2）被申请人没有得到指定仲裁员或者进行仲裁程序的通知，或者由于其他不属于被申请人负责的原因未能陈述意见的；

（3）仲裁庭的组成或者仲裁程序与仲裁规则不符的；

（4）裁决的事项不属于仲裁协议的范围或者仲裁机构无权仲裁的。

（二）撤销程序

（1）中国法院只能撤销本国的仲裁裁决，不能撤销外国的仲裁裁决。

（2）在决定撤销涉外仲裁裁决之前，人民法院认为可以由仲裁庭重新裁决的，通知仲裁庭在一定期限内重新仲裁，并裁定中止撤销程序。如果仲裁庭拒绝重新仲裁，人民法院应当恢复撤销程序。

（3）对于人民法院撤销仲裁裁决或驳回当事人申请的裁定，当事人无权提出上诉及申诉，人民检察院也不能提起抗诉。

（4）人民法院受理当事人撤销仲裁裁决的申请后，另一方当事人申请执行同一仲裁裁决的，受理执行申请的人民法院应当在受理后裁定中止执行。

（5）当事人在仲裁程序中未对仲裁协议的效力提出异议，在仲裁裁决作出后以仲裁协议无效为由主张撤销仲裁裁决或者提出不予执行抗辩的，人民法院不予支持。当事人在仲裁程序中对仲裁协议的效力提出异议，在仲裁裁决作出后又以此为由主张撤销仲裁裁决或者提出不予执行抗辩，经审查符合《仲裁法》第58条或者民事诉讼法有关规定的，人民法院应予支持。

（6）一项涉外仲裁裁决被人民法院撤销后，当事人可以依据重新达成的仲裁协议申请仲裁，也可以直接向有管辖权的法院起诉。

五、仲裁裁决的承认与执行

（一）《纽约公约》主要内容

1958年《承认及执行外国仲裁裁决公约》是国际上关于承认与执行外国仲裁裁决最主要的公约，目前有120多个成员国。我国于1986年加入了该公约，但作了以下两项保留：①互惠保留；②商事保留，即我国只承认在缔约国领土内作出的符合条件的商事仲裁裁决。

1. 依被执行人的申请，拒绝承认与执行的理由

（1）根据应适用的法律，当事人无行为能力；或者仲裁协议无效。

（2）被执行人未接到关于指派仲裁员或关于仲裁程序的适当通知，或者由于其他情况未能在案件中进行申辩。

（3）裁决所处理的事项不是当事人交付仲裁的事项，或者不包括在仲裁协议规定之内，或者超出了仲裁协议的范围。

（4）仲裁庭的组成或仲裁程序与当事人之间的协议不符，或者当事人之间没有这种协议时，与仲裁地所在国法律不符。

（5）裁决尚未发生法律效力，或者裁决已经由作出裁决的国家或根据其法律作出裁决的国家的主管机关撤销或停止执行。

2. 执行地国的主管机关依职权拒绝承认与执行的理由

（1）依照执行地国的法律，争议事项不可以用仲裁的方式加以解决（例如，我国仲裁法规定婚姻、收养、监护、扶养、继承纠纷以及依法应当由行政机关处理的行政争议不能提交仲裁）。

（2）承认与执行该裁决违反承认与执行地国的公共政策。

（二）我国承认与执行外国仲裁裁决主要规定

决定不予承认和执行外国仲裁裁决的，实行报核制度（参照前述仲裁协议做法）。

外国仲裁机构作出的仲裁裁决需要我国法院承认与执行的，应当由当事人直接向被执行人住所地或者财产所在地的中级人民法院申请，人民法院应当依照中国缔结或者参加的国际条约，或者按照互惠原则办理。境外作出的临时仲裁裁决也适用此规定。

外国仲裁裁决与人民法院审理的案件存在关联，被申请人住所地、被申请人财产所在地均不在我国内地，申请人申请承认外国仲裁裁决的，由受理关联案件的人民法院管辖。受理关联案件的人民法院为基层人民法院的，申请承认外国仲裁裁决的案件应当由该基层人民法院的上一级人民法院管辖。受理关联案件的人民法院是高级人民法院或者最高人民法院的，由上述法院决定自行审查或者指定中级人民法院审查。

外国仲裁裁决与我国内地仲裁机构审理的案件存在关联，被申请人住所地、被申请人财产所在地均不在我国内地，申请人申请承认外国仲裁裁决的，由受理关联案件的仲裁机构所在地的中级人民法院管辖。

例 中国A公司与甲国B公司签订货物买卖合同，约定合同争议提交中国C仲裁委员会仲裁，仲裁地在中国，但对仲裁条款应适用的法律未作约定。后因货物质量问题双方发生纠纷，中国A公司依仲裁条款向C仲裁委提起仲裁，但B公司主张仲裁条款无效。根据我国相关法律规定，关于本案仲裁条款的效力审查问题，下列哪些判断是正确的？

A. 对本案仲裁条款的效力，C仲裁委无权认定，只有中国法院有权审查

B. 对本案仲裁条款的效力，如A公司请求C仲裁委作出决定，B公司请求中国法院作出裁定的，由中国法院裁定

C. 对本案仲裁条款效力的审查，应适用中国法

D. 对本案仲裁条款效力的审查，应适用甲国法

提示：根据我国《仲裁法》及《最高人民法院关于适用〈中华人民共和国仲裁法〉若干问题的解释》，仲裁机构和法院均有权认定仲裁条款的效力，两者并行时法院优先，因此，选项A错误，选项B正确。《涉外民事关系法律适用法》第18条规定："当事人可以协议选择仲裁协议适用的法律。当事人没有选择的，适用仲裁机构所在地法律或者仲裁地法律。"本题中双方未就仲裁条款应适用的法律作出约定，但选择的仲裁机构以及仲裁地均位于中国，因此，有关仲裁协议的效力，应适用中国法。故选项D错误，选项C正确。

第二节 外国人在中国的民事诉讼地位

重要法条及司法解释

《民事诉讼法》第5、262~264条。

《最高人民法院关于适用〈中华人民共和国民事诉讼法〉的解释》第523~529条。

《最高人民法院关于人民法院审理涉及特权及豁免的民事案件有关问题的通知》。

命题分析

"外国人在中国的民事诉讼地位"属于国际私法较为重要的知识点，但掌握难度不大。从考查规律来看，这一知识点考查较少，但其属于国际民事诉讼的基础知识，考生应当熟练掌握。

"外国人在中国的民事诉讼地位"包括"一般规定""特别起诉""语言的适用""律师委托""授权委托书"等内容，建议考生在复习时全面复习。

知识点精讲

外国人的民事诉讼地位是指根据内国法和国际条约的规定，外国人在内国领域内享有的诉讼权利和承担的诉讼义务。

一、一般规定

外国人、无国籍人、外国企业和组织在人民法院起诉、应诉，同中华人民共和国公民、法人和其他组织有同等的诉讼权利义务。外国法院对中华人民共和国公民、法人和其他组

织的民事诉讼权利加以限制的，中华人民共和国人民法院对该国公民、企业和组织的民事诉讼权利，实行对等原则。

二、司法豁免

对享有外交特权与豁免的外国人、外国组织或者国际组织提起的民事诉讼，应当依照中国有关法律和中国缔结或者参加的国际条约的规定办理。

三、语言的使用

人民法院审理涉外民事案件，应当使用中国通用的语言、文字。当事人要求提供翻译的，可以提供，费用由当事人承担。

四、诉讼代理

外国人在我国法院参与诉讼时，可以亲自进行，也有权通过一定程序委托我国的律师或其他公民代为进行。但需要委托律师代理诉讼的，必须委托我国的律师代为诉讼。涉外民事诉讼中的当事人，还可以委托其本国人为诉讼代理人，也可以委托本国律师以非律师身份担任诉讼代理人。另外，外国当事人还可以委托其本国驻华使领馆官员以个人名义担任诉讼代理人。

五、授权委托书

在中国领域内没有住所的外国人、无国籍人、外国企业和组织委托中国律师或者其他人代理诉讼，从中国领域外寄交或者托交的授权委托书，应当经所在国公证机关证明，并经中国驻该国使领馆认证，或者履行中国与该所在国订立的有关条约中规定的证明手续后，才具有效力。

例 某外国公民阮某因合同纠纷在中国法院起诉中国公民张某。关于该民事诉讼，下列哪一选项是正确的？

A. 阮某可以委托本国律师以非律师身份担任诉讼代理人

B. 受阮某委托，某该国驻华使馆官员可以以个人名义担任诉讼代理人，并在诉讼中享有外交特权和豁免权

C. 阮某和张某可用明示方式选择与争议有实际联系的地点的法院管辖

D. 中国法院和外国法院对该案都有管辖权的，如张某向外国法院起诉，阮某向中国法院起诉，中国法院不能受理

提示：本题选项 A、B 涉及外国人在中国的民事诉讼地位。《最高人民法院关于适用〈中华人民共和国民事诉讼法〉的解释》第 528 条规定，涉外民事诉讼中的外籍当事人，可以委托本国人为诉讼代理人，也可以委托本国律师以非律师身份担任诉讼代理人；外国驻华使领馆官员，受本国公民的委托，可以以个人名义担任诉讼代理人，但在诉讼中不享有外交或者领事特权和豁免。因此，选项 A 正确，选项 B 错误。

第三节 国际民事案件管辖权

重要法条及司法解释

《民事诉讼法》第265~266条。

《最高人民法院关于适用〈中华人民共和国民事诉讼法〉的解释》第531~533条。

命题分析

"国际民事案件管辖权"属于国际私法较为重要的知识点，近年考试中有一定的考查频率，重点考查"中国关于民事案件管辖权的规定"。

知识点精讲

一、我国涉外民事案件管辖权的确定

我国《民事诉讼法》有关涉外民事案件管辖权的规定主要有以下四个方面。

（一）普通地域管辖

我国也是以被告住所地为普通管辖的依据，采用原告就被告的原则。只要涉外民事案件被告的住所地在我国，我国法院就有管辖权。如果被告的住所地与经常居住地不一致，只要其经常居住地在我国领域内，我国法院也有管辖权。自然人的住所地指户籍所在地，经常居住地指公民离开其住所至起诉时连续居住1年以上的地方。法人的住所地指法人的主要营业地或者主要办事机构所在地。但对于不在我国领域内居住的人提起的有关身份关系的诉讼，则可以由原告住所地或经常居住地的我国法院管辖。

（二）特别地域管辖

对于在我国领域内没有住所的被告提起的有关合同或财产权益纠纷，如果合同在我国领域内签订或履行，或诉讼标的物在我国领域内，或被告在我国有可供扣押的财产，或被告在我国领域内设有代表机构，则合同签订地、合同履行地、标的物所在地、可供扣押的财产所在地、侵权行为地或代表机构所在地法院均可以行使管辖权。

（三）专属管辖

《民事诉讼法》规定的专属管辖包括：①因不动产纠纷提起的诉讼，由不动产所在地人民法院管辖；②因港口作业中发生纠纷提起的诉讼，由港口所在地人民法院管辖；③因继承遗产纠纷提起的诉讼，由被继承人死亡时的住所地或者主要遗产所在地人民法院管辖；④因在我国履行的中外合资经营企业合同、中外合作经营企业合同、中外合作勘探开发自然资源合同发生的纠纷提起的诉讼，我国法院有专属管辖权。

属于中华人民共和国人民法院专属管辖的案件，当事人不得用书面协议选择其他国家法院管辖。但协议选择仲裁裁决的除外。

（四）协议管辖

我国法律明确承认协议管辖，即合同或其他财产权益纠纷的当事人可以书面协议选择

被告住所地、合同履行地、合同签订地、原告住所地、标的物所在地等与争议有实际联系的地点的法院管辖，但不得违反我国民事诉讼法对级别管辖和专属管辖的规定。

二、涉外民事案件管辖权确定的特殊问题

（一）拒绝管辖（不方便法院原则）

涉外民事案件同时符合下列情形的，人民法院可以裁定驳回原告的起诉，告知其向更方便的外国法院提起诉讼：

（1）被告提出案件应由更方便外国法院管辖的请求，或者提出管辖异议；

（2）当事人之间不存在选择中国法院管辖的协议；

（3）案件不属于中国法院专属管辖；

（4）案件不涉及中国国家、公民、法人或者其他组织的利益；

（5）案件争议的主要事实不是发生在中国境内，且案件不适用中国法律，人民法院审理案件在认定事实和适用法律方面存在重大困难；

（6）外国法院对案件享有管辖权，且审理该案件更加方便。

（二）平行诉讼

我国法院和外国法院都有管辖权的案件，一方当事人向外国法院起诉，而另一方当事人向我国法院起诉的，人民法院可予受理。判决后，外国法院申请或者当事人请求人民法院承认和执行外国法院对本案作出的判决、裁定的，不予准许；但双方共同缔结或者参加的国际条约另有规定的除外。外国法院判决、裁定已经被人民法院承认，当事人就同一争议向人民法院起诉的，人民法院不予受理。

例 某外国公民阮某因合同纠纷在中国法院起诉中国公民张某。关于该民事诉讼，下列哪一选项是正确的？

A. 阮某可以委托本国律师以非律师身份担任诉讼代理人

B. 受阮某委托，某该国驻华使馆官员可以以个人名义担任诉讼代理人，并在诉讼中享有外交特权和豁免权

C. 阮某和张某可用明示方式选择与争议有实际联系的地点的法院管辖

D. 中国法院和外国法院对该案都有管辖权的，如张某向外国法院起诉，阮某向中国法院起诉，中国法院不能受理

提示：选项C、D涉及国际民事案件的诉讼管辖权问题。原《民事诉讼法》第242条的规定："涉外合同或者涉外财产权益纠纷的当事人，可以用书面协议选择与争议有实际联系的地点的法院管辖。"2012年修订后《民事诉讼法》第34条规定："合同或者其他财产权益纠纷的当事人可以书面协议选择被告住所地、合同履行地、合同签订地、原告住所地、标的物所在地等与争议有实际联系的地点的人民法院管辖，但不得违反本法对级别管辖和专属管辖的规定。"选项C中的"明示方式"并不等于书面方式，故选项C错误。《最高人民法院关于适用〈中华人民共和国民事诉讼法〉的解释》第533条规定，中国人民法院和外国法院都有管辖权的案件，一方当事人向外国法院起诉，而另一方当事人向中国人民法院起诉的，人民法院可予受理。选项D中认为中国法院不能受理，故选项D也错误。

第四节 国际司法协助

重要法条及司法解释

《民事诉讼法》第 267~268 条。

《最高人民法院关于适用〈中华人民共和国民事诉讼法〉的解释》第 534~537 条。

《最高人民法院关于涉外民事或商事案件司法文书送达问题的若干规定》（2006）。

《关于向国外送达民事或商事司法文书或司法外文书的公约》第 5、10 条。

《最高人民法院关于民事诉讼证据的若干规定》（2001）第 11~12 条。

《关于从国外获取民事或商事证据的公约》第 15~22 条。

命题分析

“国际司法协助”属于国际私法相对重要的知识点，有一定的考查频率，基本呈现“隔年考”的规律。

从考查内容来看，“国际私法协助”包括“域外送达”“域外取证”等内容，建议考生全面复习。本知识点的考查重点在于考生对相关法律法规及国际条约内容的识记能力，考生应当加强理解记忆。

知识点精讲

人民法院和外国法院可以相互请求，代为送达文书、调查取证以及进行其他诉讼行为。域外送达和域外取证的根据是中国缔结或者参加的国际条约，或者按照互惠原则。请求和提供司法协助，应当依照中国缔结或者参加的国际条约所规定的途径进行；没有条约关系的，通过外交途径进行。

一、域外送达

（一）概念

域外送达是指一国法院根据国际条约或本国法律或按照互惠原则将诉讼文书和非诉讼文书送交给居住在国外的当事人或其他诉讼参与人的行为。域外送达必须通过国际条约和国内法允许的途径送达。

（二）方式

我国《民事诉讼法》第 267 条规定，人民法院对在中国领域内没有住所的当事人送达诉讼文书，可以采用下列方式：

（1）依照受送达人所在国与中国缔结或者共同参加的国际条约中规定的方式送达；

（2）通过外交途径送达；

（3）对具有中国国籍的受送达人，可以委托中国驻受送达人所在国的使领馆代为送达；

（4）向受送达人委托的有权代其接受送达的诉讼代理人送达；

（5）向受送达人在中国领域内设立的代表机构或者有权接受送达的分支机构、业务代办人送达；

（6）受送达人所在国的法律允许邮寄送达的，可以邮寄送达，自邮寄之日起满3个月，送达回证没有退回，但根据各种情况足以认定已经送达的，期间届满之日视为送达；

（7）采用传真、电子邮件等能够确认受送达人收悉的方式送达；

（8）不能用上述方式送达的，公告送达，自公告之日起满3个月，即视为送达。

（三）代表机构送达的特殊规定

根据《海牙送达公约》第1条的规定，在所有民事或商事案件中，如有须递送司法文书或司法外文书以便向国外送达的情形，才应适用本公约。受送达人在中国设立有代表机构时，已不属于适用公约的情形。2002年《最高人民法院关于向外国公司送达司法文书能否向其驻华代表机构送达并适用留置送达问题的批复》规定，如果受送达人为外国公司，人民法院可以根据民事诉讼法的规定向受送达人在我国领域内设立的代表机构送达诉讼文书，而不必根据《海牙送达公约》向国外送达。并且，根据民事诉讼法的规定，人民法院向外国公司的驻华代表机构送达诉讼文书时，可以适用留置送达的方式。

（四）《最高人民法院涉外民事或商事案件司法文书送达问题若干规定》的特殊规定

2006年《最高人民法院涉外民事或商事案件司法文书送达问题若干规定》对涉外民事或商事案件司法文书送达中带有普遍性，又亟待解决的一些问题作出进一步详细规定。要点如下：

（1）作为受送达人的外国自然人或者企业、其他组织的法定代表人、主要负责人在我国领域内出现时，人民法院可以向其直接送达。外国企业、组织的主要负责人包括该企业、组织的董事、监事、高级管理人员等。

（2）除受送达人在授权委托书中明确表明其诉讼代理人无权代为接收有关司法文书外，其委托的诉讼代理人为《民事诉讼法》第267条第（四）项规定的有权代其接受送达的诉讼代理人，人民法院可以向该诉讼代理人送达。

（3）对于受送达人的分支机构和业务代办人，只有经过受送达人的授权，人民法院才可以向其分支机构和业务代办人送达。

（4）《最高人民法院涉外民事或商事案件司法文书送达问题若干规定》第7条对不能适用公约、协定、外交途径以及邮寄方式送达作出了规定，即自我国有关机关将司法文书转递受送达人所在国有关机关之日起满6个月（邮寄送达的认定期间已由6个月缩短为3个月），如果未能收到送达与否的证明文件，且根据各种情况不足以认定已经送达的，视为不能用该种方式送达。

二、域外调查取证

（一）概念

域外取证，是指基于国际条约或国家间互惠原则，被请求国协助请求国调查案情，收集或获得证据的行为。我国不仅在双边司法协助条约中对域外取证问题作了规定，而且还于1997年参加了《关于从国外获取民事或商事证据的公约》。

（二）方式

域外取证方式主要包括：

（1）代为取证，即向证据所在地国的司法机关提出请求，由后者代为进行取证。

（2）领事取证，即通过本国驻他国领事或外交人员在驻在国直接调查取证，一般是向本国国民调查取证。这种取证方式为大多数国家所接受。但采取这种取证方式不得违反当地的法律，也不得采取强制措施。

（3）特派员取证，即受诉法院委派专门的官员在外国调查取证。我国原则上不允许外国特派员在我国境内取证，但在特殊情况下可特许外国特派员在我国境内取证。

（4）当事人或诉讼代理人自行取证，根据我国有关规定，未经我国主管机关准许，任何外国当事人或其诉讼代理人都不得在我国境内自行取证。

对于在我国领域外形成的证据的效力，当事人向人民法院提供的证据系在中国领域外形成的，该证据应当经所在国公证机关予以证明，并经中国驻该国使领馆予以认证或者履行中国与该所在国订立的有关条约中规定的证明手续。当事人向人民法院提供的证据是在香港、澳门、台湾地区形成的，应当履行相关的证明手续。当事人向人民法院提供外文书证或者外文说明资料，应当附有中文译本。

（三）外国对中国的送达与取证

人民法院和外国法院可以相互请求，代为送达文书、调查取证以及进行其他诉讼行为。请求和提供司法协助的途径，应当依照我国缔结或者参加的国际条约规定进行；没有条约关系的，通过外交途径进行。外国驻中国的使领馆可以向该国公民送达文书和调查取证，但不得违反中国的法律，并不得采取强制措施。其他情形下，未经中华人民共和国主管机关准许，任何外国机关或者个人不得在中国领域内送达文书、调查取证。

外国法院请求人民法院提供司法协助的请求书及其所附文件，应当附有中文译本或者国际条约规定的其他文字文本。

人民法院提供司法协助，依照中国法律规定的程序进行。外国法院请求采用特殊方式的，也可以按照其请求的特殊方式进行，但请求采用的特殊方式不得违反中国法律。

例 中国和甲国均为《关于从国外调取民事或商事证据的公约》的缔约国。关于两国之间的域外证据调取，下列哪一选项是正确的？

A. 委托方向另一缔约方请求调取的证据不限于用于司法程序的证据

B. 中国可以相关诉讼属于中国法院专属管辖为由拒绝甲国调取证据的请求

C. 甲国可以相关事项在甲国不能提起诉讼为由拒绝中国调取证据的请求

D. 甲国外交代表在其驻华执行职务的区域内，在不采取强制措施的情况下，可向甲国公民调取证据

提示：《关于从国外调取民事或商事证据的公约》第1条第2款规定：“请求书不得用来调取不打算用于已经开始或即将开始的司法程序的证据。”因此，选项A错误。该公约第12条规定：“只有在下列情况下，才能拒绝执行请求书：（一）在执行国，该请求书的执行不属于司法机关的职权范围；或（二）被请求国认为，请求书的执行将会损害其主权和安全。执行国不能仅因其国内法已对该项诉讼标的规定专属管辖权或不承认对该事项提起诉讼的权利为理由，拒绝执行请求。”因此，选项B、C错误。该条约第15条规定：“在民事或商事案件中，每一缔约国的外交官员或领事代表在另一缔约国境内其执行职务的区域内，可以向他所代表的国家的国民在不采取强制措施的情况下调取证据，以协助在其代表的国家的法院中进行的诉讼。”因此，选项D正确。

第七章　区际法律问题

第一节　中国内地与港澳台地区之间的送达

重要法条及司法解释

《最高人民法院内地与香港特别行政区法院就民商事案件相互委托送达司法文书的安排》（1999）。

《最高人民法院内地与澳门特别行政区法院就民商事案件相互委托送达司法文书和调取证据的安排》（2001）。

《最高人民法院关于涉港澳民商事案件司法文书送达问题若干规定》（2009）。

《最高人民法院关于涉台民事诉讼文书送达的若干规定》（2008）。

命题分析

“中国内地与港澳台地区之间的送达”属于国际私法相对重要的知识点，掌握起来有一定难度。近年对本知识点考查较少，但区际司法协助是我国一个重要问题，考生仍需持续予以重视。

从考查内容来看，“中国内地与港澳台地区之间的送达”包括“中国内地与香港地区之间的送达”“中国内地与澳门地区之间的送达”“中国内地与台湾地区之间的送达”等问题，考生在复习时应当注意对比其中的异同，避免发生混淆。

知识点精讲

一、内地与香港特别行政区之间的送达

内地法院和香港特别行政区法院之间相互委托送达民商事司法文书，均须通过内地各高级人民法院和香港特别行政区高等法院进行。最高人民法院的司法文书可以直接委托香港特别行政区高等法院送达。

委托方请求送达的司法文书，应当以中文文本提出。所附司法文书没有中文文本的，应当提供中文译本。送达司法文书，应当依照受委托方所在地法律规定的程序进行。不论司法文书中确定的出庭日期或者期限是否已过，受委托方均应送达。委托方应当尽量在合理期限内提出委托请求。

受委托方接到委托书后，应当及时完成送达，最迟不得超过自收到委托书之日起 2 个月。送达司法文书后，内地人民法院应当出具送达回证；香港特别行政区法院应当出具送达证明书。受委托方无法送达的，应当在送达回证或者证明书上注明妨碍送达的原因、拒收事由和日期，并及时退回委托书及所附全部文书。受委托方对委托方委托送达的司法文

书的内容和后果不负法律责任。

委托送达司法文书费用互免。但委托方在委托书中请求以特定方式送达所产生的费用，由委托方负担。

2009 年《最高人民法院关于涉港澳民商事案件司法文书送达问题若干规定》进一步规定如下：

作为受送达人在内地的自然人或者企业、其他组织在内地的法定代表人、主要负责人，以及受送达人的诉讼代理人（除受送达人在授权委托书中明确表明其诉讼代理人无权代为接收有关司法文书外），受送达人在内地设立的代表机构，受送达人在内地设立的分支机构或者业务代办人（被授权接受送达的），人民法院可以直接向他（它）们送达，也可以适用留置送达的方式。

人民法院向在内地没有住所的受送达人送达司法文书，可以按照《最高人民法院关于内地与香港特别行政区法院相互委托送达民商事司法文书的安排》或者《最高人民法院关于内地与澳门特别行政区法院就民商事案件相互委托送达司法文书和调取证据的安排》送达。按照前款规定方式送达的，自内地的高级人民法院或者最高人民法院将有关司法文书递送香港特别行政区高等法院或者澳门特别行政区终审法院之日起满 3 个月，如果未能收到送达与否的证明文件且不存在下述三种情形的，视为不能适用上述安排中规定的方式送达。

受送达人未对人民法院送达的司法文书履行签收手续，但存在以下情形之一的，视为送达：①受送达人向人民法院提及了所送达司法文书的内容；②受送达人已经按照所送达司法文书的内容履行；③其他可以确认已经送达的情形。

人民法院向受送达人送达司法文书，可以邮寄送达。受送达人未在送达回证上签收但在邮件回执上签收的，视为送达，签收日期为送达日期。自邮寄之日起满 3 个月，虽未收到送达与否的证明文件，但存在前述三种情形的，期间届满之日视为送达。自邮寄之日起满 3 个月，如果未能收到送达与否的证明文件，且不存在前述三种情形的，视为未送达。人民法院还可以通过传真、电子邮件等能够确认收悉的其他适当方式向受送达人送达。

人民法院不能依照本规定上述方式送达的，可以公告送达。公告内容应当在内地和受送达人住所地公开发行的报刊上刊登，自公告之日起满 3 个月即视为送达。

除公告送达方式外，人民法院可以同时采取多种法定方式向受送达人送达。采取多种方式送达的，应当根据最先实现送达的方式确定送达日期。

下级人民法院送达司法文书，根据有关规定需要通过上级人民法院转递的，应当附申请转递函。上级人民法院收到下级人民法院申请转递的司法文书，应当在七个工作日内予以转递。上级人民法院认为下级人民法院申请转递的司法文书不符合有关规定需要补正的，应当在七个工作日内退回申请转递的人民法院。

二、内地与澳门特别行政区之间的送达

（略）

三、内地与台湾地区之间的送达

涉台送达应当遵守一个中国原则和法律的基本原则，不违反社会公共利益。涉台送达分两种情形：

1. 人民法院向住所地在台湾地区的当事人送达民事诉讼文书，可以采用下列方式：

（1）受送达人居住在内地的，或者受送达人不在内地居住，但送达时在内地的，可以直接送达。受送达人是自然人，本人不在的，可以交其同住成年家属签收；受送达人是法人或者其他组织的，应当由法人的法定代表人、其他组织的主要负责人或者该法人、组织负责收件的人签收。

（2）受送达人在内地有诉讼代理人的，向诉讼代理人送达。但受送达人在授权委托书中明确表明其诉讼代理人无权代为接收的除外。

（3）受送达人有指定代收人的，向代收人送达。

（4）受送达人在内地有代表机构、分支机构、业务代办人的，向其代表机构或者经受送达人明确授权接受送达的分支机构、业务代办人送达。

采用上述四种方式送达的，由受送达人、诉讼代理人或者有权接受送达的人在送达回证上签收或者盖章，即为送达；拒绝签收或者盖章的，可依法留置送达。

（5）受送达人在台湾地区的地址明确的，可以邮寄送达。邮寄送达应附有送达回证。受送达人未在送达回证上签收但在邮件回执上签收的，视为送达，签收日期为送达日期。自邮寄之日起满 3 个月，如果未能收到送达与否的证明文件，且根据各种情况不足以认定已经送达的，视为未送达。

（6）有明确的传真号码、电子信箱地址的，可以通过传真、电子邮件方式向受送达人送达。采用此种方式送达，应注明人民法院的传真号码或者电子信箱地址，并要求受送达人在收到传真件或者电子邮件后及时予以回复，并以能够确认受送达人收悉的日期为送达日期。

（7）按照两岸认可的其他途径送达。此种情形下的送达，应当由有关的高级人民法院出具盖有本院印章的委托函。

（8）采用上述方式不能送达或者台湾地区的当事人下落不明的，公告送达。公告内容应当在境内外公开发行的报刊或者权威网站上刊登，自公告之日起满 3 个月，即视为送达。

2. 人民法院按照两岸认可的途径代为送达台湾地区法院的民事诉讼文书，按照下列办法处理：

（1）人民法院代为送达台湾地区法院的民事诉讼文书应当有后者的委托函。经审查符合条件的，应在收到委托函之日起 2 个月内完成送达。完成送达的送达回证按照原途径退回。

（2）民事诉讼文书中确定的出庭日期或者其他期限逾期的，受委托的人民法院亦应予送达。

（3）受委托的人民法院对台湾地区有关法院委托送达的民事诉讼文书的内容和后果不负法律责任。

例 香港地区甲公司与内地乙公司发生投资纠纷，乙公司诉诸某中级人民法院。陈某是甲公司法定代表人，张某是甲公司的诉讼代理人。关于该案的文书送达及法律适用，下列哪些选项是正确的？

A. 如陈某在内地，受案法院必须通过上一级人民法院向其送达

B. 如甲公司在授权委托书中明确表明张某无权代为接收有关司法文书，则不能向其送达

C. 如甲公司在内地设有代表机构的，受案人民法院可直接向该代表机构送达

D. 同时采用公告送达和其他多种方式送达的，应当根据最先实现送达的方式确定送达日期

提示：《最高人民法院关于涉港澳民商事案件司法文书送达问题若干规定》第 3 条规定，作为受送达人的自然人或者企业、其他组织的法定代表人、主要负责人在内地的，人

民法院可以直接向该自然人或者法定代表人、主要负责人送达。因此，选项A错误。根据该规定第4条，除受送达人在授权委托书中明确表明其诉讼代理人无权代为接收有关司法文书外，其委托的诉讼代理人为有权代其接受送达的诉讼代理人，人民法院可以向该诉讼代理人送达。因此，选项B正确。根据该规定第5条第1款，受送达人在内地设立有代表机构的，人民法院可以直接向该代表机构送达。因此，选项C正确。根据该规定第10条，除公告送达方式外，人民法院可以同时采取多种法定方式向受送达人送达。采取多种方式送达的，应当根据最先实现送达的方式确定送达日期。据此可知，公告送达是被排除在外的。因此，选项D错误。

第二节 中国内地与港澳台地区相互执行法院判决

重要法条及司法解释

《最高人民法院关于内地与香港特别行政区相互认可和执行当事人协议管辖的民商事案件判决的安排》(2008)。

《最高人民法院关于内地与澳门特别行政区相互认可和执行民商事判决的安排》(2006)。

《最高人民法院关于认可和执行台湾地区法院民事判决的规定》(2015)。

命题分析

"中国内地与港澳台地区相互执行法院判决"属于国际私法较为重要的知识点，近年来考查多次，属于高频考点，需要着重复习。从考查规律来看，"中国内地与港澳台地区相互执行法院判决"基本呈现"隔年考"的特点。

从考查内容来看，"中国内地与港澳台地区相互执行法院判决"包括"中国内地与香港地区相互执行法院判决""中国内地与澳门地区相互执行法院判决""中国内地与台湾地区相互执行法院判决"等内容，本知识点的考查内容是法律条文的具体规定，并且结合法律的修订情况不断变化考查内容，考生应当注意这种修订变化。

知识点精讲

一、内地与香港特别行政区相互认可与执行民商事判决

(一) 适用范围

内地人民法院和香港特别行政区法院在具有书面管辖协议的民商事案件中作出的须支付款项的具有执行力的终审判决。

内地与香港特别行政区法院相互认可和执行的标的范围，除判决确定的数额外，还包括根据该判决须支付的利息、经法院核定的律师费以及诉讼费，但不包括税收和罚款。在香港特别行政区，诉讼费是指经法官或者司法常务官在诉讼费评定证明书中核定或者命令支付的诉讼费用。

（二）判决的种类

本安排所称“判决”，在内地包括判决书、裁定书、调解书、支付令；在香港特别行政区包括判决书、命令和诉讼费评定证明书。

（三）管辖法院

依本安排申请认可和执行民商事判决，在内地向被申请人住所地、经常居住地或者财产所在地的中级人民法院提出，在香港特别行政区向香港特别行政区高等法院提出。被申请人住所地、经常居住地或者财产所在地在内地不同的中级人民法院辖区的，申请人应当选择向其中一个人民法院提出认可和执行的申请，不得分别向两个或者两个以上人民法院提出申请。被申请人的住所地、经常居住地或者财产所在地，既在内地又在香港特别行政区的，申请人可以同时分别向两地法院提出申请，两地法院分别执行判决的总额，不得超过判决确定的数额，已经部分或者全部执行判决的法院应当根据对方法院的要求提供已执行判决的情况。

（四）申请认可和执行的程序与时限

申请人申请认可和执行的期间为 2 年，内地判决到香港特别行政区申请执行的，从判决规定履行期间的最后一日起计算，判决规定分期履行的，从规定的每次履行期间的最后一日起计算，判决未规定履行期间的，从判决生效之日起计算；香港特别行政区判决到内地申请执行的，从判决可强制执行之日起计算，该日为判决上注明的判决日期，判决对履行期间另有规定的，从规定的履行期间届满后开始计算。

（五）不予认可和执行的条件

对申请认可和执行的判决，原审判决中的债务人提供证据证明有下列情形之一的，受理申请的法院经审查核实，应当裁定不予认可和执行：

（1）根据当事人协议选择的原审法院地的法律，管辖协议属于无效。但选择法院已经判定该管辖协议为有效的除外。

（2）判决已获完全履行。

（3）根据执行地的法律，执行地法院对该案享有专属管辖权。

（4）根据原审法院地的法律，未曾出庭的败诉一方当事人未经合法传唤或者虽经合法传唤但未获依法律规定的答辩时间。但原审法院根据其法律或者有关规定公告送达的，不属于上述情形。

（5）判决是以欺诈方法取得的。

（6）执行地法院就相同诉讼请求作出判决，或者外国、境外地区法院就相同诉讼请求作出判决，或者有关仲裁机构作出仲裁裁决，已经为执行地法院所认可或者执行的。

内地人民法院认为在内地执行香港特别行政区法院判决违反内地社会公共利益，或者香港特别行政区法院认为在香港特别行政区执行内地人民法院判决违反香港特别行政区公共政策的，不予认可和执行。

（六）中止或终止认可和执行程序

根据安排，对于香港特别行政区法院作出的判决，判决确定的债务人已经提出上诉，或者上诉程序尚未完结的，内地人民法院审查核实后，可以中止认可和执行程序。内地地方人民法院就已经作出的判决按照审判监督程序作出提审裁定，或者最高人民法院作出提起再审裁定的，香港特别行政区法院审查核实后，可以中止认可和执行程序。

（七）一事不再理

当事人对是否认可和执行的裁定不服的，在内地可以向上一级人民法院申请复议，在香港特别行政区可以根据其法律规定提出上诉。在法院受理当事人申请认可和执行判决期间，以及对于已获认可和执行的判决，当事人依相同事实再行提起诉讼的，法院不予受理。对不予认可和执行的判决，申请人不得再行提起认可和执行的申请，但是可以按照执行地的法律依相同案件事实向执行地法院提起诉讼。

（八）临时措施

法院受理认可和执行判决的申请之前或者之后，可以按照执行地法律关于财产保全或者禁制资产转移的规定，根据申请人的申请，对被申请人的财产采取保全或强制措施。

二、内地认可和执行台湾地区法院民事判决

（一）适用范围

（1）台湾地区法院作出的生效民事判决、裁定、和解笔录、调解笔录、支付命令等。

（2）台湾地区法院在刑事案件中作出的有关民事损害赔偿的生效判决、裁定、和解笔录的认可。

（3）由台湾地区乡镇市调解委员会等出具并经台湾地区法院核定，与台湾地区法院生效民事判决具有同等效力的调解文书的认可。

（二）认可与执行

申请人同时提出认可和执行台湾地区法院民事判决申请的，人民法院先按照认可程序进行审查，裁定认可后，由人民法院执行机构执行。申请人直接申请执行的，人民法院应当告知其一并提交认可申请；坚持不申请认可的，裁定驳回其申请。

（三）管辖

申请认可台湾地区法院民事判决的案件，由申请人住所地、经常居住地或者被申请人住所地、经常居住地、财产所在地中级人民法院或者专门人民法院受理。申请人向两个以上有管辖权的人民法院申请认可的，由最先立案的人民法院管辖。对申请认可台湾地区法院民事判决的案件，人民法院应当组成合议庭进行审查。

（四）立案与审查

人民法院收到申请书，经审查，符合本规定条件的，应当在7日内受理；不符合本规定条件的，不予受理，并在7日内通知申请人，同时说明不受理的理由。申请人对裁定不服的，可以提起上诉。台湾地区有关法院的民事判决具有下列情形之一的，人民法院裁定不予认可：

（1）申请认可的民事判决，是在被申请人缺席又未经合法传唤或者在被申请人无诉讼行为能力又未得到适当代理的情况下作出的；

（2）案件系人民法院专属管辖的；

（3）案件双方当事人订有有效仲裁协议，且无放弃仲裁管辖情形的；

（4）案件系人民法院已作出判决或者中国大陆的仲裁庭已作出仲裁裁决的；

（5）香港特别行政区、澳门特别行政区或者外国的法院已就同一争议作出判决且已为人民法院所认可或者承认的；

（6）台湾地区、香港特别行政区、澳门特别行政区或者外国的仲裁庭已就同一争议作出仲裁裁决且已为人民法院所认可或者承认的。

认可该民事判决将违反一个中国原则等国家法律的基本原则或者损害社会公共利益的，人民法院应当裁定不予认可。

人民法院受理认可台湾地区法院民事判决的申请后，当事人就同一争议起诉的，不予受理。一方当事人向人民法院起诉后，另一方当事人向人民法院申请认可的，对于认可的申请不予受理。案件虽经台湾地区有关法院判决，但当事人未申请认可，而是就同一争议向人民法院起诉的，应予受理。人民法院受理认可台湾地区法院民事判决的申请后，作出裁定前，申请人请求撤回申请的，可以裁定准许。

人民法院受理认可台湾地区法院民事判决的申请后，应当在立案之日起 6 个月内审结。有特殊情况需要延长的，报请上一级人民法院批准。通过海峡两岸司法互助途径送达文书和调查取证的期间，不计入审查期限。

人民法院经审查能够确认台湾地区法院民事判决真实并且已经生效，而且不具有该规定第 15 条所列情形的，裁定认可其效力；不能确认该民事判决的真实性或者已经生效的，裁定驳回申请人的申请。裁定驳回申请的案件，申请人再次申请并符合受理条件的，人民法院应予受理。

人民法院依据该规定第 15 条和第 16 条作出的裁定，一经送达即发生法律效力。当事人对上述裁定不服的，可以自裁定送达之日起十日内向上一级人民法院申请复议。对人民法院裁定不予认可的台湾地区法院民事判决，申请人再次提出申请的，人民法院不予受理，但申请人可以就同一争议向人民法院起诉。

（五）期间

申请人申请认可和执行台湾地区法院民事判决的期间为 2 年，但申请认可台湾地区法院有关身份关系的判决除外。申请执行时效的中止、中断，适用法律有关诉讼时效中止、中断的规定。申请人仅申请认可而未同时申请执行的，申请执行的期间自人民法院对认可申请作出的裁定生效之日起重新计算。

国际经济法

第一章 国际货物买卖

第一节 《国际贸易术语解释通则》

重要法条及司法解释

《2010年国际贸易术语解释通则（*Incoterms 2010*）》贸易术语FOB、CIF、CFR。

命题分析

《国际贸易术语解释通则》属于国际经济法部分相对重要的知识点，掌握起来有一定难度。在以往的考试中几乎每年必考。从考查内容来看，《国际贸易术语解释通则》主要包括《2010年国际贸易术语解释通则》规定的11种贸易术语，其中以FOB、CIF、CFR三个贸易术语属于考试的重点，应当重点复习。

知识点精讲

一、《国际贸易术语解释通则》概述

国际上使用最为广泛的是国际商会于1936年编纂的《国际贸易术语解释通则》，该通则在1936年首次公布后，分别于1953年、1967年、1976年、1980年、1990年、2000年、2010年进行了七次修改，最新版本为《2010年国际贸易术语解释通则》。

《2010年国际贸易术语解释通则》包含11种贸易术语，且按照所适用的运输方式划分为两大类：①适用于任何运输方式的术语，包括EXW（工厂交货）、FCA（货交承运人）、CPT（运费付至）、CIP（运费和保险费付至）、DAT（运输终端交货）、DAP（目的地交货）、DDP（完税后交货）；②适用于海运和内河运输方式的有4种，包括FAS（船边交货）、FOB（船上交货）、CFR（成本加运费）、CIF（成本、保险费加运费）。

二、《2010年国际贸易术语解释通则》中的FOB、CIF、CFR

以下三个表格，分别从卖方义务、买方义务以及注意事项三个方面对三个常用的贸易术语FOB、CIF、CFR进行了归纳对比：

（一）卖方义务

FOB（Free on Board），意为“船上交货（指定装运港）”	在买方指定的装运港将货物置于买方指定的船舶上交货。
	提供符合合同规定的货物和单证。
	自担风险和费用办理出口手续，缴纳出口捐、税、费。
	承担在装运港船上完成交货前货物灭失或损坏的一切风险。
CIF（Cost，Insurance and Freight），意为“成本加运费加保险费（指定目的港）”	在装运港于约定的日期或期限内将货物交至船上。
	提供符合合同规定的货物和单证。
	自担风险和费用办理出口手续，缴纳出口捐、税、费。
	自费订立运输合同将货物按惯常航线运至目的港，并支付运费。
	办理货物的保险，交纳保险费。
	承担货物在装运港装上船之前的一切风险。
CFR（Cost and Freight），意为“成本加运费（指定目的港）”	不负责办理货物的保险，其余与 CIF 相同。

（二）买方义务

FOB	支付货款并接受卖方提供的交货凭证或相等的电子单证。
	自担风险和费用办理进口手续，交纳进口捐、税、费。
	自费租船或订舱并将船名、装船地点及时间给予卖方充分通知。
	承担货物在装运港装船交货之后的一切风险。
FOBCIF	支付货款并接受卖方提供的交货凭证或相等的电子单证。
	自担风险和费用办理进口手续，交纳进口捐、税、费。
	承担货物在装运港装船交货之后的一切风险。
CFR	办理货物的保险，其余与 CIF 相同。

（三）特别注意事项

FOB	买方租船或订舱后，应将船名、装货时间地点给予卖方以充分的通知，否则由此造成的损失由买方承担。
	卖方在货物装船后要给买方以充分通知，否则由此造成买方的损失，卖方应当负责。
CIF	在 CIF 术语中替买方投保并支付保险费是卖方的一项义务。除非另有协议，否则卖方只负责投保海上运输的最低险别。
	缩略语后的港口名称是目的港名称，指明运费和保险费的计算是从装运港至目的港全程的运输费和保险费，而不是指卖方的交货地点。与 FOB 术语一样，卖方的交货义务是在装运港将货物交到船上完成的。
CFR	在 CFR 合同中，买方要自行投保，因此和 FOB 合同的情况一样，卖方要给买方货物装船的充分通知，否则，由此导致买方漏保货物运输险所造成的损失应由卖方负责。

例 甲国 A 公司向乙国 B 公司出口一批货物，双方约定适用《2010 年国际贸易术语解释通则》中 CIF 术语。该批货物由丙国 C 公司“乐安”号商船承运，运输途中船舶搁浅，为起浮抛弃了部分货物。船舶起浮后继续航行中又因恶劣天气，部分货物被海浪打入

海中。到目的港后发现还有部分货物因固有缺陷而损失。关于 CIF 贸易术语的适用，下列选项正确的是哪几项?

A. 货物的风险在装运港完成交货时由 A 公司转移给 B 公司

B. 货物的风险在装运港越过船舷时由 A 公司转移给 B 公司

C. 应由 A 公司负责海运运输

D. 应由 A 公司购买货物海运保险

提示：与《2000 年国际贸易术语解释通则》相比，《2010 年国际贸易术语解释通则》中的 FOB、CIF 和 CFR 术语最大的改变就是风险不再是在装运港货物“越过船舷”时转移，而是卖方在装运港将货物“交到船上”时风险转移。因此，选项 A 正确，选项 B 错误。

在 CIF 术语下，由卖方负责办理货物运输，以及办理货物的保险并缴纳保险费。因此，选项 C、D 均正确。

第二节 《联合国国际货物销售合同公约》

重要法条及司法解释

《联合国国际货物销售合同公约》第 1~5、10~11、31~43、45~52、57~58、61~64、66~70、85~88 条。

命题分析

“《联合国国际货物销售合同公约》”是国际经济法的“重中之重”，属于每年必考的知识点，而且所占分值较高。从考查内容来看，“国际货物买卖合同双方的权利义务”和“违反合同的补救办法”属于考试的重点，应当重点复习。

知识点精讲

一、《联合国国际货物销售合同公约》概述

（一）《联合国国际货物销售合同公约》的适用范围

1. 主体视角

《联合国国际货物销售合同公约》适用于营业地在不同国家的当事人订立的货物销售合同。某一货物销售合同是否适用《联合国国际货物销售合同公约》，以当事人的营业地位于不同国家为标准，而不考虑当事人的国籍。如果当事人有两个以上营业地时，应以与合同及合同的履行关系最密切的营业地为其营业地。

2. 客体视角

《联合国国际货物销售合同公约》第 2 条规定了 6 种不适用公约的合同：①购买供私人、家人或家庭使用的货物销售；②以拍卖的方式进行的销售；③依法律执行令状或其他令状的销售；④公债、股票、投资证券、流通票据或货币的销售；⑤船舶、船只、气垫船

或飞机的销售；⑥电力的销售。

《联合国国际货物销售合同公约》第3条又排除了2种涉及服务或劳务提供的合同：①通过劳务合作方式进行的购买，如补偿贸易；②通过货物买卖方式进行的劳务合作，如技贸结合。

3.《联合国国际货物销售合同公约》未涉及的法律问题

①有关销售合同的效力或惯例的效力问题；②销售合同对所售出的货物的所有权转移问题；③卖方对货物引起的人身伤亡的责任问题。

4. 中国对《联合国国际货物销售合同公约》的保留

中国于1986年成为《联合国国际货物销售合同公约》的缔约国，该公约于1988年1月1日对包括我国在内的各参加国生效。《联合国国际货物销售合同公约》第1条第1款（b）项允许通过国际私法的引用而使公约适用于非缔约国。对此，我国在核准公约时提出了保留，即我国仅同意对双方的营业地所在国均为缔约国的当事人之间订立的国际货物销售合同才适用《联合国国际货物销售合同公约》。

（二）《联合国国际货物销售合同公约》适用的任意性

（1）当事人可以通过选择其他法律而排除公约的适用。但案例表明如果当事人只是一般性地选择适用了某一缔约国的法律，则公约仍然得以适用，只有在当事人明确适用该国的什么法律时，才能排除公约的适用。此外，如果当事人在合同中选择适用了某一国际惯例，则不能认为排除了公约的适用。贸易术语和公约在内容上是相互补充的。

（2）当事人可以在买卖合同中约定部分地适用公约，或对公约的内容进行改变。但当事人的此项权利是受到一定限制的，即如果当事人营业地所在国在加入公约时已提出保留的内容，当事人必须遵守，而不得排除或改变。

二、国际货物买卖合同双方的义务

（一）卖方义务

在国际货物买卖合同中，卖方的义务比买方的义务要复杂，主要包括交付货物、交货必须与合同相符、移交单据、转移货物的所有权。由于各国有关货物所有权转移的规定分歧较大，因此，《联合国国际货物销售合同公约》对此问题未作规定，采取了回避的态度。

1. 交付货物

交付货物既包括实际交货，即由卖方将货物置于买方的实际占有下；也包括象征性交货，即由卖方将控制货物的单据交给买方，由买方在指定地点凭单向承运人提货。

2. 质量担保

货物的质量担保义务指卖方必须保证其交付的货物与合同的规定相符。在合同没有对数量、质量、规格和包装作出明确规定的情况下，则应依《联合国国际货物销售合同公约》第35条第2款的规定：

（1）适用于通常使用目的。货物应适用于通常使用目的，即货物适用于同一规格货物通常使用的目的。这种情况是指买方订货时，是依一般的规格订货，而没有向卖方指出货物的任何用途。

（2）适用于特定目的。货物应适用于特定目的，即货物适用于订立合同时明示或默示地通知卖方的任何特定目的。如果买方对该特定用途所需要的货物的规格不很了解，他可将购买该货物的特定用途告知卖方。

（3）与样品或样式相符。当订立的合同是以样品或样式为基础时，卖方即应保证货物符合样品或样式的质量。

（4）在包装上的要求。公约规定货物应按照同类货物通用的方式装箱或包装，如果没有此种通用方式，则按照足以保全和保护货物的方式装箱或包装。

《联合国国际货物销售合同公约》还规定了卖方对质量责任的例外：如果买方在订立合同时知道或者不可能不知道货物不符合同，卖方就无须按上述四项负不符合同的责任。

《联合国国际货物销售合同公约》第 38 条对货物质量的检验分三种情况进行了规定：①买方应在实际可行的最短时间内检验货物或由他人检验货物；②如果合同涉及货物的运输，检验可推迟到货物到达目的地后进行；③如果货物在运输途中改运或买方须再发运货物，没有合理机会加以检验，而卖方在订立合同时已知道或理应知道这种改运或再发运的可能性，检验可推迟到货物到达新目的地后进行。

3. 权利担保

（1）权利担保的内容。权利担保可以概括为所有权担保和知识产权担保两个方面：①所有权担保指卖方保证对其出售的货物享有完全的所有权，必须是第三方不能提出任何权利或要求的货物，如不存在任何未向买方透露的担保物权等；②知识产权担保指卖方所交付的货物，必须是第三方不能依工业产权或其他知识产权主张任何权利或要求的货物。如果在买方接受货物后，任何第三人通过司法程序指控买方所购的货物侵犯了其知识产权，卖方应承担代替买方辩驳第三人的指控。

（2）对知识产权担保义务的限制。主要表现在：①地域限制。第一，第三人的请求必须是依货物使用地或转售地国家的法律提出的。如果双方在订立合同时没有规定货物的最终使用地或转卖地，则卖方对买方不承担向不知名的转卖地转卖的知识产权的担保义务。第二，第三人的请求必须是依买方营业地所在国的法律提出的。也就是说，如果双方没有确定货物的最终使用地或转卖地，则卖方只对那些依买方营业地所在国的法律提出的请求向买方负责。如果买方有一个以上的营业地，则依公约的规定，以与合同及合同的履行关系最密切的营业地为其营业地。如果没有营业地，则以其惯常居住地为准。②主观限制。第一，买方在订立合同时已知道或不可能不知道此项权利或要求；第二，此项权利或要求的发生，是由于卖方遵照买方所提供的技术图样、图案、款式或其他规格的结果。

（3）买方的及时通知义务。即当买方已知道或理应知道第三方的权利或要求后一段合理时间内，应将此项权利或要求的性质通知卖方，否则就丧失了买方依公约本来可以要求卖方承担辩驳第三方的权利。

4. 交付单据

在国际贸易中，单据对买方很重要。如果卖方有义务移交与货物有关的单据，他必须按照合同规定的时间、地点和方式移交这些单据。

（二）买方的义务

买方的义务主要有两项，即支付货款和接收货物。

1. 支付货款

（1）支付的地点。在合同对此没有规定的情况下，公约对支付地点进行了下列补充规定：①卖方营业地为支付地，在卖方有一个以上营业地的情况下，买方的支付地点为卖方与合同及合同的履行关系最密切的营业地；②如凭移交货物或单据支付货款，则移交货物或单据的地点为支付地。

（2）支付的时间。如果双方当事人未在合同中具体约定付款的时间，则买方应依公约规定的下列时间支付货款：①在卖方将货物或单据置于买方控制下时付款。依《联合国国际货物销售合同公约》的规定，卖方可以买方支付货款作为移交货物或单据的条件，不付款则不交货或不交单据。②在买卖合同涉及运输时，在收到银行的付款通知时付款。即付款交单，取得代表货物所有权的装运单据。③在买方没有机会检验货物前，无义务支付货款。《联合国国际货物销售合同公约》第58条第3款的规定是将买方付款的义务与其检验货物的权利联系在一起的。但是，如果买方这种检验货物的机会与双方约定的交货或付款程序相抵触，则买方丧失其在付款前检验货物的权利。比如，在CIF贸易条件下，买方只有在付款赎单后才能提货，才能对货物进行检验。

2. 接收货物

接收并不表明买方对货物的质量没有异议，如货物在目的港经检验与合同不符，买方也应接收货物，然后再进行索赔。依《联合国国际货物销售合同公约》第77条的规定，声称另一方违约的一方，有义务采取合理的措施，减轻由于违约引起的损失，否则违约一方可要求从损害赔偿中扣除原可以减轻的损失数额。

三、违约的救济方法

（一）卖方违约时适用于买方的补救办法

（1）要求实际履行。卖方违反合同时，买方可以采取要求实际履行的补救办法，除非买方已采取与此一要求相抵触的某种补救办法。

（2）交付替代物。买方只有在货物与合同不符构成根本违反合同时，才可以要求交付替代货物，而且关于替代货物的要求，必须与说明货物与合同不符的通知同时提出，或者在该项通知发出后一段合理时间内提出。

（3）修理。买方请求修理的要求也必须与发出的货物不符的通知同时提出，或在该通知发出后一段合理时间内提出。

（4）减价。

（5）解除合同。当卖方在完全不交付货物或不依合同规定交付货物构成根本违反合同时，买方可以解除合同。买方有权解除合同的情形：第一，卖方根本违反合同；第二，卖方在买方规定的宽限时间内没有交货或声明不交货。根本违反合同是指因一方当事人违反合同而使另一方当事人遭受损害，实际上剥夺了其依合同规定期待取得的东西。解除合同的法律效果主要是使双方回复到原来的地位。对买方来说，这意味着他不必继续履行合同义务，如买方可撤销付款安排及接货安排等。

买方解除合同的权利由于下列情况而丧失：第一，对于迟延交货，买方没有在迟延交货后的一段合理的时间内解除合同；第二，对于其他情况的违约，在他已经知道或应当知道后的一段合理时间内没有解除合同；或者，当买方给予额外交付货物期限时，在该额外期限届满后的一段合理时间内没有解除合同；或者，当卖方对自己的不履行义务向买方声明将在额外期限内进行补救，而该期限已经超过或买方不接受卖方的补救的情况下，买方仍没有解除合同。

（二）买方违约时适用卖方的补救办法

（1）要求履行义务。即如果买方不履行其在合同中和公约中规定的任何义务，卖方可以要求其履行义务，卖方可以要求买方支付货款、收取货物以及其他应履行的义务，只要卖方没有采取与此要求相抵触的某种补救办法。

（2）解除合同。卖方在下列情况下可以解除合同：①当买方没有履行合同或公约规定的义务构成根本违反合同时；②买方不在卖方规定的额外时间内履行支付价款的义务或收取货物，或买方声明他将不在所规定的时限内履行。但如买方支付了全部货款，卖方原则上就丧失了解除合同的权利。

（三）买卖双方都可以采取的救济方法

公约还规定了适用于买卖双方的一般规定，主要有中止合同、损害赔偿、支付利息、免责、解除合同的效果、货物保全等。

1. 预期违反合同和分批交货合同：

预期违反合同是指在合同订立后，履行期到来前，一方明示拒绝履行合同，或通过其行为推断其将不履行。当一方出现预期违反合同的情况时，依《联合国国际货物销售合同公约》的规定，另一方可以采取中止履行义务的措施。

（1）中止履行义务的适用条件：①必须是被中止方当事人在履行合同的能力或信用方面存在严重缺陷；②被中止方当事人必须在准备履行或履行合同的行为方面表明他将不能履行合同中的大部分重要义务。

（2）中止履行义务的结束：依公约的规定，中止可因被中止方当事人提供了履行合同义务的充分保证而结束，也可以因中止方当事人解除合同而结束。

（3）预期违反合同与解除合同：依公约的规定，如果在履行合同日期之前，明显看出一方当事人将根本违反合同，另一方当事人可以解除合同。在时间许可的情况下，准备解除合同的一方应向对方发出合理的通知，使其可以对履行义务提供充分保证。

（4）分批交付的货物无效的处理：①在一方当事人不履行任何一批货物的义务构成对该批货物的根本违约时，另一方当事人可以对该批货物解除合同；②如有充分理由断定对今后各批货物将会发生根本违反合同，则可在一段合理时间内宣告合同今后无效，即解除合同对以后各批货物的效力；③当买方宣告合同对任何一批货物的交付为无效，而各批货物又是相互依存的情况下，另一方当事人可以解除整个合同。

2. 损害赔偿：

损害赔偿是指对由于一方当事人违反合同，而给另一方当事人造成的损害或损失，给予金钱上的补偿。赔偿金额计算的原则是：一方当事人违反合同应负的损害赔偿额，应与另一方当事人因他违反合同遭受的包括利润在内的损失额相等。另外，损害赔偿还应以违约方能够预见的损失为限。

3. 支付利息。

4. 免责：

（1）免责的条件：不可抗力。

（2）免责的通知：不履行义务的一方必须将障碍及其对他履行义务能力的影响通

知另一方。如果对方在不履行义务的一方已知道或理应知道此一障碍后一段合理时间仍未收到通知，则不履行义务的一方对由于对方未收到通知而造成的损害应负赔偿责任。

5. 解除合同的效果。依公约的规定，解除合同的效果主要有三个：

（1）合同一经被解除，即解除了买卖双方在合同中的义务。但它并不解除违约一方损害赔偿的责任，及合同中有关解决争议和合同中有关双方在合同解除后的权利义务的规定。

（2）解除合同，要求买方必须按实际收到货物的原状归还货物。如买方归还的货物不具有交货时的使用价值，买方就丧失了解除合同或要求卖方交付替代货物的权利。

（3）解除合同后，买卖双方必须归还因接受履行所获得的收益。即卖方应归还所收取的货款的利息，买方应归还由于使用货物或转卖货物所得的收益。

例 甲公司（卖方）与乙公司于2007年10月签订了两份同一种农产品的国际贸易合同，约定交货期分别为2008年1月底和3月中旬，采用付款交单方式。甲公司依约将第一份合同项下的货物发运后，乙公司以资金周转困难为由，要求变更付款方式为货到后30天付款。甲公司无奈同意该变更。乙公司未依约付款，并以资金紧张为由再次要求延期付款。甲公司未再发运第二个合同项下的货物并提起仲裁。根据《联合国国际货物销售合同公约》，下列哪一选项是正确的？

A. 乙公司应以付款交单的方式支付货款

B. 甲公司不发运第二份合同项下货物的行为构成违约

C. 甲公司可以停止发运第二份合同项下的货物，但应及时通知乙公司

D. 如乙公司提供了付款的充分保证，甲公司仍可拒绝发货

提示：对于第一份合同，买卖双方原来约定采用付款交单方式，后应买方乙公司请求，双方同意将付款方式变更为货到后30天付款，因此，乙公司应以货到后30天付款的方式支付货款，选项A错误。

选项B、C、D涉及预期违反合同。预期违反合同是指在合同订立后，履行期到来前，一方明示拒绝履行合同，或通过其行为推断其将不履行。本题中，对于第一份合同，乙公司以资金周转困难为由要求变更付款方式，在甲公司同意付款方式的变更后，乙公司仍未依约付款，并以资金紧张为由再次要求延期付款。虽然甲公司不发运的是第二份合同项下的货物，但第一份合同的履行情况已表明乙公司在履行合同的能力或信用方面存在严重缺陷，其将不能正常履行买方的付款义务。就第二份合同而言，乙公司的行为构成预期违反合同，甲公司可以采取中止履行义务的救济方法。因此，甲公司不发运第二份合同项下货物的行为不构成违约，选项B错误。

根据《联合国国际货物销售合同公约》规定，中止履行义务的一方当事人不论是在货物发运前还是发运后，都必须通知另一方当事人如经另一方当事人对履行义务提供充分保证，则中止履行的一方必须继续履行义务。因此，选项C正确，选项D错误。

第二章 国际货物运输与保险

第一节 国际货物运输

重要法条及司法解释

《最高人民法院关于审理无正本提单交付货物案件适用法律若干问题的规定》。

《海牙规则》第3~4条。

命题分析

“国际货物运输”属于国际经济法的“重中之重”，掌握起来有一定难度。本知识点以往每年必考，而且有的年份不止考查一次，所占分值较高。其中，“无单放货的司法解释”和“海牙规则”属于考试重点，考生务必重点复习。

知识点精讲

一、无单放货的司法解释

2009年《最高人民法院关于审理无正本提单交付货物案件适用法律若干问题的规定》对无正本提单交付货物问题作了规定，主要内容有：

（1）责任性质：属于“竞合责任”，即正本提单持有人可以要求承运人承担违约责任，或者要求承担侵权责任。正本提单持有人可要求承运人与无正本提单提货人承担连带赔偿责任。

（2）责任限制：由于承运人无正本提单交付货物属于故意行为，因此，承运人因无正本提单交付货物承担民事责任的，不得享受责任限制。

（3）赔偿范围：承运人因无正本提单交付货物造成正本提单持有人损失的赔偿额，依货物装船时的价值加运费和保险费计算。

（4）责任的免除：承运人的免责情形包括：被强制要求将承运到港的货物交给当地海关或者港口当局；②承运人留置货物被法院依法拍卖，或者无人向海关申报被海关依法变卖；③签发了数份正本提单时，承运人已向最先提交正本提单的人交货；④根据记名提单的托运人的要求中止运输、返还货物、变更到达地或者将货物交与第三人（不记名提单和指示提单的托运人则不得要求承运人回转，因为后面可能涉及多个受让方）。

（5）实际托运人的诉权：在FOB价格下，通常由买方租船订舱，依《最高人民法院关于审理无正本提单交付货物案件适用法律若干问题的规定》第12条，虽然在正本提单上没有载明其托运人的身份，如承运人将货物交给非正本提单持有人，实际托运人具有凭正本提单向承运人主张货物的权利。

（6）时效：依《最高人民法院关于审理无正本提单交付货物案件适用法律若干问题的规定》第14条，无论提单持有人是以违约之诉还是侵权之诉要求承运人承担民事责任，时效期间均为1年，时效中断均适用《海商法》第267条的规定，即时效因提起诉讼、当事人一方提出要求或同意履行义务而中断。

例1 一批货物由甲公司运往中国青岛港，运输合同适用《海牙规则》。运输途中因雷击烧毁部分货物，其余货物在目的港被乙公司以副本提单加保函提走。丙公司为该批货物正本提单持有人。根据《海牙规则》和我国相关法律规定，下列哪一选项是正确的？

B. 甲公司可限制因无正本提单交货的赔偿责任

C. 丙公司可要求甲公司和乙公司承担连带赔偿责任

D. 甲公司应以货物成本加利润赔偿因无正本提单交货造成的损失

提示：2009年《最高院关于审理无正本提单交付货物案件适用法律若干问题的规定》第4条规定："承运人因无正本提单交付货物承担民事责任的，不适用海商法第五十六条关于限制赔偿责任的规定。"故选项B错误。《最高院关于审理无正本提单交付货物案件适用法律若干问题的规定》第11条规定："正本提单持有人可以要求无正本提单交付货物的承运人与无正本提单提取货物的人承担连带赔偿责任。"据此，正本提单持有人丙公司可以要求承运人甲公司与无正本提单提取货物人乙公司承担连带责任，选项C正确。《最高院关于审理无正本提单交付货物案件适用法律若干问题的规定》第6条规定："承运人因无正本提单交付货物造成正本提单持有人损失的赔偿额，按照货物装船时的价值加运费和保险费计算。"据此，在承担无正本提单交货的责任时，承运人甲公司应赔偿货物装船时的价值加运费和保险费，选项D未提及"运费和保险费"，因此错误。

二、《海牙规则》（比较的视角）

目前调整班轮运输的国际公约主要有三个，即《海牙规则》《维斯比规则》和《汉堡规则》。中国未参加上述三个公约，但我国的《海商法》在有关班轮运输的法律规定是以海牙—维斯比体系为基础的，同时还吸收了《汉堡规则》中的一些内容。

《海牙规则》《维斯比规则》《汉堡规则》以及我国《海商法》规定的比较

	《海牙规则》	《维斯比规则》	《汉堡规则》	中国《海商法》
提单的证明力	承运人收到货物的初步证据。	对托运人是初步证据，对提单善意受让人是最终证据。	一种用以证明海上运输合同和货物由承运人接管或装船，以及承运人据以保证交付货物的单证。	用以证明海上货物运输合同和货物已经由承运人接收或者装船，以及承运人保证据以交付货物的单证。
承运人的基本义务	（1）船舶适航的义务； （2）管货义务。		增加：管船义务（取消了航行过失免责）。	（1）适航义务； （2）管货义务（航行过失免责）。
责任基础	不完全过失责任（航行过失免责）。		完全过失责任，推定过失责任。	不完全过失责任。

续表

<table>
<tr><th></th><th>《海牙规则》</th><th>《维斯比规则》</th><th>《汉堡规则》</th><th>中国《海商法》</th></tr>
<tr><td>承运的免责</td><td>包括承运人的驾船管船过失（共17项）。</td><td>（1）取消了航行过失免责；
（2）取消了火灾的免责（但是需要索赔人证明火灾是由承运人、其受雇人或代理人的过失或疏忽引起的）。</td><td>航行过失免责+无过失免责（少于《海牙规则》，多于《汉堡规则》）。</td><td></td></tr>
<tr><td>责任期间</td><td>“钩至钩”。</td><td>接到交。</td><td>（1）散货：装到卸；
（2）集装箱运输：接到交。</td><td></td></tr>
<tr><td>赔偿限额</td><td>每件或每单位不超过100英镑。</td><td>每件或每单位666.67特别提款权，或每公斤2特别提款权，以高者为准。</td><td>每件或每单位835特别提款权，或每公斤2.5特别提款权，以高者为准。</td><td>每件或每单位666.67特别提款权，或每公斤2特别提款权以高者为准。</td></tr>
<tr><td>索赔时效</td><td colspan="2">（1）提货时发现，当时提出；
（2）损害不明显，3日内提出。</td><td>（1）提货时发现，次日提出；
（2）损害不明显，15日内提出；
（3）迟延交付应在收到货后连续60天内提出。</td><td>（1）提货时发现，当时提出；
（2）损害不明显7日内提出，集装箱15日内提出；
（3）迟延交付应在收到货后连续60天内提出。</td></tr>
<tr><td>诉讼时效</td><td>1年，自货物交付或应当交付之日起算。</td><td>1年，双方协商可延长；对第三者的索赔期限，还有3个月的宽限期。</td><td>2年，双方协商可延长；对第三者的索赔期限，还有90的宽限期。</td><td>1年；对第三者的索赔期限，还有90的宽限期。</td></tr>
<tr><td>货物的适用范围</td><td colspan="2">不适用于舱面货和活牲畜。</td><td>（1）可以依约定、惯例、法律在舱面装货，若擅自则应承担损失赔偿责任；
（2）对于活牲畜承运人可以免责，但须证明已按托运人的特别指示行事。</td><td>同《汉堡规则》。</td></tr>
</table>

续表

	《海牙规则》	《维斯比规则》	《汉堡规则》	中国《海商法》
公约适用范围	(1) 适用于缔约国签发的一切提单;(2) 租船合同项下的提单(注意:不适用于租船合同)。	(1) 任何缔约国签发的提单;(2) 从缔约国港口起运;(3) 提单中列有首要条款(即当事人选择适用该公约)。	(1) 任何缔约国签发的提单;(2) 当事人合意选择该公约;(3) 装货港、卸货港、备选卸货港位于缔约国;(4) 租船合同项下的提单。	
其他(重要)		承运人责任限制,同样适用于其代理人、雇佣人。	(1) 首次承认了善意保函的相对效力(在托运人和承运人之间有效);(2) 规定了迟延交货的责任。	(1) 承运人责任限制,同样适用于其代理人、雇佣人;(2) 规定了过失造成迟延交货的责任。

例 2 中国甲公司以 CIF 价向某国乙公司出口一批服装,信用证方式付款,有关运输合同明确约定适用《海牙规则》。甲公司在装船并取得提单后,办理了议付。两天后,甲公司接乙公司来电,称装船的海轮在海上因雷击失火,该批服装全部烧毁。对于上述情况,下列哪一选项是正确的?

A. 乙公司应向保险公司提出索赔

B. 甲公司应向保险公司提出索赔

C. 甲公司应将全部货款退还给乙公司

D. 乙公司应向承运人提出索赔

提示: 2000 年 CIF 术语下,货物的风险在装运港船舷由卖方转移给买方。本题中货物已经装船,货物风险转移给乙公司。根据《海牙规则》,由于雷击失火,承运人免责。所以,应由乙公司向保险公司提出索赔。因此,选项 A 正确,选项 B、D 错误。由于甲公司没有过错,因此不需要退还货款给乙公司,故选项 C 错误。

第二节 国际货物运输保险

重要法条及司法解释

中国人民保险公司海洋货物运输保险的主要险别与附加险别条款。

命题分析

“国际货物运输保险”属于国际经济法部分非常重要的知识点,掌握起来难度较大。以往每年均会考查，是典型的重点考查点。

从考查内容来看，“国际货物运输保险”包括“我国海洋货物运输保险的主要险别”“我国海洋货物运输保险的保险期限”“我国海洋货物运输保险的除外责任”“索赔时效”“我国海洋货物运输保险的附加险别”等内容，建议考生全面复习。

知识点精讲

一、我国海洋货物运输保险的主要险别

主要险别指可以独立承保，不必附加在其他险别项下的险别。中国人民保险公司海洋货物运输保险的主要险别有三种，即平安险、水渍险和一切险。

1. 平安险（单独海损不赔）：单纯自然灾害带来的单独海损不赔。

平安险的责任范围包括：

（1）被保货物在运输过程中，由于自然灾害造成整批货物的全部损失或推定全损。被保货物用驳船运往或远离海轮的，每一驳船所装货物可视为一整批。

（2）由于运输工具遭受意外事故造成货物全部或部分损失。

（3）在运输工具已经发生意外事故情况下，货物在此前后又在海上遭受自然灾害落海造成的部分损失。

（4）在装卸或转运时，由于一件或数件货物落海造成的全部或部分损失。

（5）被保人对遭受承保范围内的货物采取抢救、防止或减少货损的措施而支付的合理费用，但以不超过该批被救货物的保险金额为限。

（6）运输工具遭难后，在避难港由于卸货所引起的损失以及在中途港、避难港由于卸货、存仓以及运送货物所产生的特别费用。

（7）共同海员的牺牲、分摊和救助费用。

（8）运输合同订有“船舶互撞责任条款”，根据该条款规定应由货方偿还船方的损失。

2. 水渍险（海上全保）：平安险+自然灾害造成的部分损失。

3. 一切险：水渍险+一般外来原因造成的全部或者部分损失（一般附加险有 11 种：偷窃、提货不着险；淡水雨淋险；短量险；混杂、玷污险；渗漏险；碰损、破碎险；串味异味险；受潮受热险；钩损险；包装破裂险；锈损险）。

二、我国海洋货物运输保险的附加险别

附加险不得单独投保，而是附加于主要险别对其起补充作用。附加险包括一般附加险、特别附加险和特殊附加险。

（一）一般附加险（包括在一切险中）

一般附加险承保各种外来原因造成的货物全损或部分损失。一般外来原因指不必与海水的因素或运输工具联系起来的原因。附加险别不能单独承保，它必须附于主险项下。11种一般附加险如前所述。

（二）特别附加险

对因特殊风险造成的保险标的的损失负赔偿责任的附加险。特别附加险也必须附属于主要险别项下。特别附加险与一般附加险的区别在于，一般附加险属于一切险的范围，保

了一切险，就不必再附加任何一般附加险；而特别附加险所承保的责任已超出了一切险的范围。

特别附加险包括：

（1）交货不到险；

（2）进口关税险；

（3）舱面险；

（4）拒收险；

（5）黄曲霉素险；

（6）出口货物到香港或澳门存仓火险。

（三）特殊附加险

特殊附加险即海洋运输货物战争险和货物运输罢工险。特殊附加险已超出了水险的范围，即可以往陆上运输险和航空运输险上附加。

例 关于海洋运输货物保险，下列哪一选项是正确的？

A. 平安险项下赔偿的因自然灾害造成的全部损失只包括实际全损

B. 保险人的责任期间自保险合同订立时开始

C. 与平安险相比，水渍险的保险范围还包括因自然灾害造成的保险标的的部分损失

D. 附加险别可独立承保

提示： 平安险的英文意思为“单独海损不赔”，其赔偿范围是因自然灾害造成的全部损失，既包括实际全损，也包括推定全损。因此，选项A错误。

保险责任的期间也就是保险期间，有三种确定方法：①以时间来确定，例如规定保险期间为1年，自某年、某月、某日起至某年、某月、某日止；②以空间的方法来确定，例如规定保险责任自货物离开起运地仓库起至抵达目的地仓库止；③以空间和时间两方面来对保险期间进行限定的方法，例如规定自货物离开起运地仓库起至货物抵达目的地仓库止，但如在全部货物卸离海轮后60日内未抵达上述地点，则以60日期满为止。中国人民保险公司海洋货物运输保险条款是以“仓至仓”确定的，即前述第二种方法。因此，选项B错误。

水渍险的责任范围除平安险的各项责任外，还负责被保险货物由于恶劣气候、雷电、海啸、地震、洪水等自然灾害所造成的部分损失。因此，选项C正确。

海洋货物运输保险的附加险别是投保人在投保主要险别时，为补偿因主要险别范围以外可能发生的某些危险造成的损失所附加的保险。附加险别不能单独承保，它必须附于主要险别项下。因此，选项D错误。

第三章 信用证

重要法条及司法解释

《跟单信用证统一惯例（UCP600号）》第4~5、7~8、14~16条。

《最高人民法院关于审理信用证纠纷案件若干问题的规定》。

命题分析

“信用证”属于国际经济法部分较为重要的知识点，几乎每年必考。从考查内容来看，信用证考点内容包括含义、种类、流转程序、当事人、信用证当事人之间的关系、银行的责任和免责、信用证欺诈及例外原则以及2005年《最高人民法院关于审理信用证纠纷案件若干问题的规定》和《跟单信用证统一惯例（UCP600号）》等内容，建议大家全面复习。

知识点精讲

一、信用证定义及其性质

信用证是指一项不可撤销的安排，该项安排构成开证行对相符交单予以承付的确定承诺，无论该项安排的名称或描述如何。作为一种国际支付方式，信用证是一种银行信用，银行承担第一位的付款责任。这是信用证区别于汇付、托收的根本性特征。

二、信用证流转程序

（1）双方事先约定采用信用证方式支付；

（2）买方申请开证并向开证行提供担保，支付开证费用；

（3）开证行将信用证寄给通知行；

（4）通知行通知卖方；

（5）卖方发货，取得信用证所要求的装运单据；

（6）卖方将提单等单据（必须单单相符、单证相符）交给议付行，议付行审单确认后偿付（第一次单据买卖）；

（7）议付行将提单寄卖给开证行；

（8）买方付款，取得提单，到承运人/保管人处提货。

三、当事人之间的法律关系

（1）开证申请人与受益人：买卖合同关系。

（2）开证行与开证申请人：委托合同关系。

（3）开证行与受益人：在开立不可撤销信用证情形下，为合同关系。

（4）通知行与开证行：委托代理关系。

（5）通知行与受益人：不存在合同关系。

四、处理信用证关系的一般原则

（1）信用证独立原则指信用证一经开出就独立于买卖合同，即在银行与买卖双方之间即建立起一种独立于买卖合同的关系。

（2）单证严格一致原则：①信用证交易处理的是单据；②处理单据时应遵循单证相符原则，即对相符交单予以承付。

五、银行义务及免责

（一）银行审单义务

银行只就单证相符、单单相符作形式审查。当产生不符时，开证行自行决定接受或者拒绝不符点。开证行也可自行决定是否联系开证申请人接受不符点，但开证申请人的决定不影响开证行最终是否接受不符点。开证行拒绝接受不符点时，受益人以开证申请人接受不符点为理由要求开证行承担付款责任的，人民法院不予支持。

（二）银行免责

（1）关于单据有效性免责：银行对于任何单据的形式、完整性、准确性、真伪性或法律效力，或对于单据上规定或附加的一般性、特殊性条件，概不负责；对于单据中表明的货物描述、数量、重量、品质、状况、包装、交货、价值或其存在与否，对于货物的发货人、承运人、运输代理人、收货人、保险人或其他任何人的诚信与否、作为、不作为、清偿能力、履约或资信，概不负责。

（2）关于信息传递和翻译的免责：对于任何文电、信函或单据按照信用证要求传递或发送时，或当信用证未作指示、银行自行选择传送服务时，银行对传输、传递过程中发生的延误、中途遗失、残缺或其他错误产生的后果，概不负责；对专门术语翻译、解释上的差错，概不负责。但是，如果指定行确定交单相符并将单据发往开证行或保兑行，无论指定行是否已经承付或议付，开证行或保兑行必须承付或议付，或偿付指定行，即使单据在指定行送往开证行或保兑行的途中，或保兑行在送往开证行的途中丢失。

（3）不可抗力的免责：银行对由于不可抗力导致的中断营业的后果，概不负责。银行恢复营业时，对于在营业中断期间已逾期的信用证，不再进行承付或议付。

（4）关于被指示方行为免责：为了执行申请人的指示，银行利用其他银行的服务，其费用和风险由申请人承担。即使银行自行选择了其他银行，如果发出指示未被执行，开证行或通知行对此亦不负责。

六、信用证欺诈

（一）信用证欺诈的情形

信用证独立于买卖合同。但是，开证申请人、开证行或者其他利害关系人发现存在信用证欺诈的情形，并认为将会给其造成难以弥补的损害时，可以向有管辖权的人民法院申请中止支付信用证项下的款项。这也称为“信用证欺诈例外”。以下情形构成信用证欺诈：

（1）受益人伪造单据或提交记载内容虚假的单据；

（2）受益人恶意不交付货物或交付货物无价值；

（3）受益人和开证申请人或其他第三方串通提交假单据，而没有真实的基础交易；

（4）其他欺诈情形。

各方当事人发现有信用欺诈行为的，可以向有管辖权的法院申请中止支付信用证项下款项（应提供担保），法院应在48小时内作出裁定。法院经实体审理，认定存在信用证欺诈的，应当判决终止支付信用证项下款项。

（二）不能止付的情形（例外之例外）

人民法院认定存在信用证欺诈的，应当裁定中止支付或者判决终止支付信用证项下款项，但有下列情形之一的除外：

（1）开证行的指定人、授权人已按照开证行的指令善意地进行了付款；

（2）开证行或者其指定人、授权人已对信用证项下票据善意地作出了承兑；

（3）保兑行善意地履行了付款义务；

（4）议付行善意地进行了议付。

例 根据《最高人民法院关于审理信用证纠纷案件若干问题的规定》，中国法院认定存在信用证欺诈的，应当裁定中止支付或者判决终止支付信用证项下款项，但存在除外情形。关于除外情形，下列哪些表述是正确的？

A. 开证行的指定人、授权人已按照开证行的指令善意地进行了付款

B. 开证行或者其指定人、授权人已对信用证项下票据善意地作出了承兑

C. 保兑行善意地履行了付款义务

D. 议付行善意地进行了议付

提示：《最高人民法院关于审理信用证纠纷案件若干问题的规定》第10条规定了排除“信用证欺诈例外的例外”情形，即规定即使存在信用证欺诈，但由于开证行或者其指定人，授权人已经对外付款或者基于票据上的法律关系将来必须对外付款，这些情形下就不能再适用“信用证欺诈例外”，即不能再通过司法手段干预信用证项下的付款行为。这些“例外之例外”情形包括：①开证行的指定人、授权人已按照开证行的指令善意地进行了付款；②开证行或者其指定人、授权人已对信用证项下票据善意地作出了承兑；③保兑行善意地履行了付款义务；④议付行善意地进行了议付。因此，选项A、B、C、D均正确。

第四章 对外贸易管理制度

第一节 反倾销措施

重要法条及司法解释

《反倾销条例》。

命题分析

“反倾销措施”属于国际经济法部分非常重要的知识点，以往每年必考，是典型的重点知识点。从考查内容来看，“反倾销措施”包括“倾销与损害的确定”“因果关系”“反倾销调查”“反倾销措施的期限和审查”等内容，建议考生全面复习。

知识点精讲

一、实施反倾销的三个条件

（1）存在倾销行为：进口产品的出口价格低于其正常价值，即有倾销的存在。确定正常价值的方法有三种，即出口国国内价格、向第三国出口的价格和推定价格。

（2）损害结果：倾销对已经建立的国内产业造成实质损害或者产生实质损害威胁，或者对建立国内产业造成实质阻碍。

（3）倾销与损害之间存在因果关系。

二、反倾销的调查机关

（1）对倾销的调查和确定，由商务部负责。

（2）对损害的调查和确定，由商务部负责；其中，涉及农产品的国内产业损害调查，由商务部会同农业部（农业农村部）进行。

（3）通知义务：①在决定立案调查前，应当通知有关出口国（地区）政府；②立案调查的决定，由商务部予以公告，并通知申请人、已知的出口经营者和进口经营者、出口国（地区）政府以及其他有利害关系的组织、个人（可以统称为“利害关系方”）；③立案调查的决定一经公告，商务部应当将申请书文本提供给已知的出口经营者和出口国（地区）政府。

三、调查的启动与期限

（一）国内产业提出

在表示支持申请或者反对申请的国内产业中，支持者的产量占支持者和反对者的总产量的50%以上的，应当认定申请是由国内产业或者代表国内产业提出，可以启动反倾销调查；但是，表示支持申请的国内生产者的产量不足国内同类产品总产量的25%的，不得启动反倾销调查。

商务部应当自收到申请人提交的申请书及有关证据之日起60天内，对申请是否由国内产业或者代表国内产业提出、申请书内容及所附具的证据等进行审查，并决定立案调查或者不立案调查。

（二）商务部启动

在特殊情形下，商务部没有收到反倾销调查的书面申请，但有充分证据认为存在倾销和损害以及二者之间有因果关系的，可以决定立案调查。

反倾销调查，应当自立案调查决定公告之日起12个月内结束；特殊情况下可以延长，但延长期不得超过6个月。

四、应当终止调查的情形

（1）申请人撤销申请的；

（2）没有足够证据证明存在倾销、损害或者二者之间有因果关系的；

（3）倾销幅度低于2%的；

（4）倾销进口产品实际或者潜在的进口量或者损害属于可忽略不计的；

（5）商务部认为不适宜继续进行反倾销调查的。

五、反倾销措施

（一）临时反倾销措施

初裁决定确定倾销成立，并由此对国内产业造成损害的，可以采取临时反倾销措施。

（1）种类：①征收临时反倾销税；②要求提供保证金、保函或者其他形式的担保。临时反倾销税税额或者提供的保证金、保函或者其他形式担保的金额，应当不超过初裁决定确定的倾销幅度。自反倾销立案调查决定公告之日起60天内，不得采取临时反倾销措施。

（2）实施：征收临时反倾销税，由商务部提出建议，国务院关税税则委员会根据商务部的建议作出决定，由商务部予以公告。要求提供保证金、保函或者其他形式的担保，由商务部作出决定并予以公告。海关自公告规定实施之日起执行。

（3）期限：自临时反倾销措施决定公告规定实施之日起，不超过4个月；在特殊情形下，可以延长至9个月。

（二）价格承诺

（1）倾销进口产品的出口经营者在反倾销调查期间，可以向商务部作出改变价格或者停止以倾销价格出口的价格承诺。

（2）商务部可以向出口经营者提出价格承诺的建议，但不得强迫经营者作出价格承诺。

（3）商务部可以接受价格承诺，也可不接受。如不接受价格承诺的，应当向有关出口经营者说明理由。

（4）商务部对倾销以及由倾销造成的损害作出肯定的初裁决定前，不得寻求或者接受价格承诺。

（5）出口经营者违反其价格承诺的，商务部依照本条例的规定，可以立即决定恢复反倾销调查。

（三）终裁与反倾销税

终裁决定确定倾销成立，并由此对国内产业造成损害的，可以征收反倾销税。征收反倾销税应当符合公共利益。征收反倾销税，由商务部提出建议，国务院关税税则委员会根据商务部的建议作出决定，由商务部予以公告。海关自公告规定实施之日起执行。

1. 反倾销税适用的产品

原则上仅适用于终裁决定公告之日后进口的产品，不对之前进口的产品进行追溯征收。但有例外。《反倾销条例》第36条、第43~44条规定了几种可以“追溯征收”的情况。

2. 反倾销税税额

不超过终裁决定确定的倾销幅度。

3. 反倾销税的征收期限、价格承诺的期限

不超过5年。但是，经复审确定终止征收反倾销税有可能导致倾销和损害的继续或者再度发生的，反倾销税的征收期限可以适当延长。

例 部分中国企业向商务部提出反倾销调查申请，要求对原产于某国的某化工原材料进口产品进行相关调查。经查，商务部终局裁定确定倾销成立，决定征收反倾销税。根据我国相关法律规定，下列哪一说法是正确的?

A. 构成倾销的前提是进口产品对我国化工原材料产业造成了实质损害，或者产生实质损害威胁

B. 对不同出口经营者应该征收同一标准的反倾销税税额

C. 征收反倾销税，由国务院关税税则委员会做出决定，商务部予以执行

D. 与反倾销调查有关的对外磋商、通知和争端事宜由外交部负责

提示：根据《反倾销条例》第2条，进口产品以倾销方式进入中国市场，并对已经建立的国内产业造成实质损害或者产生实质损害威胁，或者对建立国内产业造成实质阻碍的，我国应按照反倾销条例进行调查，采取反倾销措施。因此，选项A正确。

《反倾销条例》第41条规定："反倾销税应该根据不同出口经营者的倾销幅度，分别确定。对未包括在审查范围内的出口经营者的倾销进口产品，需要征收反倾销税的，应当按照合理的方式确定对其适用的反倾销税。"因此，选项B错误。

《反倾销条例》第38条规定："征收反倾销税，由商务部提出建议，国务院关税税则委员会根据商务部的建议作出决定，由商务部予以公告。海关自公告规定实施之日起执行。"因此，征收反倾销税，由海关执行，而不是由商务部予以执行。故选项C错误。

《反倾销条例》第57条规定，商务部负责与反倾销有关的对外磋商、通知和争端解决事宜。因此，选项D错误。

第二节 保障措施

重要法条及司法解释

《保障措施条例》。

命题分析

"保障措施"属于国际经济法部分相对重要的知识点，近年来考查多次，主要是对知识的直接考查，理论性不强，掌握起来难度不大。考试重点在"进口产品数量增加"和"保障措施的实施"这两部分，考生务必重点复习。

知识点精讲

一、采取保障措施的基本条件

进口产品数量增加，并对生产同类产品或者直接竞争产品的国内产业造成严重损害或者严重损害威胁。进口产品数量增加，是指进口产品数量绝对增加或者与国内生产相比的相对增加。保障措施要求的产业损害程度重于反倾销或反补贴要求的损害程度，即严重损

害而不是实质损害。

商务部根据客观事实和证据，确定进口产品数量增加与国内产业损害是否存在因果关系。进口增加以外的因素对国内产业造成的损害不得归因于进口增加。

二、调查的发起

与国内产业有关的自然人、法人或者其他组织，可以向商务部提出保障措施的申请；必要时，商务部在没有收到此类申请时，也可以立案调查。保障措施条例没有对申请人提出反倾销条例或反补贴条例中的产业支持量的要求。

一般保障措施调查，由商务部负责；涉及农产品的，由商务部会同农业部（农业农村部）进行。商务部根据调查结果，可以作出初裁决定，也可以直接作出终裁决定。

三、保障措施的实施

紧急情况下，商务部可以作出初步裁定，并采取临时保障措施。临时保障措施采取提高关税的形式。临时保障措施的实施期限，自临时保障措施决定公告规定实施之日起，不超过200天。终裁决定确定不采取保障措施的，已征收的临时关税应当予以退还。

终局裁定采取保障措施，可以采取提高关税、数量限制等形式。在进口产品增加损害国内产业时，除采取消除或减轻损害的保障措施外，还可以对该产业提供必要的支持。

保障措施的实施期限不超过4年。符合法律规定的条件的，保障措施的实施期限可以适当延长，但一项保障措施的实施期限及延长期限，最长不超过10年。保障措施实施期限超过1年的，应当在实施期间内按固定时间间隔逐步放宽。对同一进口产品再度采取保障措施的，与前次采取保障措施的时间间隔应当不短于前次采取保障措施的实施期限，并且至少为2年。符合下列条件的，对一产品实施的期限为180天或更短的保障措施，可以不受前述时间间隔的限制：自对该进口产品实施保障措施之日起，已经超过1年；自实施该保障措施之日起5年内，未对同一产品实施2次以上保障措施。

例 进口到中国的某种化工材料数量激增，其中来自甲国的该种化工材料数量最多，导致中国同类材料的生产企业遭受实质损害。根据我国相关法律规定，下列哪一选项是正确的？

A. 中国有关部门启动保障措施调查，应以国内有关生产者申请为条件

B. 中国有关部门可仅对已经进口的甲国材料采取保障措施

C. 如甲国企业同意进行价格承诺，则可避免被中国采取保障措施

D. 如采取保障措施，措施针对的材料范围应当与调查范围相一致

提示：《保障措施条例》第4条规定，商务部没有收到采取保障措施的书面申请，但有充分证据认为国内产业因进口产品数量增加而受到损害的，可以决定立案调查。因此，选项A错误。

《保障措施条例》第22条规定，保障措施应当针对正在进口的产品实施，不区分产品来源国（地区）。因此，选项B错误。

保障措施中不存在价格承诺问题，只有反倾销与反补贴中存在价格承诺。因此，选项C错误。

决定采取保障措施的，其范围应当为经调查确定存在损害威胁的进口产品。因此，选项D正确。

第五章　世界贸易组织

第一节　关税与贸易总协定

重要法条及司法解释

《关税与贸易总协定》第1、3条。

《与贸易有关的投资措施协议》第1、2条及其“解释性清单”。

命题分析

“关税与贸易总协定”属于国际经济法部分相对重要的知识点，几乎每年必考，考生复习时务必重视。

从考查内容来看，“关税与贸易总协定”包括“最惠国待遇原则”“国民待遇原则”等内容，建议考生复习时注意对比“最惠国待遇原则”和“国民待遇原则”两个原则之间的异同。

知识点精讲

一、最惠国待遇制度

（1）特点：普遍性和相互性（给予不低于WTO内任何一个国家的优惠待遇）；自动性（自动推及）；同一性（必须是相同产品、相同事项）。

（2）适用范围：最惠国待遇适用于五个方面：①与进出口有关（包括进出口产品的国际支付转移）的任何关税和费用；②进出口关税和费用的征收方法；③与进出口有关的规则、手续；④国内税或其他国内费用；⑤影响产品的国内销售、许诺销售、购买、运输、经销和使用的法律规章和要求方面的待遇。

（3）例外：边境贸易、普遍优惠制度（对发展中国家的优惠待遇）、关税同盟和自由贸易区（区域经济安排）。另外还有国际收支平衡例外、安全例外、一般例外等。《关税与贸易总协定》第20条是一般例外规定，列举了10项政策性措施，其中，经常触发争议并被成员经常引用的有3项：为保护人类、动植物的生命或健康所必需的措施；与保护可用尽的自然资源有关的、与限制国内生产或消费一同实施的措施；为保证不违反该总协定的国内法律的实施所必需的措施。

二、国民待遇制度

（1）国民待遇原则：给予外国国民不低于国内国民相同地位或待遇。

（2）例外：政府采购例外；对某种产品的国内生产商提供的补贴例外。

三、数量限制的禁止与例外

依关税与贸易总协定的规定，对进出口产品原则上取消一切数量限制。因为下列情况实施进出口禁止或限制，构成普遍取消数量限制义务的例外：

（1）为防止或缓解出口成员的粮食或其他必需品的严重短缺而临时实施的出口禁止或限制；

（2）为实施国际贸易中的商品归类、分级和销售标准或法规而必须实施的进出口禁止或限制；

（3）为了限制国内产品数量或消除国内产品的过剩而对农产品或渔产品进口而实施的限制；

（4）为了保障其对外金融地位和国际收支平衡而对进口产品进行的限制。

实施数量限制应遵循非歧视原则。在采取数量限制的具体方法上，首先选用配额。在配额不可行时，采取进口许可证的方式。因国际收支平衡原因实施数量限制时，可以背离非歧视原则。

第二节 WTO 争端解决机制

重要法条及司法解释

《关于争端解决规则与程序的谅解》第 4~22 条。

命题分析

“WTO 争端解决机制”是国际经济法部分相对重要的知识点，掌握起来有一定难度。近年的考查频率较高。从考查规律来看，本知识点属于“隔年考”的知识点。

“WTO 争端解决机制”包括“制度特点”“争端解决程序”“专家组”“上诉机构”“争端类型”等内容，建议考生全面复习。

知识点精讲

一、WTO 争端解决机制“诉”的种类

（一）违反性申诉

申诉方需证明被诉方违反 WTO 项下的规则，不需要证明损失；申诉成功，被诉方往往需要修改或废除有关措施。

（二）非违反性申诉

即对没有违反 WTO 规则行为的申诉，但申诉方证明本身依 WTO 协议享有的利益受损或丧失；申诉成功，被诉方没有取消有关措施的义务，只需进行补偿。

（三）其他情形

迄今为止尚未出现过上述两种类型以外的案件。

二、WTO 争端解决程序

（一）磋商

属于必经程序：保密进行；磋商意见不能作为裁定依据。

（二）设立专家组的申请

提出磋商请求日起 60 天内磋商未解决争端时，申诉方才可以申请成立专家组。

（三）专家组审理（非常设）

只能针对请求裁定，不能超裁；专家组可根据有效解决争端的必要性，在认为已经有效解决了争端的情况下，对其中的某些诉求不进行审查，这称为“司法经济原则”；对专家组作出的争端解决报告，除非争端方提起上诉，争端解决机构应在报告散发给各成员后 60 天内通过这一报告。

（四）上诉机构（常设性）的审理

对专家组报告的上诉期为 60 天；由上诉机构 7 名成员中 3 人组成上诉庭审理；不调查事实，只审查法律问题；不能发回重审，对原裁定可推翻、修改、撤销。

（五）争端解决机构通过报告

否定性协商一致（除非争端解决机构一致同意不通过相关争端解决报告，否则该报告即得以通过），实际上是“一票通过制”。

（六）执行程序

争端解决机构的裁决或建议无强制执行能力；当事方可交叉报复，但要经过 WTO 争端解决机构的授权，通过中止减让关税（征收高关税）实现（但应与其损害相等）。报复形式包括：平行报复；跨部门报复；跨协议报复。

例　甲、乙均为世界贸易组织成员方。乙称甲关于影像制品的进口管制违反国民待遇原则，为此向世界贸易组织提出申诉，并经专家组和上诉机构审理。对此，下列哪一选项是正确的？

A. 甲、乙磋商阶段达成的谅解协议，可被用于后续争端解决审理

B. 专家组可对未在申请书中指明的诉求予以审查

C. 上诉机构可将案件发回专家组重审

D. 上诉案件由上诉机构 7 名成员中 3 人组成上诉庭审理

提示： 磋商是申请设立专家组的前提条件。但磋商事项以及磋商的充分性，与设立专家组的申请及专家组将作出的裁定没有关系。磋商仅仅是一种程序性要求，磋商意见不能作为裁定依据。因此，选项 A 错误。

专家组基于申诉方在设立专家组的申请中确立的权限范围审理案件。对争端方没有提出的主张，专家组不能作出裁决。因此，选项 B 错误。

上诉机构可以推翻，修改或撤销专家组的调查结果和结论，但是，上诉机构没有将案件发回专家组重新审理的权力。因此，选项 C 错误。

上诉机构是争端解决机构中的常设机构，上诉案件由上诉机构 7 名成员中 3 人组成上

诉庭审理。因此，选项 D 正确。

第六章　知识产权的国际保护

重要法条及司法解释

《保护工业产权巴黎公约》第 2、4~6、11 条。

《保护文学和艺术作品伯尔尼公约》第 3~5 条。

《与贸易有关的知识产权协议》第 15、22、27、39 条。

命题分析

"知识产权的国际保护"属于国际经济法部分相对重要的知识点，几乎每年必考。从考查内容来看，"知识产权的国际保护"包括《保护工业产权巴黎公约》《保护文学和艺术作品伯尔尼公约》《与贸易有关的知识产权协议》等内容，建议考生全面复习，同时要注意与国内知识产权的保护进行对比复习。

知识点精讲

一、《保护工业产权巴黎公约》的主要内容

（一）《保护工业产权巴黎公约》的基本原则

1. 国民待遇原则

各成员国本国工业产权法在关于司法和行政程序、管辖以及选定送达地址或指定代理人等方面有所要求的，可以作为例外明确地予以保留。

2. 优先权原则

已在公约一成员国提出专利、实用新型、外观设计或商标注册申请的人或其权利合法继承人，在规定的期限（专利和实用新型为 12 个月，外观设计和商标为 6 个月）内，享有在其他成员国提出申请的优先权。即如果他在别的成员国也提出同样的申请，则这些国家必须承认该申请在第一个国家的申请日为本国的申请日。第一个申请的撤回、放弃或驳回不影响该申请的优先权地位。优先权原则并不是对一切工业产权均适用，它只适用于发明专利、实用新型、外观设计和商品商标。

3. 独立性原则

各成员国对于外国人的专利申请或商标注册，应根据本国法律作出决定，不应受原属国或其他任何国家就该申请作出的决定的影响。

4. 临时性保护原则

该原则要求缔约国应对在任何成员国内举办的或经官方承认的国际展览会上展出的商品中可取得专利的发明、实用新型、外观设计和可注册的商标给予临时保护。如展品所有人在临时保护期内申请了专利或商标注册，则申请案的优先权日是从展品公开展出之日起

算，而非从第一次提交申请案时起算。

（二）需要注意的具体规定

1. 专利权方面

成员国不得以专利产品或依专利方法制造的产品的销售受到本国法律禁止或限制为理由，拒绝授予专利或使专利无效；专利权人将在任何成员国内制造的物品输入到对该物品授予专利权的国家，不应导致该专利的撤销；当一种产品输入对该产品的制造方法给予专利保护的成员国时，专利权人对该进口产品应享有进口国法律对该制造产品所给予的方法专利的一切权利；成员国有权在专利权人滥用权利时颁发强制许可证等。

2. 商标权方面

驰名商标的保护：驰名商标的认定不以注册为前提，使用亦可成为认定的依据。成员国有义务拒绝或取消注册并禁止使用易于与另一个已在该国驰名的商标产生混淆的商标。商标在成员国是否驰名由其行政主管机关或司法机关决定。某商标未在一成员国使用，如在该国已经为人所知，该商标在该国仍然可能是驰名的。

二、《保护文学和艺术作品伯尔尼公约》的主要内容

（一）《保护文学和艺术作品伯尔尼公约》的基本原则

1. 国民待遇原则

《保护文学和艺术作品伯尔尼公约》规定有权享有国民待遇的国民包括“作者国籍”和“作品国籍”两类情况。“作者国籍”指公约成员国国民和在成员国有惯常居所的非成员国国民，其作品无论是否出版，均应在一切成员国中享有国民待遇；“作品国籍”针对非公约成员国国民，其作品只要是首先在任何一个成员国出版，或在一个成员国或非成员国同时出版（30 天之内），也应在一切成员国中享有国民待遇。该标准又称“地理标准”。

2. 自动保护原则

自动保护原则即享有和行使依国民待遇所提供的有关权利，不需要履行任何手续，也不论作品在起源国是否受到保护。《保护文学和艺术作品伯尔尼公约》允许成员国在国内法中保留“固定要求”，即虽不需要履行任何手续，但成员国仍然可以“将所有作品或任何特定种类的作品以某种物质形式固定下来”作为获得保护的前提。

3. 独立保护原则

享受和行使文学艺术作品的权利，主要依据被要求给予保护的国家的法律保护，而不依赖于在起源国是否受到保护。

（二）需要注意的具体规定

1. 经济权利的保护期限

一般文学艺术作品最低保护期为作者有生之年加死后 50 年。电影作品的最低保护期为电影公映后或摄制完成后 50 年。不具名作品或匿名作品，最低保护期为作品合法向公众发表后 50 年；能够确定作者身份，或者作者在保护期内公布身份的，适用作者死后 50 年的规定。摄影作品和实用美术作品的最低保护期为作品完成后 25 年。合作作品的保护期，依最后死亡的作者计算。

2. 精神权利的保护

作者的精神权利，至少应与其经济权利的保护期相等，并由被要求给予保护的国家的法律所授权的人或机构行使。但在批准或加入《保护文学和艺术作品伯尔尼公约》时国内法不保护精神权利的国家，有权规定对这些权利中的某权利在作者死后不予保留。

3. 权利的限制

《保护文学和艺术作品伯尔尼公约》允许的权利限制包括合理使用和法定许可。合理使用包括合理地引用作品，为教育目的利用作品，报刊、广播转载或转播其他报刊、广播上讨论济、政治或宗教的时事性文章，以及报道时事新闻时使用作品等。法定许可只适用于对广播权和录制权的限制。

例 李伍为惯常居所地在甲国的公民，满成为惯常居所地在乙国的公民。甲国不是《保护文学和艺术作品伯尔尼公约》缔约国，乙国和中国是该公约的缔约国。关于作品在中国的国民待遇，下列哪些选项是正确的?

A. 李伍的文章在乙国首次发表，其作品在中国享有国民待遇

B. 李伍的文章无论发表与否，其作品在中国享有国民待遇

C. 满成的文章无论在任何国家首次发表，其作品在中国享有国民待遇

D. 满成的文章无论发表与否，其作品在中国享有国民待遇

提示:《保护文学和艺术作品伯尔尼公约》规定了国民待遇原则。依该原则，有权享有国民待遇的国民包括“作者国籍”和“作品国籍”两类情况。前者指公约成员国国民和在成员国有惯常居所的非成员国国民，其作品无论是否出版，均应在一切成员国中享有国民待遇；后者针对非公约成员国国民，其作品只要是在任何一个成员国出版，或者在一个成员国和非成员国同时出版（30天内），也应在一切成员国中享有国民待遇。因此，选项A、C、D正确，选项B错误。

三、《与贸易有关的知识产权协议》（*TRIPs*）的主要内容

（一）国民待遇和最惠国待遇原则及其例外

国民待遇原则和最惠国待遇原则是*TRIPs*的基本原则。*TRIPs*首次引入了知识产权最惠国待遇。国民待遇原则的例外：《保护文学和艺术作品伯尔尼公约》第6条和《保护表演者、唱片制作者和广播组织罗马公约》第16条第1款（B）项所允许的成员国在特殊场合以互惠原则取代国民待遇原则的规定依然有效（受限制保护的主体是广播组织）；在非成员国版权保护水平太低的情况下，可以以近似互惠的保护代替因“作品国籍”原应享有的国民待遇，即成员国对因“作品国籍”而应保护的作品，无须给予比首次出版国所给予的更高的保护。

最惠国待遇原则也有例外：①由一般性司法协助及法律实施的国际协议引申出的且并非专为保护知识产权的特权或优惠；②《保护文学和艺术作品伯尔尼公约》和《保护表演者、唱片制作者和广播组织罗马公约》允许的按互惠原则提供的优惠；③*TRIPs*未加规定的表演者权、录音制作者权和广播组织权；④建立WTO协定生效之前业已生效的保护知识产权国际协定中产生的权利或优惠等。

（二）*TRIPs*规定的知识产权保护标准

与先前公约相比，*TRIPs*又在下列方面进一步明确了成员保护知识产权的最低水平：

（1）版权和相关权利。将计算机程序和有独创性的数据汇编列为版权保护的对象；增加了计算机程序和电影作品的出租权；规定了对表演者和录制者的保护期限为50年，广播组织的保护期限为20年。

（2）商标。给商标下了明确定义；对驰名商标实施绝对保护，即对驰名商标的特殊保护扩大至不相类似的商品或服务，将驰名商标的保护原则扩大适用于服务标记；规定商标首次注册以及每次续展，其期限均不得少于7年，商标的注册应可无限地续展；允许商标权人自行决定是否连同商标所属的经营一道转让其商标。

（3）地理标志。禁止将地理标志作任何足以使公众对该商品来源误认的使用，即禁止利用地理标志的任何不正当竞争行为。利用商标作虚假的地理标志暗示的行为，即应拒绝商标注册或使注册无效。

（4）工业品外观设计。保护期至少为10年。各成员可以规定，外观设计的保护不应延及主要由技术或功能考虑所做成的外观设计。

（5）专利。各成员可拒绝对疾病的诊断方法、治疗方法和外科手术方法提供专利的保护；植物新品种可以不用专利，可以用一种植物专门法或其他的方法来保护；增加了专利进口权、许诺销售权，并要求成员将对方法专利的保护延及依该方法而直接获得的产品。

（6）集成电路布图设计。将保护对象由只保护集成电路，扩大到了含有受保护集成电路的物品；将保护期由8年延长为10年，并允许成员将布图设计的保护期限规定为自创作完成之日起15年；规定善意侵权人在收到该布图设计系非法复制的通知后，仍可就其现有存货或订单继续实施其行为，但应向权利持有人支付报酬。

第七章　国际投资法

第一节　多边投资担保机构公约

重要法条及司法解释

《多边投资担保机构公约》第11~15条。

命题分析

“多边投资担保机构公约”是国际经济法较为重要的知识点，掌握起来有一定难度。从考查规律来看，本知识点基本呈现“隔年考”的态势。从考查内容来看，“多边投资担保机构公约”包括“多边投资担保机构公约的性质”“承包险别”“合格投资者”“合格投资”“合格东道国”“代位求偿”等内容，建议考生全面复习。

知识点精讲

多边投资担保机构（MIGA）作为世界银行集团的一个独立机构，成立于1988年。该机构直接承保成员国私人投资者在向发展中国家成员投资时可能遭遇的政治风险，其目的是通过自身业务活动来推动成员国之间的投资，特别是向发展中国家会员国投资，以促进向发展中成员国的投资流动。

一、担保范围

机构主要承保四项非商业风险（即政治性风险）：

（1）货币汇兑险：导致货币汇兑风险的行为可以是东道国采取的积极行为，如明确以法律等手段禁止货币的兑换和转移；也可以是消极地限制货币兑换或汇出，如负责业务的政府机构长期拖延协助投资人兑换或汇出货币。

（2）征收和类似措施险：既包括东道国进行的正式的征收或类似征收措施，也包括隐蔽性征收。但东道国为了管辖境内的经济活动而采取的普遍适用的措施，不应被视为征收措施。

（3）战争内乱险：需要注意的是，军事行动或内乱即使其主要发生在东道国境外，仍可视其在东道国境内发生而具有被担保的资格。内乱必须主要是由追求广泛的政治或思想目标的集团所引起或实施的，包括革命、暴乱、政变、民变等，但为促进工人、学生或其他特别群体的利益所采取的行为以及具体针对投保人的恐怖主义行为、绑架或类似行为，不能视为内乱。

（4）政府违约险，即东道国对担保权人的违约，且担保权人无面临“拒绝司法”的情形。

在下列情况下，机构可以免除其保险责任：投保人认可或负有责任的资本输入国政府的任何行为或懈怠导致的损失；在MIGA签订保险合同前，资本输入国政府的任何行为或懈怠或其他任何事件已经发生并导致了损失；任何情况下发生的货币贬值或定值的降低。

二、承保条件

（一）合格投资者

关于合格的投资者需要注意，如投资者和东道国的联合申请，且用于投资的资本来自东道国境外，经机构董事会特别多数票通过，可将合格投资者扩大到东道国的自然人、在东道国注册的法人以及其多数资本为东道国国民所有的法人；不具有法人资格的合伙的所有权人可单独向机构申请投资担保。

（二）合格的投资

包括股权投资、非股权投资，经机构董事会特别多数同意，可将担保投资的范围扩大到其他任何形式的中长期投资。但出口信贷不在MIGA的担保范围之内。

为了尽可能避免承保的投资遭遇政治风险，合格投资必须是经济上合理的投资；能对东道国经济发展作出贡献的投资；符合东道国和投资者本国法律的合法投资；与东道国经济发展目标和重点相一致。机构缔结任何投资担保合同，均须经东道国政府认可。

为了最大限度地降低资本输入国对MICA所承保的投资采取征收或国有化措施，MIGA要求有权取得担保的投资项目限于投保人提出申请注册之后才开始执行的投资项目。

（三）合格东道国

投资东道国必须是发展中国家；东道国必须同意机构承保；投资在东道国得到公平待遇和法律保护。

三、代位权

机构一经向投保人支付或同意支付赔偿，即代位取得投保人对东道国或其他债务人所拥有的各种权利或索赔权。东道国对机构代位权的承认意味着对东道国主权豁免的一种限制。

第二节　与贸易有关的投资措施协议

重要法条及司法解释

《与贸易有关的投资措施协议》第 2、6 条。

《与贸易有关的投资措施协议》附件“解释性清单”。

命题分析

“与贸易有关的投资措施协议”是国际投资法部分相对重要的知识点，近年考查多次。从考查内容来看，主要是考查考生能否清楚辨析题干设定的情形是否属于《与贸易有关的投资措施协议》附件“解释性清单”所列的 5 种情形。

知识点精讲

一、《与贸易有关的投资措施协议》概述

《与贸易有关的投资措施协议》（*TRIMs*）是就涉及国际投资的问题达成的贸易协议。《协议》的目的不是要禁止所有的投资措施，而是审查那些对贸易有限制和扭曲作用的投资措施。

二、《与贸易有关的投资措施协议》禁止使用的措施

（一）违反国民待遇规定的投资措施

（1）“当地成分要求”或“国产化要求”，即要求企业，无论是本国投资企业，还是外商投资企业，在生产过程中必须购买或使用一定数量金额或最低比例的当地产品。

（2）贸易平衡要求，即要求外国投资企业购买或使用进口产品的数量或价值应与该企业出口当地产品的数量或价值相当。

（二）违反一般禁止数量限制原则的投资措施

（1）贸易平衡要求，即进口数量以出口数量为限。总体上限制企业用于当地生产或与当地生产相关的产品的进口，或者将其进口限制在与其出口当地产品的数量或价值挂钩。

（2）外汇平衡要求，即将企业可使用的外汇限制在与该企业外汇流入相关的水平，从而限制该企业对用于当地生产或与当地生产相关的产品的进口。

（3）“出口限制”或“国内销售要求”，即限制企业产品出口的数量，有的国家要求外

资企业以低于国际市场价格将本应出口的产品在当地销售，这也是扭曲贸易的。

第三节 关于解决国家和他国国民间投资争端的公约

重要法条及司法解释

《关于解决国家和他国国民间投资争端的公约》第25~27、39、42、52~55条。

命题分析

“关于解决国家和他国国民间投资争端的公约”是国际经济法部分相对重要的知识点，理解起来有一定的难度。近年来考查多次。

从考查内容来看，“关于解决国家和他国国民间投资争端的公约”包括“中心行使管辖权的条件”“中心行使管辖权的后果”等内容，复习时应当全面复习，并且与多边投资担保机制进行对比记忆。

知识点精讲

一、中心的管辖权

提交中心仲裁的投资争端必须符合公约规定的下列条件：

（1）争端主体：争端双方为国家与外国投资者。需要注意，如果双方同意，中心也受理具有缔约国国籍，但直接受另一缔约国利益控制的法律实体与东道国之间的争端。

（2）争端性质：直接因投资而产生的任何法律争端。

（3）主观要求：依《关于解决国家和他国国民间投资争端的公约》的规定，中心仅对争端双方书面同意提交的争端有管辖权。中心的管辖权具有排他的效力。但是，缔约国可以要求用尽当地各种行政或司法救济，作为其同意依公约交付仲裁的一个条件。中心的管辖也排斥投资者本国的外交保护，除非该另一缔约国未能遵守和履行对此项争端所作出的裁决。

二、解决投资争端适用的法律

有约定按约定；无约定，适用作为争端一方的缔约国国家的国内法以及可适用国际法规则。仲裁庭征得双方同意时可以适用公平善意原则。

三、裁决的承认与执行

一裁终局，不得进行任何上诉或采取任何其他除本公约规定外的补救办法；每一缔约国都应承认依照该公约作出的裁决对其具有约束力，并在其领土内履行该裁决所裁定的财政义务，并赋予该裁决等同于其国内法院终审判决的效力，但执行可能受制于国家豁免原则；如作为争端当事方的缔约国不执行裁决，则投资者母国政府可以恢复其行使外交保护或提起国际要求的权利；排除了缔约国对ICSID裁决进行程序性和实质性审查的权力；对裁决可申请成立专门委员会进行程序合法性审查。

第八章　国际税法

重要法条及司法解释

《关于对所得和财产重复征税协定范本》第 5、14~15、23 条。

《关于发达国家与发展中国家双重征税的协定范本》第 5、14~15 条。

命题分析

"国际税法"是国际经济法相对重要的知识点，近年来考查多次。从考查内容来看，本知识点包括"居民税收管辖权与来源地管辖权""国际双重征税"等内容，考生需要全面复习掌握。

知识点精讲

一、税收管辖权

（一）居民税收管辖权

居民税收管辖权即一国政府对于本国税法上的居民纳税人来自境内及境外的全部财产和收入实行征税的权力。

（1）自然人居民身份的认定：住所标准、居所标准、居留时间标准、国籍标准。中国同时采用住所和居留时间标准。

（2）法人居民身份的认定：法人登记注册地标准；实际控制与管理中心所在地标准；总机构所在地标准。中国采用了法人注册地和总机构所在地两个标准。

（二）所得来源地税收管辖权

所得来源地税收管辖权即一国政府针对非居民纳税人就其来源于该国境内的所得征税的权力。此类所得和收益一般包括四种情形：营业所得、劳务所得、投资所得和财产转让所得。

1. 营业所得

目前各国对非居民营业所得的纳税普遍采用常设机构原则。常设机构原则指仅对非居民纳税人通过在境内常设机构而获取的工商营业利润实行征税的原则。

2. 劳务所得

（1）个人独立劳务所得

个人独立劳务所得即个人从事独立性专业活动所取得的收入。该类所得来源地确定方式一般采用"固定基地原则"和"183 天规则"。我国对外签订的税收协定一般规定，个人独立劳务所得应仅由居住国行使征税权，但如取得该类所得的个人在来源国设有固定基地或者连续或累计停留超过 183 天者，则应由来源国征税。

（2）非独立个人劳务所得

非独立个人劳务所得即非居民受雇于他人的所得。一般由收入来源国一方征税。但是，根据我国对外签订的税收协定，如果该人在一个纳税年度内在来源国连续或累计停留不足183天，且该劳务报酬既非来源国的居民所支付，又非雇主设在来源国的常设机构或固定基地所负担，则该非独立个人劳务所得应由其居住国行使征税权，来源国不得征税。

3. 投资所得

投资所得即股息、利息、特许权使用费等。我国对外签订的税收协定采用收益分享原则，实行10%的限制税率。而国内税法的预提税税率是20%。

4. 财产转让所得

财产转让所得包括不动产转让所得和动产转让所得。不动产转让所得，一般由财产所在国征税。船舶和飞机的转让所得，一般由转让者的居住国单独征税。动产转让所得，征税做法较多，依税收协定而定。

二、国际双重征税

（一）国际双重征税的种类

1. 国际重复征税

国际重复征税即两个或两个以上国家各依自己的税收管辖权按同一税种对同一纳税人的同一征税对象在同一征税期限内同时征税。税收管辖权的冲突是产生国际重复征税的根本原因。

2. 国际重叠征税

国际重叠征税即两个或两个以上国家对同一笔所得在具有某种经济联系的不同纳税人手中各征一次税的现象。比如，在公司与股东之间就同一笔所得各征一次公司所得税和个人所得税就属于国际重叠征税。

3. 重复征税与重叠征税的区别

（1）重复征税针对的是同一纳税人，重叠征税涉及的不是同一纳税人。

（2）重复征税只有国际重复征税，不存在国内重复征税；重叠征税既存在国际重叠征税现象，也存在国内重叠征税现象。

（3）重复征税涉及同一税种，重叠征税涉及不同税种，如公司所得税和个人所得税。

（二）国际双重征税的解决

无论是重复征税还是重叠征税都会使纳税人的税负过重，对国际资本的流转以及国际投资产生消极影响，因此，需要采取有效措施加以缓解或消除。

（1）国际重复征税的解决方式：通过国际协议划分征税权；免税法；抵免法；扣除法。

（2）国际重叠征税的解决方式：股息收入国主要采用减免所得税、允许母子公司合并报税、间接抵免等方式；股息付出国主要采用双税率制、折算制等方式。

第九章 国际融资法

重要法条及司法解释

2016年《最高人民法院关于审理独立保函纠纷案件若干问题的规定》全文。

命题分析

国际融资法部分最重要的知识点是"独立保函"，近年来考查多次。从考查内容来看，《最高人民法院关于审理独立保函纠纷案件若干问题的规定》是在 2016 年颁布的，可以预见，这一规定今后继续考查的概率仍然很大。

知识点精讲

一、国际贷款协议

国际贷款协议指位于不同国家的当事人之间为一定数额货币的借贷而订立的、明确相互关系中的权利与义务的书面协议。国际贷款协议主要情形有：政府贷款、国际金融机构贷款、国际商业贷款、国际银团贷款、项目贷款等。虽然国际贷款协议依种类不同内容也有所差异，但各类贷款协议一般也具备一些共同性条款：

（1）陈述和保证（Representations and Warr~anties）。借款人在该条款中须对贷款人据以决定贷款和签约涉及的借款人的重要法律事实、财务事实及经营事实进行说明和承诺，并保证其真实、准确和完整。

（2）先决条件（Conditions Precedent）。只有在先决条件已经得到满足时，贷款人才承担或履行提供贷款的义务。先决条件分两类：一类为总括先决条件，主要是借款人应向贷款人提供符合协议规定的一系列文件；另一类为每笔贷款发放的先决条件。

（3）约定事项（Covenants）。国际贷款协议的约定事项条款指借款人在协议中作出的若干保证或自我限制。其目的在于保障贷款的收回。约定事项主要包括：①消极担保条款，指借款人在偿还全部贷款之前，不得在自己的资产及收益上，为其他债权人维持或设定任何担保物权；②平等位次条款，该条款要求借款人保证无担保的贷款债权人至少应与借款人的其他无担保债权人处于按比例平等的受偿地位；③财务约定事项，该条款规定借款人应定期向贷款人报告自身的财务状况和经营状况，并遵守各项财务指标。如保证其负债率不超过一定比率；④贷款的用途；⑤保持资产条款，该条款的目的是使借款人能保持较强的清偿能力。一般借款人须承诺下列义务：非经贷款人同意，不得出售、转让、出租或以其他方式处置其资产的全部或大部；有义务对其企业资产向保险公司投保；未经贷款人书面同意，借款人不得改变其经营性质和范围；禁止借款人与其他公司、企业合并；禁止借款人过度举债等。

（4）违约事件及救济方法。

二、国际融资担保——《最高人民法院关于审理独立保函纠纷案件若干问题的规定》主要内容

（一）定义

独立保函是指银行或非银行金融机构作为开立人，以书面形式向受益人出具的，同意在受益人请求付款并提交符合保函要求的单据时，向其支付特定款项或在保函最高金额内付款的承诺。保函具有下列情形之一，当事人主张保函性质为独立保函的，人民法院应予支持，但保函未载明据以付款的单据和最高金额的除外：

（1）保函载明见索即付；

（2）保函载明适用国际商会《见索即付保函统一规则》等独立保函交易示范规则；

（3）根据保函文本内容，开立人的付款义务独立于基础交易关系及保函申请法律关系，其仅承担相符交单的付款责任。

当事人以独立保函记载了对应的基础交易为由，主张该保函性质为一般保证或连带保证的，人民法院不予支持。当事人主张独立保函适用担保法关于一般保证或连带保证规定的，人民法院不予支持。独立保函未载明可撤销，当事人主张独立保函开立后不可撤销的，人民法院应予支持。

（二）保函的审查

开立人有独立审查单据的权利与义务，有权自行决定单据与独立保函条款之间、单据与单据之间是否表面相符，并自行决定接受或拒绝接受不符点。

开立人已向受益人明确表示接受不符点，受益人请求开立人承担付款责任的，人民法院应予支持。开立人拒绝接受不符点，受益人以保函申请人已接受不符点为由请求开立人承担付款责任的，人民法院不予支持。

（三）保函欺诈

具有下列情形之一的，人民法院应当认定构成独立保函欺诈：

（1）受益人与保函申请人或其他人串通，虚构基础交易的；

（2）受益人提交的第三方单据系伪造或内容虚假的；

（3）法院判决或仲裁裁决认定基础交易债务人没有付款或赔偿责任的；

（4）受益人确认基础交易债务已得到完全履行或者确认独立保函载明的付款到期事件并未发生的；

（5）受益人明知其没有付款请求权仍滥用该权利的其他情形。

独立保函的申请人、开立人或指示人可以在提起诉讼或申请仲裁前，向开立人住所地或其他对独立保函欺诈纠纷案件具有管辖权的人民法院申请中止支付独立保函项下的款项，也可以在诉讼或仲裁过程中提出申请。人民法院受理止付申请后，应当在48小时内作出书面裁定。裁定应当列明申请人、被申请人和第三人，并包括初步查明的事实和是否准许止付申请的理由。

（四）管辖与法律适用

受益人和开立人之间因独立保函而产生的纠纷案件，由开立人住所地或被告住所地人民法院管辖，独立保函载明由其他法院管辖或提交仲裁的除外。当事人主张根据基础交易合同争议解决条款确定管辖法院或提交仲裁的，人民法院不予支持。

涉外独立保函未载明适用法律，开立人和受益人在一审法庭辩论终结前亦未就适用法律达成一致的，开立人和受益人之间因涉外独立保函而产生的纠纷适用开立人经常居所地法律；独立保函由金融机构依法登记设立的分支机构开立的，适用分支机构登记地法律。

涉外独立保函欺诈纠纷，当事人就适用法律不能达成一致的，适用被请求止付的独立保函的开立人经常居所地法律；独立保函由金融机构依法登记设立的分支机构开立的，适用分支机构登记地法律；当事人有共同经常居所地的，适用共同经常居所地法律。